主编／李大龙

副主编／刘清涛

中国边疆与中国边疆学建构

China's Borderland and
Construction of Borderland Studies

社会科学文献出版社
SOCIAL SCIENCES ACADEMIC PRESS (CHINA)

前　言

"边疆"一词首见于《左传》，而"边疆学"则一般认为是提出边政学概念的吴文藻在其《边政学发凡》中明确提出的："边疆史地的研究，本为逊清末期倡行的学问。'九一八'以来，'中国之边疆学'复兴。"（吴文藻：《边政学发凡》，《边政公论》第1卷第5、6期合刊，1942年）但实际上早在1933年，中国殖边社创办的《殖边月刊》第1卷第12期就有了"边疆学图书一览"之提法。尽管其后有关中国边疆和边疆研究的论著大量涌现，但对"中国边疆学"进行学科论证的则是1992年邢玉林在《中国边疆史地研究》所刊《中国边疆学及其研究的若干问题》一文。遗憾的是，时至今日，中国边疆学的学科建构依然是在路上。

中国边疆研究在经过"千年积累"之后，出现过三次研究高潮。第一次研究高潮出现在鸦片战争前后，列强对中国领土的蚕食鲸吞激发了爱国学人的研究热情，出现了大量著述来阐述边疆问题，形成了研究热潮。第二次高潮的出现是在20世纪三四十年代，随着日寇的侵华而兴起，亡国灭种的威胁促使一大批学界志士开展边疆研究，各种学会、刊物及著作的大量出现，将边疆研究带到了一个新的高度，"边政学""边疆学"的呼声即是出现在这一时期。中华人民共和国成立后，尤其是改革开放后，社会科学研究繁荣发展，中国的边疆研究随着1983年中国社会科学院中国边疆史地研究中心的成立而逐渐走入了又一个高潮时期。如果说刘宏煊著的《中国疆域史》、林荣贵主编的《中国古代疆域史》、吕一燃主编的《中国近代边界史》及马大正总主编的《中国边疆通史》（7卷本）系列的出版代表着这一时期初期的辉煌，那么郑汕著的《中国边疆学概论》、吴楚克主编的《中国边疆政治学》和周平主编的《中国边疆政治学》等则将中国疆域研究引向了中国疆域理论及中国边疆学学科建设等深层次领域，而在这一过程中《中国边疆史地研究》作为中国边疆领域唯一的学术平台起到了重要的引领作用。在"中国知网"以"边疆"为主题词进行文献检索，可以得到3.7万条检索结果，这应该是中国边疆研究得到学界重视的重要体现；但将主题词改为"边疆学"，则得出的只有区区405条检索结果，其中的近百篇文献是来源于《中国边疆史地研究》。

当前，中国边疆研究吸引了来自历史学、政治学、民族学、宗教学、社会学、军事学及国际关系等诸多学科学者的关注，21世纪以来边疆研究热潮和国际社会对"一带一路"倡议的普遍重视也吸引着更多国人聚焦边疆。尽管有些大学开始培养这方面的硕士和博士研究生，但"中国边疆学"依然没有出现在我国社会科学学科名录之中，有关中国边疆研究的学科体系、学术体系和话语体系建设更是任重道远。

为了推动"三大体系"建设，我们摘编了《中国边疆史地研究》已经刊发的有关"中国边疆""中国边疆学"的学术论文24篇，希望与学界同人共同努力，推动有中国特色的中国边疆学建设早日完成。

目　录

关于中国边疆学研究的几个问题 ………………………… 邢广程 / 001

开拓中国边疆学研究的新局面 …………………………… 邢广程 / 021

开启中国边疆学学科建设新征程 ………………………… 李国强 / 027

中国边疆学及其研究的若干问题 ………………………… 邢玉林 / 040

让中国边疆学具有更强的时代感 ………………………… 步　平 / 060

关于构筑中国边疆学的断想 ……………………………… 马大正 / 064

论中国边疆学学科建设的若干问题 ……………………… 方　铁 / 071

深化边疆理论研究与推动中国边疆学的构筑 …………… 马大正 / 085

关于构建中国边疆学的几点思考 ………………………… 周伟洲 / 093

关于中国边疆学构筑的学术思考 ………………………… 马大正 / 106

从边疆史地到边疆学 ……………………………………… 林文勋 / 112

构建中国边疆学需要理论与实践的结合 ………………… 吕文利 / 118

立足历代治边理论与实践，推动中国边疆话语体系构建
　　——《中国边疆史地研究》百期感言 ………………… 李大龙 / 125

关于中国边疆学学科建设的几点看法 …………………… 崔明德 / 133

关于中国边疆学学科话语理论体系建构的几点思考 …… 王　欣 / 138

建构中国特色的中国边疆学话语体系 …………………… 苗　威 / 147

"中国边疆"的内涵及其特征 ……………………………… 李大龙 / 160

中国边疆研究的内涵和特征刍议 ………………………… 张　云 / 174

对"中国边疆研究"概念的认识与界定
　　——兼谈"中国边疆学"学术体系之建构 …………… 李鸿宾 / 187
互动与融通：新时代中国边疆史研究的客观要求 …………… 田　澍 / 199
"民惟邦本，本固邦宁"
　　——论边疆研究中的人本主义历史建构 ………… 罗　群　林　曦 / 206
民国边疆研究的嬗变、学科构建与启示 ……………………… 段金生 / 220
现代国家"边境"的界定 ………………… 徐黎丽　那仁满都呼 / 232
中国边疆学构筑的新突破
　　——《当代中国边疆研究（1949—2014）》读后 … 李大龙　张振利 / 247

后　记 ……………………………………………………………… / 258

关于中国边疆学研究的几个问题[*]

邢广程

从当今世界格局看，随着中国的快速发展和崛起，一些国家已经制定出针对中国崛起的一些战略和政策，比如美国的"亚太再平衡"战略就有针对中国崛起的战略意图。与此同时，随着中国的崛起，中国周边国际环境也出现了新情况、新因素和新问题。一些不愿意看到中国崛起的国家在中国边疆问题上做文章，企图干扰中国发展进程。还要看到，中国30多年的改革开放促使中国边疆研究的情况出现了很多变化，中国边疆问题研究所需要关注的领域和范围大大拓宽，需要进行深入研究和解答的问题越来越多。这就需要我们着眼于中国边疆所面临的新情况、新因素和新问题，构筑新的边疆研究学科体系，以中国边疆学为基本框架来全面、深入、客观地分析与判断中国边疆安全、稳定和发展问题，维护中国的国家利益，促进中国周边国际环境的根本改善。

一 我国边疆地区的新形势与边疆研究的新要求

当前，我国边疆地区与周边形势出现新变化，党和国家对边疆研究提出了新要求。

我国是世界上邻国最多、陆地边界最长的国家。边疆地区包括陆疆和海疆，近年来随着国内外形势的变化，我国边疆地区及周边环境也出现新

---

[*] 此文吸收了中国边疆史地研究中心几个有关战略发展思路文本的一些思想，得到了李国强、孙宏年、许建英等科研人员的支持，他们对本文有所贡献。

变化，边疆地区的安全、稳定和发展面临多元复杂的威胁和挑战。

一是，我国是当今世界上唯一未能完成国家统一的大国，"完成祖国统一"是党和国家三大历史任务之一，是实现"中国梦"的重要组成部分。当前，"台独"分裂活动仍然是两岸关系和平发展、祖国统一的最大威胁，国家领土主权完整仍受到严重威胁，反对"台独"分裂图谋的任务依然很重。

二是，海疆维权形势尤其严峻，边疆安全问题极其突出。我国同日本、菲律宾、越南等国的海洋权益争端日益加剧，而美国等域外国家利用"南海航行自由"、领土争端等问题挑拨中国与邻国的关系。2012年黄岩岛和钓鱼岛问题牵扯了我国很多外交资源和精力。

三是，西藏依然存在不稳定因素。2008年"3·14"事件以后，十四世达赖喇嘛和"藏独"分子在境外活动更加猖獗，加紧向境内渗透，藏区"自焚"事件一度频繁发生。

四是，新疆维稳和反分裂斗争任务艰巨。2009年"7·5"事件以来新疆不断发生暴力事件，"东突"势力的恐怖活动呈加剧态势，新疆地区的不稳定因素持续存在。

五是，我国边疆地区存在两个世界级的热点地区：朝鲜半岛形势高度不稳定，对我国东北边疆安全产生影响；阿富汗形势出现新变化，塔利班势力大有卷土重来之势，会对我国新疆产生不利影响。

六是，中国与邻国的历史关系与现实问题紧密联系，一些问题不时发酵，对我国边疆地区的对外关系产生负面影响。有的邻国借历史问题影射现实，把历史问题现实化、学术问题政治化，对我国边疆地区稳定与发展产生不利影响。

七是，中印边界问题依然存在，不时升温，今年出现了"中印士兵帐篷对峙"事件。

八是，西方大国防范、遏制中国的战略意图明显，特别是美国"亚太再平衡"战略阻碍了我国构建"和谐周边"战略的实施，南海问题发酵和缅甸政局突变都有美国的影子。

面对我国边疆地区及周边国际环境所出现的新情况和新变化，党和政府从国家长治久安的战略高度进行了一系列部署。党的十八大报告明确提出，当前我国面临的生存安全问题和发展安全问题、传统安全威胁和非传统安全威胁相互交织，我们要"完善国家安全战略和工作机制，高度警惕和坚决防范敌对势力的分裂、渗透、颠覆活动，确保国家安全"。[①] 仔细研读党的十八大报告，其中涉及我国边疆安全、稳定和发展问题的论述就有十几处。习近平总书记多次强调要增强忧患意识，他在十八届中共中央政治局第三次集体学习时强调："中国人民怕的就是动荡，求的就是稳定，盼的就是天下太平。"[②] 所以维持我国边疆安全、稳定和发展是非常重要的任务。党和国家从维护国家安全和领土主权完整、促进边疆长治久安和跨越式发展的战略高度，对中国边疆研究提出了新要求，要求我们要有大局意识和忧患意识，深化边疆研究，构建中国边疆研究的学科体系，在基础研究与应用研究方面都推出高质量的学术成果，为中央和地方政府的决策提供智力支持，把中国边疆史地研究中心（下简称"边疆中心"）建设成为我国边疆安全、稳定和发展的重要智库。

二 建设中国边疆学：中国边疆研究视野的拓展

近年来，中国边疆地区与周边形势出现新变化，党和国家对边疆研究提出了新要求，我国边疆问题研究面临诸多挑战。

边疆史地学科不能完全覆盖新形势下的边疆问题研究。比如边疆中心成立之初，学科建设定位以边界、历史疆域等基础研究为主；后来逐渐转变为边疆历史与现状、基础与应用并重；目前边疆安全、稳定和发展等方面的研究任务明显加重，对疆域理论研究也提出新要求。因此，现有的中国边疆史地学科已不适应现实需求，需要着力加强边疆理论研究，着力深化应用研究。构建完善的中国边疆学研究体系已势在必行。

为解决边疆史地学科不适应党和国家需要、中国边疆发展的问题，我国学术界已提出创建"中国边疆学"的思路，边疆中心应在构建创新体系

---

① 《中国共产党第十八次全国代表大会文件汇编》，人民出版社，2012，第35页。
② 《中国不认同"国强必霸"的陈旧逻辑》，中国共产党新闻网（http://cpc.people.com.cn/xuexi/n/2015/0808/c385474-27430130.html），访问日期：2015年8月8日。

进程中牢牢占领"中国边疆学"学术制高点，在国际上增强我国在边疆学领域的话语权，捍卫国家利益，在边疆研究方面发挥国家级现代智库的重要作用。

王伟光院长在2013年中国社会科学院工作会议上指出："按照巩固、调整、发展的原则，加强传统学科建设，扶持新兴学科、交叉学科，优化学科布局。"中国边疆学属于新兴学科和交叉学科，其学术潜力巨大。拥有特殊的地域研究空间，中国边疆研究的性质和特性决定了必须开展多种学科相结合的综合性研究。我们将运用历史学、地理学、政治学、社会学、经济学、法学、国际关系、军事学等多种学科，对我国边疆历史、边疆地理、边疆政治、边疆经济、边疆民族和宗教、边疆资源和生态、边疆与周边国际环境等方面进行综合性研究，在此基础上创建"中国边疆学"，进一步推进边疆研究学科建设的创新，提升边疆中心在引领学科建设和发展中的地位。

第一，打通古今学科，即对我国边疆历史变迁和现实问题进行统合研究，形成我国边疆历史与现实问题研究的时间纵深感。第二，打通中外学科，即对我国边疆问题与周边国家之间的关系进行统合研究，知己知彼，形成边疆问题的空间感，比如南海问题和钓鱼岛问题，就迫切需要这样的统合研究。第三，打通自然科学和社会科学学科，即对我国边疆问题从安全稳定发展、生态保护、资源地理以及边疆地区遥感和测绘领域进行统合研究，未来还要加强对"高边疆"的研究，形成具有学术立体感的我国边疆问题研究体系。

"中国边疆学"不仅是对中国边疆史地研究的"扩容"，而且是一门因学科多重交叉而生成的新兴学科。创建"中国边疆学"已成为学科建设创新、深化边疆研究的迫切需要。因此，边疆中心应该站在中国边疆学学科建设的学术前沿，就像20年前引领中国边疆史地研究那样继续引领学术潮流。

创建"中国边疆档案数据中心"。王伟光院长在2013年中国社会科学院工作会议报告中指出："运用信息技术等先进手段，改进科研办法，加强文献资料整理和研究，筑牢研究工作的基础。"文献资料的整理和研究是中国边疆研究最重要的基础性工作。边疆中心将致力于从国内相关机构和英、美、法、日、俄、蒙古等国搜集、整理、研究中国边疆研究的相关档案，系统建立南海、钓鱼岛、新疆、东北边疆、北部边疆、西藏研究等专题档案库，从现在起，经过数年的努力，建成我国最权威的"中国边疆档案数据中心"，为深化边疆研究夯实基础。

坚持基础学科和应用研究并重的原则，继续拓展中国边疆史地学科的优势，加强对近现代中国边疆治理、近代边疆社会变迁等领域的研究，同时加强对我国边疆问题的前瞻性、战略性的研究，为党和国家的决策提供理论支撑。

加强对我国边疆地区社情、舆情和民情的调研，适时启动"21世纪初期中国边境县经济社会发展调查"项目，从而建成并进一步完善我国边疆地区的数据信息系统。

创新人才培养机制，落实"人才强院"战略。根据未来我国面临的国际环境和国家战略需求，根据我国沿边省区的实际需求和中国边疆研究自身学术研究规律的要求，为创建"中国边疆学"，我国边疆问题研究今后要着力培养历史学、国际法、社会学、经济学、国际关系、现代地理信息等方面的人才，为创建"中国边疆学"提供人才保障。创新人才培养的制度，努力建设一个国内领先、国际知名的边疆研究团队。

三 将"建设海洋强国"作为中国边疆研究新的学术增长点

党的十八大首次提出"建设海洋强国"的战略目标。这是党中央对我国疆域尤其是海疆治理的最新目标表述，具有极其重要的战略意义。"建设海洋强国"也给中国边疆研究提出了非常重要的学术任务，即：为什么我国要成为海洋强国？如何将我国建设成为海洋强国？通过什么样的途径建设海洋强国？我国建设海洋强国与周边国际环境是一种什么样的关系？国际社会对我国建设海洋强国的目标持何态度？所有这些问题都需要从事边疆问题研究的学者加以思考和回答。海洋强国是指在开发海洋、利用海洋、保护海洋、管控海洋方面拥有强大综合实力的国家。[①]

---

① 参见《国家海洋局局长：十八大报告首提"海洋强国"具有重要现实和战略意义》，新华网（http://news.xinhuanet.com/politics/2012 - 11/10/c_113656731.htm），访问时间：2013年10月18日。

建设海洋强国需要解决以下若干问题。

一是，提高海洋资源开发能力。实事求是地说，我国具备一定的海洋资源开发能力，但我国的海洋资源利用方式总体上还处于比较低级的水平。从近岸海域开发和远海海域拓展方面来看，我国海洋资源的开发更集中于近岸海域开发，甚至某些近岸海域呈过度开发状态，出现不可持续的现象。所以，从总体上提高海洋资源开发能力，应该成为建设海洋强国的重要步骤之一。我们要注重海洋资源的三个"提高"，即提高海洋资源的开发水平，提高海洋资源的利用效率，提高海洋资源对国民经济发展的贡献率。在提高海洋资源开发能力方面，首先应转变海洋资源利用方式。我们应研究海洋资源由粗放利用向精深加工转变的一般规律，集中精力挖掘海洋宝库，尤其是远海和深海宝库，注重运用现代最新科学技术来实现对海洋资源的深度加工。我国海洋资源的可持续利用问题解决得并不好，因而特别需要关注这个问题。

二是，发展海洋经济。海洋经济是与海洋有关的各类产业及相关经济活动的总和。2010年，我国海洋产业增加值占国内生产总值的比重接近10%，涉海就业人员超过3300万人；海水产品产量2798万吨，比2002年增长26%；沿海港口150多个，年货物吞吐量56.45亿吨，比2002年增长228%，其中吞吐量位居世界前十位的港口有8个；海洋油气年产量超过5000万吨油当量，占全国油气年产量的近20%；滨海旅游业增加值约占海洋产业增加值的22%，发展迅速，已经成为海洋经济的重要支柱产业。[①]当然，海洋经济发展还存在很多问题，最主要的是，缺乏国家宏观协调、规划和管理。我国海洋经济居世界沿海国家中等水平，还有很大的提升空间。研究我国海洋经济发展问题意义重大，这是实现我国海洋强国战略目标的重要组成部分。

三是，保护海洋生态环境。这方面需要研究的问题特别多，比如如何制定保护海洋生态环境的法律法规，如何健全海域管理机制和体系，如何提高海域监管能力等。应该看到我国海洋生态服务功能在逐步退化，我国

---

① 参见《国家海洋局公布全国海洋功能区划》，中国新闻网（http://www.chinanews.com/gn/2012/04-25/3846144_4.shtml），访问时间：2013年10月18日。

近岸部分海域污染比较严重，滨海湿地退化趋势非常明显，近岸部分海域赤潮、绿潮等海洋生态灾害时有发生。更令人痛心的是，我国近岸海域溢油、化学危险品泄漏等重大海洋污染事故不时出现，这些人为污染所造成的后果非常严重。所以，保护海洋生态环境是建设海洋强国的重要环节之一。

四是，加强对海洋的管理，合理配置海洋空间资源。改革开放以后，我国一些地区出现了盲目围填海现象，有些海岸和近岸海域资源利用方式过于粗放，局部海域生态环境因过度开发而受到严重破坏。这是加强我国海洋管理的急迫待解问题。从我国海陆疆统筹协调的原则出发，我们要关注陆地空间与海洋空间的关联性，关注海洋系统的特殊性，关注综合协调陆地与海洋的开发利用和环境保护。国家海洋局公布全国海洋功能区划，①这是我国海洋空间开发、控制和综合管理的整体性、基础性、约束性文件，是编制地方各级海洋功能区划及各级各类涉海政策、规划，开展海域管理、海洋环境保护等海洋管理工作的重要依据。

五是，要对我国陆疆、海疆施行统筹管理和规划。党的十八大提出"优化国土空间开发格局"，在这里，"国土空间"应包括我国的海疆。首先要统筹我国陆海资源配置，进行科学的经济布局，因为从历史上看，我国现时期有条件、有能力和明确战略意识来从容对我国陆疆和海疆、陆海资源进行综合性战略统筹。这是我国综合国力发展的必然结果。除陆海资源统筹之外，我们还要研究我国海洋近岸开发与远海拓展的统筹问题，因为我国经济发展的一个非常重要的特征是外向型经济，而外向型经济的重要特点是高度依赖海洋资源和海洋空间。海洋通道是我国商品和能源运输的最主要的战略通道，与此同时，我国海洋近岸开发的储备资源已显不足，远海开发已经成为我国经济发展的重要方向之一。

六是，增强全民族的海洋意识。长期以来，我国就存在海洋意识淡薄、重陆轻海的问题，对海洋的战略价值缺乏充分的估计和了解。随着我国的发展，全民的海洋意识有所增强，我国已经提出了"五海"观念，即

---

① 参见《国家海洋局公布全国海洋功能区划》，中国新闻网（http://www.chinanews.com/gn/2012/04-25/3846144_4.shtml），访问时间：2013年10月18日。

规划用海、集约用海、生态用海、科技用海和依法用海。其中依法用海非常关键，应以法律为准绳管理海洋。中国边疆学应从我国海陆兼备的国土形态出发，在提高全民族海洋意识方面积极贡献知识和力量。

七是，维护国家海洋权益。从国家需要的重要性和迫切性出发，我们将以海疆研究作为学术战略主攻方向。加强海疆问题研究迫在眉睫：第一，党的十八大在我党历史上第一次明确提出建设"海洋强国"的战略任务；第二，美国实施"亚太再平衡"战略，海疆问题日益突出。因此，中国边疆学必须要将海疆问题的研究纳入重点学科发展范畴，加强建设。

四 加强对我国边疆长治久安问题的深入研究

"3·14"事件和"7·5"事件标志着我国西藏和新疆反分裂斗争进入了一个新的阶段。达赖集团和"三股势力"在境内外加紧活动，新疆和西藏的反分裂斗争自然十分尖锐。同时新疆和西藏实现跨越式发展理论难点问题需要破解。因此，我们要加大新疆和西藏问题的研究力度，确保在该领域的优势地位。

一是，要正确认识新疆和西藏的大局。现在我国处于经济快速发展时期，国力增强，国家具有强大的凝聚力。尽管国内外暴力恐怖势力和分裂势力加紧活动，但从力量对比来看，优势在我们一边。新疆和西藏各民族绝大多数民众拥护国家统一和民族团结，这是基本大势。党中央高度关注新疆和西藏工作，提出了新疆和西藏长治久安和跨越式发展两大历史任务。

二是，新疆和西藏反分裂斗争是长期的任务。回顾20世纪新疆地区反分裂斗争的历史，就可以看出，新疆反分裂斗争几乎是贯穿20世纪新疆历史始终的。特别值得注意的是，在20世纪三四十年代新疆地区先后出现了两个短命的分裂政权，一个是1933年的所谓"东突厥斯坦伊斯兰共和国"，另一个是1944年的所谓"东突厥斯坦共和国"。新中国成立后，从20世纪50年代到80年代新疆地区反分裂斗争依然持续。从20世纪90年代至今，随着国内外形势的变化，新疆地区的反分裂斗争并没有停止，因为新疆地区滋生民族分裂主义和暴力恐怖活动的国内外环境还继续存在，这是新疆地区出现分裂主义和暴力恐怖活动的深层次根源。西藏也是如此，近代以来，西藏的反分裂斗争就一直没有停止。1959年3月，达赖逃到国外，随后在境外成立了所谓的"西藏流亡政府"，在我国边境地区进行了长达10年之久的军事干扰活动。1987年9月24日达赖宣称"西藏是一个独立国家"，而9月27日拉萨就发生了严重的骚乱事件。

我们要正确认识和评价新疆和西藏这几年所取得的成绩，这几年新疆和西藏在全党和全国的支持下努力维护稳定，寻求跨越式发展，在各领域都取得了很大的成绩，得到了各民族民众的支持和拥护，这是最主要的。尽管这几年新疆出现了一些暴力恐怖事件，但不能因此抹杀新疆所取得的总体成绩。

三是，从目前和未来的大势看，中国持续快速的发展引起全世界的关注。一些西方国家尤其是美国不希望中国崛起，更不希望中国成为世界级的强国。因此，美国就将中国陆疆、海疆纳入遏制中国发展的基本范畴，在我国陆疆和海疆制造各种麻烦，其中新疆和西藏就是美国高度关注的重点地区，这有其重大的地缘政治目的。美国竭力支持热比娅等在国外的新疆分裂势力，这是其重要的战略手段；美国竭力支持达赖分裂中国的活动，也是其重要的战略环节。还要看到，冷战结束后，世界范围的伊斯兰教呈复兴之势。在这个进程中伊斯兰极端势力也随之坐大，宗教激进主义和极端势力不仅给美国、欧洲和俄罗斯增添了很多麻烦，同时也对我国形成了战略威胁。随着中国崛起，伊斯兰极端势力也会加大对我国境内外新疆分裂势力尤其是"东突"分裂势力的支持和资助。因此，未来我国将面临来自西方和伊斯兰极端势力这两个重要外部势力的挑战。这是不以我们意志为转移的。我们的任务就是要系统应对，富有智慧地开展治疆工作。

四是，未来新疆和西藏地区还可能会出现这样或那样的问题，甚至是暴力恐怖案件。一旦出现问题，我们不必过于忙乱，只要我们战略正确，政策有效，处置方法得当，就会牢牢抓住新疆和西藏大局的主动权，我们就会对新疆和西藏反暴力恐怖斗争和反分裂斗争充满信心。除了国际上两个不利因素之外，我们也有很多维护新疆稳定的有利因素，比如我们与中亚国家关系良好，建立了战略伙伴关系；我们与俄罗斯的关系处于历史上最正常的时期。上海合作组织在不断壮大，已经成为维护该地区和平、稳定与发展的重要区域平台。这些都是能够支撑新疆稳定的重要外部因素。

五 加强对边疆地区发展问题的研究

近年来边疆地区的发展问题日益凸显，我国内地与边疆地区的社会经济发展差距在逐步扩大，两者之间的居民收入和社会保障水平等方面的差距也在逐步扩大，内地与边疆之间的差距是综合性的、全方位的。在建设"中国边疆学"的进程中，我们要特别关注这个问题，因为内地与边疆之间差距的全面扩大会引发很多战略性的问题，尤其是边疆地区的安全和稳定问题；而如果边疆地区出现不稳定局面，则会对内地和发达地区的发展构成直接和间接的影响。因此，我们要从国家长治久安的战略高度来看待边疆地区的经济和社会发展问题。只有边疆地区总体发展程度和水平与内地的总体发展程度和水平的差距不断缩小直至接近，我国的边疆地区才能够达到长治久安的战略目标。这是事关我国国家核心利益的重大问题。所以，中国边疆学界应下大力气，研究边疆地区的发展问题。

我国边疆地区发展相对落后是一个历史问题，长期以来，我国内地与边疆之间就存在着发展位差，中原地区相对发达。蒙古族和满族曾入主中原，也相继将中原作为经济发展的重点地区，反倒忽视了其起源地的经济发展问题。当然，清朝前期在治理边疆方面颇有章法，在发展边疆地区的经济方面也有很多值得借鉴的地方。这些方面需要加以研究。近代以来，我国边疆地区频受外敌侵扰，守边任务都很难完成，更谈不上"兴边"问题了。20世纪60年代，我国边疆地区处于非常紧张的状态之中，中苏关系的恶化及局部武装冲突，使得我国从东北到西北的边疆都处于高度戒备状态，我们的很多大型重要企业都建设在"三线"地区。这种情况自然加大了边疆地区与内地经济发展的差距。改革开放以后，我国首先是从沿海地区实施开放的，这带动了我国东部和东南部地区的迅猛发展。虽然我国又推出了沿边开放的战略，但沿边地区的开放并没有带来像沿海开放那样的聚集性经济增长效应。这是由其周边国际环境的特殊条件和我国沿边地区的特殊条件所决定的。从长远看，我国边疆地区的发展乃至跨越式发展需要在进一步改革和开放的状态下加以实现，东部沿海地区的发展为西部和北部边疆地区的发展创造了很好的条件和发展基础。这就提出了一个需要解决的问题，即内地发展与边疆地区发展的统筹协调问题。按照邓小平同志的改革开放战略设计，我国在一部分人和一些地区先富裕起来之后要支持另一些人和其他地区富裕起来，而边疆地区特别需要先富裕起来的东部地区的支持和帮助。这不可能是一个自发的过程，尽管有些实业家在自发地进行支持边疆的慈善事业。这需要国家从战略和宏观的层面系统地、持续地、科学地统筹全国资源和力量，全面支持我国边疆地区的发展。但是按照一般的发展思路还不能具有实质性意义地缩小边疆与内地的经济社会差距，需要以更加积极的姿态和更加科学的思路来解决这个问题。因此，我国在新疆维吾尔自治区和西藏自治区的发展战略方面提出了新的思路，即跨越式发展的战略思路。那么，什么是跨越式发展战略？这需要我们加以深入而具体的研究。新疆和西藏实施跨越式发展战略，最主要的战略目的就是要缩小新疆和西藏与内地之间的经济差距，维护上述地区的稳定。我国对西藏经济社会发展战略目标的设计分为两个阶段，第一个阶段是：到2015年，要显著缩小西藏农牧民人均纯收入与全国平均水平的差距，提高基础公共服务能力，改善生态环境，加强基础设施建设，夯实全面建设小康社会的基础。第二阶段是：到2020年，使西藏农牧民人均纯收入接近全国平均水平，全面提升人民生活水平，使基本公共服务能力接近全国平均水平，全面改善基础设施条件，明显增强自我发展能力，使西藏成为重要的国家安全屏障、重要的生态安全屏障、重要的战略资源储备基地、重要的高原特色农产品基地、重要的中华民族特色文化保护地、重要的世界旅游目的地。① 新形势下新疆工作的目标任务是：到2015年，新疆人均地区生产总值达到全国平均水平，城乡居民收入和人均基本公共服务能力达到西部地区平均水平，基础设施条件明显改善，自我发展能力明显提高，民族团结明显加强，社会稳定明显巩固；到2020年，促进新疆区域协调发展、人民富裕、生态良好、民族团结、社会稳定、边疆巩固、文明

---

① 参见《中共中央国务院在北京召开第五次西藏工作座谈会》，中华人民共和国中央人民政府网站（http://www.gov.cn/ldhd/2010-01/22/content_1517549.htm），访问时间：2013年10月18日。

进步,确保实现全面建设小康社会的奋斗目标。①

实现新疆跨越式发展是党中央的重要战略思想。发展是解决新疆问题的基础,产业是推进新疆经济跨越式发展的关键。新形势下加强新疆建设,是深入实施西部大开发战略、培育新的经济增长点、拓展我国经济发展空间的战略选择。研究如何用全面、协调、可持续的思想推进新疆跨越式发展的重大理论和实践问题,着重研究和探讨新疆如何走具有自身特色的新型工业化、信息化、城镇化和农业现代化的道路。新疆具有资源、地缘等优势,实现跨越式发展的基础和条件已经具备,问题在于如何发挥这些优势,如何发挥投资的拉动作用,如何加快重大基础设施建设,如何发展特色优势产业,如何在发展经济的同时注重环境保护和资源有效利用。要研究加快新疆与内地一体化政策、新疆生态环境及国土再造措施,研究新疆区域经济发展方式。研究新疆充分利用国家支持政策、全国各地的支援与切实增强自我发展能力之间的关系,要充分发挥其自身比较优势和后发优势,缩小同东部地区的发展差距,加快促进南北疆协调发展,加快形成城乡经济社会发展一体化新格局。同时,还要注重研究科技支撑新疆跨越式发展问题,推进科技创新体系建设,发展高新技术产业。

除新疆和西藏之外,我国的其他边疆地区也需要大发展。党的十八大关注边疆地区的发展问题,强调要继续实施区域发展总体战略,这里当然包括边疆地区的总体发展战略,发挥边疆地区的比较优势。党的十八大报告还特地强调"优先推进西部大开发""全面振兴东北地区老工业基地""采取对口支援等多种形式,加大对革命老区、民族地区、边疆地区、贫困地区扶持力度"。而我国边疆地区很多地方属于民族地区和贫困地区,所以我们还要研究对口支援具体措施和方式的有效性与针对性问题。

六 加强对我国边疆地区与周边关系的研究

边疆是我国与邻国进行能量交换最频繁的地方,也是我国与外部世界接触最直接、最敏感的地方,西方和周边一些敌对势力一贯利用我国边疆

---

① 参见《中共中央国务院召开新疆工作座谈会》,中国新疆网(http://www.chinaxinjiang.cn/zt2010/zth/3/t20100521_593797.htm),访问时间:2013年10月18日。

的特殊性、复杂性和相对落后性，在我国边疆持续进行渗透、颠覆活动。因此，必须从我国边疆长治久安的战略需求上来构筑边疆学的学科体系，将周边国际环境及其对我国边疆地区的影响纳入研究视野。中国是一个大国，是一个陆疆和海疆兼备的国家。独特的地理位置决定了中国拥有众多的陆上邻国和海上邻国。近代以前中国与邻国自然形成了朝贡体系，但进入近代，中国与邻国的朝贡体系被打破，中国与邻国的关系在很大程度上受世界大国左右和塑造。近代意义上的中国与邻国的边界形成和领土划分也深深地打上了不平等的烙印。现在，中国正处于崛起时期，国际社会非常关注中国对周边地区的态度、立场和行动。经过30多年的改革开放，中国已经形成了比较完整的与周边国际社会打交道的理念和思想。边疆的发展也离不开周边国际环境。党的十八大报告明确指出要全面提高开放型经济水平，"创新开放模式，促进沿海内陆沿边开放优势互补，形成引领国际经济合作和竞争的开放区域，培育带动区域发展的开放高地"；"统筹双边、多边、区域次区域开放合作，加快实施自由贸易区战略，推动同周边国家互联互通。提高抵御国际经济风险能力"。[①] 党中央还提出与邻为善、与邻为伴的思想，强调努力使自身发展更好地惠及周边国家，扩大同各方利益汇合点。上述战略思想需要通过我国边疆地区加以具体贯彻落实，而如何贯彻落实，就需要我们拿出真知灼见。

一是，中国的发展需要良好的周边国际环境。中国当前最大的任务就是解决发展问题，中国的发展离不开世界，中国若关起门来搞发展，效果不会好，中国的发展是建筑在全面向世界开放基础上的。最开始中国搞沿海开放，得到巨大的正面效果后，中国不仅实行沿海开放，也实行沿边开放。中国的发展和改革开放决定了中国必须与世界其他国家和平共处，实行和平的外交路线和政策。如果不实行和平外交政策，中国怎么能够获得良好的周边国际环境呢？而良好的周边国际环境是中国发展的必要外部条件。中国的外交战略是和平发展，和平发展是中国的必然选择。而中国所追求的发展是开放的发展、合作的发展和共赢的发展。中国与世界关系的

[①] 《中国共产党第十八次全国代表大会文件汇编》，第22、23页。

基本路径是通过争取和平国际环境发展自己,又以自身发展维护和促进世界和平。中国的开放战略自然涉及中国与周边国家的关系,所以中国一直强调周边外交战略的重要性。中国提出了与周边国家建立紧密关系的战略思路,旨在扩大同周边国家各方的利益汇合点。中国在确定区域性外交战略方面将促进区域经济合作作为重要内容。中国与周边国家谋求建立新型邻国关系,明确提出了坚持与邻为善、以邻为伴的理念,巩固睦邻友好,深化互利合作。中国明确阐述了发展与周边国家互利关系的思想,即努力使自身的发展更好地惠及周边国家。中国不谋求地区事务主导权,不经营势力范围。

二是,中国有和平解决领土争端的成功经验。最近几年,中国周边国际环境出现了一些问题,中国与周边一些国家的矛盾和摩擦增多,于是,一些国外别有用心的人就说,崛起的中国故意在周边挑起争端。在这个问题上我们有必要多讲中国成功解决领土争端的经验。

20世纪80年代,中苏两国开始了关系正常化进程,1989年5月戈尔巴乔夫访华标志着两国的敌对关系已经结束,中苏关系进入了睦邻友好的新时期。在长时间的对抗彻底结束以后,解决好中苏边界问题和边界地区的互信问题,是一项非常紧迫的任务。1989年11月中苏开始两国边境裁军问题的谈判。1990年4月,中国与苏联签署了在两国边境地区相互裁减武装力量和增进军事领域信任措施的原则决定。1991年5月中苏两国就中苏东段边界达成协议,签署了《中苏东段边界协定》,但西段边界协定尚未达成。1991年底苏联突然解体,给中苏西段边界谈判带来了不确定因素。经过磋商,俄罗斯、哈萨克斯坦、吉尔吉斯斯坦和塔吉克斯坦共同组成代表团与中国方面继续进行谈判,这就是学术界所称的"4+1"谈判模式。截至1995年12月,双方进行了22轮谈判,最后就中国同上述四国在边境地区相互裁军协定以及其他有关文件的内容达成一致。1996年4月在上海,中国与俄罗斯、哈萨克斯坦、吉尔吉斯斯坦、塔吉克斯坦签署了关于在边境地区加强军事领域信任的协定。1997年4月,中国与上述四国在莫斯科签署了关于在边境地区相互裁减军事力量的协定。这两个协定的签署促进了中国与俄罗斯、哈萨克斯坦、吉尔吉斯斯坦、塔吉克斯坦四国边境地区的和平、稳定与安宁,为维护亚太地区乃至世界的和平与稳定提供了一种不同于冷战思维的新安全模式,也是加强地区安全的一个创举。在平等信任和互谅互让基础上中国先后与俄罗斯、哈萨克斯坦、吉尔吉斯斯坦和塔吉克斯坦成功解决了边界划分问题。横在中国与俄罗斯及中亚三国之间非常敏感的历史遗留问题就这样得到和平解决,给世界和平解决复杂的领土纠纷问题提供了范式,不仅如此,还催生了上海合作组织的诞生。

三是,区域经济合作。中国已经明确提出了全面提高开放型经济水平的战略思路。中国旨在适应经济全球化新形势,实行更加积极主动的开放战略,完善互利共赢、多元平衡、安全高效的开放型经济体系。[①] 中国还准备进一步加快"走出去"步伐,增强企业国际化经营能力,培育一批世界水平的跨国公司。至于区域经济合作,中国旨在统筹双边、多边、区域次区域开放合作,《中华人民共和国国民经济和社会发展第十二个五年规划纲要》《全国主体功能区规划》等文件都阐述了区域开放的战略意义。比如我国东北地区正在寻求区域开放,黑龙江和内蒙古东北部地区沿边开发开放规划已经得到国务院的批准,同时《中华人民共和国东北地区与俄罗斯联邦远东及东西伯利亚地区合作规划纲要(2009—2018年)》也已签署,这说明中俄区域合作进入新的发展阶段。中国与东盟的深度合作已经验证了区域开放合作的巨大益处。中国加快实施自由贸易区战略,推动同周边国家互联互通。中国正在推动中吉乌铁路方案的实施,推动与南亚国家的通道建设,准备与巴基斯坦一道建设中巴经济走廊。中国在与周边国家开展经济合作中将坚持出口和进口并重,强化贸易政策和产业政策协调,形成以技术、品牌、质量、服务为核心的出口竞争新优势,促进加工贸易转型升级,发展服务贸易,推动对外贸易平衡发展。所有这些措施都会对我国边疆地区的发展起到积极推动作用。

中国最近提出了区域合作的新思路,即用创新的合作模式,共同建设"丝绸之路经济带",旨在挖掘古代丝绸之路的历史价值和现实意义,以点带面,从线到片,逐步形成区域大合作。欧亚大陆的主要力量应加强经济

---

① 参见《中国共产党第十八次全国代表大会文件汇编》,第22页。

合作，共同推动欧亚大陆东西交通网络的畅通，欧盟、俄罗斯、中亚国家和中国应共同建设横跨欧亚的高速铁路、高速公路和高速信息网络，实现欧亚大陆的交通便利化和便捷化。

四是，中国周边国际环境的塑造离不开与世界大国打交道。首先是美国对中国周边国际环境影响最大。最近几年，随着中国的崛起，美国明确提出了"亚太再平衡"战略，美国在军事方面频频在中国周边搞多边军事演习，在经济上搞跨太平洋战略经济伙伴协定（TPP）。中美关系时有起伏。针对中美关系的重要性，中国最近提出与美国建立新型大国关系的设想，这是在新的国际形势下，中国发展对美关系的新思路。其主要内涵，一是不冲突、不对抗，二是相互尊重，三是合作共赢。中国旨在加强与美国的沟通，共同为维护亚太地区的和平、稳定和发展负起责任。

中俄已建立起新型大国关系，中俄关系是新型大国关系的典范。最近俄罗斯准备大规模开发远东地区，中国也在加大力度发展东北地区。中俄双边合作具有全面战略协作伙伴关系的性质。中国与俄罗斯既是世界大国，又互为邻国。中俄关系的稳定与发展不仅关系到亚洲地区的和平与发展，而且也关系到世界的和平与稳定。中俄两国在上海合作组织、金砖国家、中俄印合作机制、朝鲜六方会谈等多边合作机制方面密切配合，相互协调。当然，也要看到，随着中国与中亚国家经济关系的不断深化，俄罗斯也感到了压力，俄罗斯一些人认为中国与俄罗斯在能源方面已经展开竞争。[1] 但从中俄两国能源结构上看，中国与俄罗斯在中亚地区的能源领域不构成竞争。原因很简单，中国是石油和天然气消费国，而俄罗斯是石油和天然气的出口国，中俄能源结构具有巨大的互补性。正因为如此，中俄在石油领域的合作正在不断深化，中俄在天然气领域的合作正在谈判过程中。事实上，作为石油和天然气的巨大消费国，中国特别希望与俄罗斯展开深度的能源合作，很早就与俄罗斯方面展开谈判，但出现了一些波折。在与俄罗斯谈判不够顺利，安大线建设被搁置的情况下，中国需要寻找新的能源合作伙伴，扩大能源进口，以支撑中国经济的高速发展。在这种情

---

[1] 笔者2013年10月5日在希腊罗德岛"文明对话"论坛上发言时，就有俄罗斯学者提问：如何看待中俄在中亚地区的竞争问题。

况下中国与哈萨克斯坦建设了石油管道，随后又与土库曼斯坦经由乌兹别克斯坦和哈萨克斯坦建设了天然气输送管道。中国在中亚地区实现了能源领域合作的战略突破，而俄罗斯长期垄断中亚地区的能源出口，中国此举打破了俄罗斯的能源垄断地位，这也是事实。但这谈不上中俄之间的竞争关系，因为中国在与俄罗斯谈判不够顺利的情况下从中亚国家进口石油和天然气是自然的，无可非议的。事实上俄罗斯与中亚国家存在着某种程度上的竞争，它们都是能源输出国，都需要中国这个巨大的买主。还有一个问题，俄罗斯盛产石油和天然气，同时俄罗斯又大规模购买中亚地区的石油和天然气并转卖给其他国家，俄罗斯的这种做法带有明显的苏联区域分工的痕迹，苏联解体后俄罗斯也很想垄断中亚地区的能源出口。但俄罗斯能源公司一方面与中国能源公司的谈判不顺畅，在与中国能源合作方面表现出更多的患得患失，另一方面又不希望中国从中亚地区进口能源，试图长期垄断中亚地区的能源出口，这表明俄罗斯还没有意识到在全球化的今天，单纯的国际能源垄断已经不可能长久维持下去。从上述情况来看，中国与俄罗斯在中亚地区的能源领域不是竞争关系。

七 中国边疆史地研究依然是中国边疆学的核心内容和重要研究领域

尽管中国崛起的现实要求我们加强对我国边疆安全、稳定和发展以及我国边疆与周边国际环境的关系问题进行研究，但中国边疆史地研究也应该继续得到强化。从我国边疆演化的历史、我国边疆现状和未来这三个时间维度上看，我国边疆史地研究不是可有可无，而是必须全面地、深入地、客观地加以研究。从我国陆疆和海疆两大空间上看，我国边疆史地研究应对陆疆和海疆的历史演化进程做出令人信服的分析和研究。我国改革开放初期所掀起的中国边疆史地研究热潮要持续下去，而且研究还要更加深入。[①]

[①] 《中国边疆史地研究》杂志1991年第1期发表了《加强中国边疆史地研究笔谈》，同期还发表了边众先生的《论当前开展中国边疆史地研究的几个问题》、吕一燃先生的《中国边疆史地研究的回顾和展望》和谭其骧先生的《历史上的中国和中国历代疆域》等文，集中讨论了中国边疆史地学科的发展问题，至今依然具有重要学术价值和意义。

我们将学术目光再推向 19 世纪边疆史地研究，那个时期的中国边疆史地研究体现了时代精神。徐松巍先生对此概括为以下几点。第一，忧患意识，这种意识以筹边谋防、抵御外辱的爱国精神为内涵，实际上是指因关注国家、民族、社会前途和命运而产生的一种自警精神和危机感。在他看来，这种忧患意识有两个层面，一是对研究的缺乏或疏漏而致的"暗于边情"之状况感到焦虑和忧惧，二是对"边患"认识不足导致的忧患和焦灼之情。第二，将我国的"边务"乃至国家、民族的"休戚安危"与外部世界联系起来加以考察，将我国的筹边谋防和抵御外辱与了解"夷情"联系起来。"也就是说开始用世界的眼光来审视和筹划中国的边疆防务和国家安全问题。这在中国历史撰述上是前所未有的。"[①] 进入 21 世纪，我国的边疆安全、稳定和发展面临新的机遇和挑战，当今中国边疆研究的发展需要 21 世纪的时代精神，需要关注边疆、关注中华民族的伟大复兴、关注世界局势的发展与变化。

我们不应因着力建设中国边疆学而忽视对中国边疆史地问题的研究，事实上，中国边疆史地研究是中国边疆学的一个重要组成部分，是中国边疆学的基础与核心。当然，为了全面地把握边疆局势，我们还要研究边疆的民族问题、宗教问题和文化问题。这些都是客观认识边疆问题的必不可少的研究领域。此外，其他国家有关边疆问题的经验教训也特别值得我们研究和关注。

八　几点认识

中国经过改革开放 30 多年的积累，越来越成为世界关注的焦点，越来越成为世界级的大国。中国发展到今天，已经进入了能够相对从容地认识边疆、统筹边疆、治理边疆、发展边疆、开放边疆和通过边疆进行区域国际合作的重要历史时期并获得了相应的国内外基本条件。中国对自身疆土的认识越来越全面、客观和深入。改革开放 30 多年来，我国在治理边疆方面提出了一系列新理念，边疆形态也出现了很大变化。（1）我国在改革进

[①] 徐松巍：《19 世纪边疆史地研究的时代精神》，《中国边疆史地研究》1998 年第 2 期。

程中提出了沿海开放和沿边开放的战略，取得了举世瞩目的成绩。这次沿海沿边开放完全不同于近代的沿海开放，这是我国根据改革和发展经济的战略需要主动采取沿海沿边开放战略，旨在获得发展经济的资金、人才、技术、国外市场和良好的国际环境。（2）邓小平提出了"主权在我、搁置争议、共同开发"的解决海洋岛屿争端的基本原则，这是中国解决海洋领土问题的一个重要政策。（3）提出了互谅互让、在平等基础上解决边界问题的基本方针。自近代以来，中国终于有了比较从容地治理边疆和与有关国家解决边界问题和领土纠纷的条件。（4）提出"一国两制"的战略思想，以此作为解决香港、澳门和台湾问题的基本方针和思路。（5）提出了"与邻为善、以邻为伴"和睦邻、富邻、安邻的基本政策，提出中国的发展要惠及周边国家。（6）提出建设"海洋强国"战略，使我国在统筹陆疆和海疆建设方面达到了历史的最新高度。如果说进入21世纪中国对自身疆域认识有何变化和改变的话，其最大的变化莫过于对海疆认识和理解的深化，建设"海洋强国"就是基于这些理解和认识的深化而提出来的。（7）提出建设"丝绸之路经济带"和"海上丝绸之路"的战略思想，使中国的经济利益和文化与周边相关国家的利益和文化相契合，挖掘中国古代"丝绸之路"的历史价值。（8）我国对边疆问题的内涵和外延的认识大大拓展了，出现了"利益边疆""文化边疆""经济边疆""高边疆"等概念。与此同时，我国边疆问题研究除坚持史地研究方法之外，还运用民族学、宗教学、国际关系、社会学、经济学等学科的理论和方法进行综合性的研究，使边疆问题研究的领域和范围大大拓宽。

改革开放30多年来，我国的边疆形态也发生了很大的变化。（1）我国的边界形态发生巨大的变化，我国与俄罗斯、哈萨克斯坦、吉尔吉斯斯坦和塔吉克斯坦彻底地解决了边界问题，与越南解决了陆上边界问题。我国与印度边界问题的谈判正在进行中。（2）香港、澳门回归彻底终止了我国近代所形成的香港、澳门被"租借"状态。在"一国两制"的框架下实现了香港和澳门回归祖国这一历史壮举。（3）两岸关系实现重大转折，两岸实现了全面直接双向"三通"，形成了两岸经济合作的战略框架。（4）我国疆域行政区划出现新的变化，成立海南省意义重大，最近又组建了三沙市，昭示了我国在南海行政化管理方面的新思路。（5）我国沿边地区形成了一系列开发开放战略，中哈共同建设霍尔果斯国际边境合作中心，中俄共同实施俄罗斯远东地区和我国东北地区的深度区域经济合作。我国与东盟国家在区域经济合作上取得了非常显著的成效，广西北部湾经济区成为区域经济发展的新高地，云南的"桥头堡"战略的实施增强了我国与南亚的区域经济合作。（6）我国沿边地区初步形成了北、西和南三面能源管道输入战略布局，比如中俄石油管道、中哈石油管道、中国与土库曼斯坦经由乌兹别克斯坦和哈萨克斯坦的天然气管道、中缅天然气管道。

我国改革开放30多年来在治理边疆、稳定边疆和发展边疆方面提出的一系列战略思想和我国边疆形态的一系列变化值得我们深入研究。

（原载《中国边疆史地研究》2013年第4期）

开拓中国边疆学研究的新局面

邢广程

习近平总书记提出中华民族伟大复兴的历史任务，要实现"中国梦"。"中国梦"包括中国边疆的长治久安。中国的崛起与中国边疆长治久安密不可分。我们所说的"中国边疆"包括中国的陆疆和海疆。中国的边疆首先是一个空间概念，是中国国土空间不可缺少的组成部分。从空间上看，中国边疆是与其他国家相接壤的地区，是中国与相邻国家进行能量交换最频繁和最直接的地区。这就自然要求中国边疆学不仅要研究中国边疆自身的问题，还要关注中国与其他国家的边界问题和周边国际环境问题。

（一）要关注中国的"三边"问题。这里所说的中国"三边"是指中国的边疆、边界和中国周边国际环境。中国的周边国际环境比较复杂，形态各异。中国周边对外关系集中在与我国相邻的周边地区。我国外交关系中最重要的就是周边关系，周边外交是中国的外交重点之一。中国的发展需要良好的周边国际环境。随着中国的崛起，中国的外部国际环境尤其是周边国际环境正在发生变化，出现了一系列新情况、新问题和新挑战，我们要着力以战略的视野来加以观察和分析。我们应关注周边国际环境的演化与中国崛起所形成的高度关联性和互动关系。

在讨论中国边疆问题时应主要围绕三个学术支撑点展开，即中国边疆的安全、稳定与发展。这是中国边疆研究的三个基本维度。中国的边疆治理需要以长治久安作为战略目标，追求"和谐"的基本状态。我们要建设"和谐边疆"，并不是说中国现在的边疆情态已经达到了"和谐"境界。中国边疆的和谐实际上包含两个层面,即中国边疆的内部和谐状态和中国边疆的外部和谐状态。我们研究"和谐边疆",就是探讨如何通过治理边疆的内外环境,逐步克服制约中国边疆安全、稳定和发展的各种内外障碍,使中国边疆逐步达到和谐状态。

中国边疆态势与中国战略定位之间的关系,应从两个层面进行分析。一个层面是国家层面,即中国与周边国家的外交关系的性质和定位;另一个层面就是中国边疆与周边国际环境所形成的能量交换模式。经过多年的实践,中国已经摸索出与周边国家发展关系的丰富经验。

(二)要着力研究习近平总书记提出的"治国必治边,治边先稳藏"的重要论述。该思想包含着非常丰富的治国理念和治边思想,阐述了两个重要的逻辑关系:一是"治国"与"治边"的关系;二是"治边"与"稳藏"之间的关系。这表明习近平总书记对治理边疆的高度重视,也表现出习近平总书记对"治国"与"治边"关系的深刻理解和战略掌控能力及战略意识。"治国必治边,治边先稳藏"思想把治国、治边、稳藏"三位一体"的关系上升到现代国家边疆总战略的地位。

(三)应着力分析建设"海洋强国"的治理海疆的战略思想。党的十八大首次提出建设"海洋强国"的战略目标,这是党中央治理海疆的最新战略表述。将海疆纳入国家战略考量并提出建设海洋强国的战略目标,表明中国对海洋问题认识的深化,其战略意义是极其深远的,在中国治理海疆历史上将占有重要地位。中国的建设"海洋强国"是有特定含义的,绝对不是要独霸海洋,搞海洋霸权。那些将"海洋强国"概念与强势处理和邻国的岛礁争议联系起来,将"海洋强国"概念与不断扩大海权联系起来的说法是没有说服力的。中国要统筹维稳与维权两个大局,统筹维护海洋权益与提升综合国力两个维度,与周边国家共同建立利益共同体。

(四)应着力研究"陆海统筹"思想的重要战略意义,我国在优化国土空间格局时要运用"陆海统筹"的思路建设海洋强国和陆地强国。将中国所固有的空间——无论是陆疆还是海疆——进行有效的战略整合,将其打造成海陆有机体和完整空间,这是一个崛起的大国必须要做的事情。陆疆与海疆的有机整合与有效统筹是中国崛起的必由之路。从国家的主权、安全和发展及其与外部国际环境关系等多重维度和多向度关联出发，就可以看出对中国的陆海空间进行综合性的运筹、谋划、开发和利用的必要性和紧迫性。中国独特的陆海兼备的地理结构决定了中国具有陆海巨大的战略纵深，空间回旋余地十分巨大，中国陆地边疆与海疆的契合线就在中国的东、南沿海一带。中国海洋与陆地的相互支撑和回旋给中国带来了新的治疆理念和思维。陆海之间的互补性造就了中国发展的结构性优势；中国陆海资源互补性使中国在泛亚欧空间的战略格局中占据巨大的能量转换优势；中国陆海有机衔接会实现中国陆海全面协调可持续发展；中国陆海空间的相互倚重和互为支撑会使中国安全形态和环境大为改善，因此中国陆海安全和发展并举并重是中国陆海疆战略的重要战略原则。

在中国海疆问题研究方面，我们应关注中国海洋权益的维护与和谐海洋的构建，应研究海洋主权争端凸显、域外大国介入争端、海上航道安全、海洋整体管控能力有待提升等问题；应研究中国在南海的主权与权利、中国在解决南海问题上的政策选择；应研究"搁置争议"的提出、冷战后钓鱼岛问题的激化及其对中日关系的消极影响、中国在钓鱼岛问题上的基本政策及外交应对等问题；应研究两岸关系的现状与发展趋势、香港保持长期繁荣稳定的目标与实践；应研究中国建设海洋强国的内涵及进程、新型海洋观的提出与实践及21世纪海上丝绸之路理念的提出和实现路径。

（五）应着力分析"一带一路"倡议与中国边疆稳定与发展的关系。中国"一带一路"倡议统筹国内和国际两个大局，是泛亚欧空间的深度互动范式，在"一带一路"倡议框架中，陆疆和海疆是中国国内大局与国际大局的契合线和交汇处。中国所提出的利益共同体、命运共同体和责任共同体的构建实际上包含了中国陆地边疆和海疆与周边国家的陆海合作融合。中国所倡导的利益共同体，使中国与包括周边国家在内的国家之间增加相互之间的利益，化解相互之间的历史与现实利益分歧，寻找相互之间的利益共同点，有效地管控危机，将不够信任的邻居关系逐步转化为相互信任的睦邻关系，加深邻邦彼此合作的意愿。

（六）针对一些国家对中国在捍卫国家领土主权和海上权益方面的指

责，应明确表明中国具有与其他国家处理边界问题的成功经验和案例。中国一贯致力于通过和平方式、互利互让的方式处理同有关国家的领土主权和海洋权益争端。从历史上看，中国已同14个邻国中的12个国家彻底解决了陆地边界问题，说明中国有解决边界问题的经验和非常成熟的方法。国家之间有纠纷不可怕，可怕的是以不断制造纠纷的方式解决彼此之间的纠纷，这不可能得到双赢的结果。

（七）应着力研究中国边疆安全、稳定和发展与周边国际环境之间的关系问题。中国边疆地区稳定与发展可以集中于四点：一是影响国家统一、领土完整与国家安全的重大问题；二是邻国间争端影响到我国边疆安全、发展的问题；三是边境管理以及涉及邻国的非传统安全与跨国合作问题；四是中国边疆地区社会发展中的新问题。这四类问题基本上都与中国周边地区、周边国际环境有着密切联系。

应研究东北边疆、北部边疆与东北亚局势之间的关系；研究新疆反分裂斗争和反暴恐斗争以及去极端化的基本规律，新疆在发展和稳定方面与阿富汗和巴基斯坦乃至西亚、中东地区局势之间的关系；应研究西藏安全、稳定和发展与印度、尼泊尔和不丹之间的关系；应研究云南、广西发展和稳定与东南亚之间的关系；应研究中国海疆所面临的问题和解决问题的基本思路等。紧扣中国边疆安全、稳定和发展与周边国际环境之间的关系是中国边疆学研究的基本方向之一。

关于东北亚局势与中国东北及北部边疆开放与发展的关系问题，应研究朝鲜半岛的地缘政治价值及其对东北边疆安全的影响；研究朝鲜半岛地缘政治局势对中国东北边疆安全和稳定的影响。研究朝鲜半岛局势对中国东北边疆发展的影响，其中包括东北亚区域经济合作问题。俄罗斯是中国的最大邻国。俄罗斯正在进行战略东移，中俄区域经济合作十分必要。应研究俄罗斯远东开发和战略东移与中国东北边疆的区域合作问题，这里涉及中俄在远东开发与振兴东北工业基地这两个国家区域战略对接问题。随着中国整体经济进入"新常态"，东北三省的经济下行压力越来越大，近年来出现了"新东北现象"，应研究东北三省经济发展和经济转型的基本路径。蒙古国是中国的北方邻国。中蒙关系与中国北部边疆稳定发展息息相关，应研究中蒙关系与内蒙古安全、稳定和发展问题。

中亚地区局势与我国新疆地区稳定和发展的关系方面，应研究中亚地区和巴基斯坦形势变化对新疆稳定与发展的影响，包括"东突"问题对新疆稳定的影响及应对战略；研究中亚地区的非传统安全局势对中国新疆的影响和新疆作为丝绸之路经济带的核心区与中亚区域经济合作的关系；研究阿富汗问题与中国新疆的稳定与发展的关系，关注阿富汗局势对中国新疆安全、稳定和发展的影响；研究巴基斯坦非传统安全局势对新疆稳定的影响，中巴经济走廊对中国安全和发展的战略意义，中巴经济走廊建设与中国新疆的关系。

研究南亚相邻国家与我国西藏的社会稳定、安全和发展的关系，应研究历史时期和现代中国与印度、尼泊尔、不丹等国的关系；研究中印、中尼边境地区经济贸易合作等问题；研究西藏的社会稳定与反分裂斗争、中国与南亚国家关系中"西藏因素"、中印边界问题、西藏的国家生态安全屏障与边疆安全等问题；研究西藏对外开放的战略、西藏小康社会建设、西藏的经济发展战略与可持续发展战略、中央扶持和全国支援与西藏发展的关系等问题；研究西藏安全、稳定、发展和中国与南亚邻国关系的战略定位之间的关系。

研究东南亚地区与我国西南边疆关系及战略定位，应研究中国西南边疆与周边国际环境的关系、中国与东南亚周边邻国在非传统安全领域存在的问题及合作、中国西南边疆与周边国家的经济合作。

（八）应着力研究实现中国边疆治理体系和治理能力现代化的理论问题。有三个需要思考的重要问题。一是如何在市场经济的环境下治理边疆，增强民族团结，如何将市场经济这只"看不见的手"与政府宏观调控的"看得见的手"有机地结合起来，形成机制上的优势和资源配置上的优势。二是如何在高度开放的状态下治理边疆，搞好民族团结。从历史上看，边疆地区是与周边国际环境交往最集中、最密切、最频繁的地方，因此境外各种极端的东西和有害的东西都会以边疆地区为孔道向中国渗透，这就需要扎紧边境地区的篱笆，形成边境地带有效的安全防火墙。三是如何在现代网络和新媒体条件下治理边疆，搞好民族团结。中国政府对网络、手机等新媒体舆论的引导能力和舆情疏导能力成为其治理边疆能力的重要体现。在现代信息化条件下如何治理边疆，这不仅关系到边疆地区的长治久安问题，而且也关系到整个社会的稳定问题。研究中国边疆治理体系和治理能力现代化问题在中国学术界属于理论和学术前沿问题。

（九）研究中国边疆学问题应在研究方法方面寻求突破，应运用多学科来研究中国边疆安全、稳定和发展与周边国际环境之间的关系问题。拓宽领域，完善理论，注重研究内容的综合性和研究方法的创新性。着力解决历史上的疑点问题、现实中的热点问题、理论上的难点问题。在充分吸收国内外已有成果的基础上，努力推进相关领域的研究。因此，要善于把历史与现实、基础研究与应用研究有机结合起来，运用人文科学、社会科学多种学科的理论、方法，深化中国边疆研究的学科发展。把国际关系及与国际关系密切联系的经济学、历史学、法学、地理学、社会学、人类学、心理学和文化学等多学科联系起来进行综合性研究。

（原载《中国边疆史地研究》2016年第2期）

开启中国边疆学学科建设新征程

李国强

党的十九大是在全面建成小康社会决胜阶段、中国特色社会主义进入新时代的关键时期召开的一次十分重要的大会。党的十九大报告明确提出"加快构建中国特色哲学社会科学",[①] 这是指导我们不断深化中国边疆理论研究、不断开创中国边疆学学科建设新局面的政治宣言和行动纲领。

目前中国边疆学学科建设问题引起学术界同人广泛关注,令人欣喜的是,近几年关于中国边疆学的互动交流、学术讨论十分热烈,中国边疆学学科建设方面的研究成果超过以往任何一个时期。在取得显著成绩的同时,也应该看到,关于中国边疆学性质、体系、结构、功能的研究还不深;关于中国边疆学理论、方法、手段、工具的研究还不透;在很多问题上存在较大或较多分歧,看法还不尽一致;中国边疆学学科的深层次问题亟待解决。尽管认识上存在差异是学科建设中必然经历的过程,但这也深刻反映出中国边疆学具有突出的特殊性和学科建构的复杂性。本文拟围绕中国边疆学学科构建的若干问题提出浅见,求教于学术界同人。

一 边疆研究学术规律及中国边疆学学科逻辑

在我国有着优良学术传统的边疆研究经历了漫长发展历程,在历代学人持续努力下,边疆研究的理论深度和广度不断拓展,学术内涵与外延不

[①] 习近平:《决胜全面建成小康社会 夺取新时代中国特色社会主义伟大胜利——在中国共产党第十九次全国代表大会上的报告》,人民出版社,2017,第41页。

断延伸。随着边疆理论研究的持续深入，以边疆史地为主体的传统的中国边疆研究，正在步入学术转型、学科建设的重要时期。构建"中国边疆学"已经从"呼声"转化为学科创新的具体实践，成为学术界的共同目标和任务，围绕这一议题，不少专家学者展开了深度思考，发表了一批成果，形成了若干不同意见。无论是"边疆研究学术共同体"的提出，还是边疆政治学、边疆经济学、边疆民族学、边疆安全学等理论体系建构的尝试，都助推了"中国边疆学"学科内涵的探索，促使边疆研究在更多领域、更宽层面、更广视野中得到深化。

学术界关于中国边疆学学科建设的各种观点，可谓异彩纷呈，但是中国边疆学学科建设似乎走到了一个需要确定何去何从的关键节点。当学术界同人勇立于中国边疆学学科构建的潮头之时，恐怕需要冷静而科学地回答什么是中国边疆学、为什么要构建中国边疆学、究竟要构建一个什么样的中国边疆学等一系列基础性、紧要性问题。

习近平总书记在党的十九大报告中指出："不忘初心，方得始终。"[①] 在讨论中国边疆学学科建设问题时，首先要清晰地认识中国边疆学的理论起点、逻辑起点和实践起点，这是我们把握"初心"的根基；其次要科学地认识中国边疆学的学科目标、学科任务、学科宗旨，这是我们"牢记使命"的关键；最后要准确地认识中国边疆学的时代背景、时代要求、时代方向，这是我们"继往开来"的前提。

习近平总书记在哲学社会科学工作座谈会上指出："当代中国正经历着我国历史上最为广泛而深刻的社会变革，也正在进行着人类历史上最为宏大而独特的实践创新。这种前无古人的伟大实践，必将给理论创造、学术繁荣提供强大动力和广阔空间。这是一个需要理论而且一定能够产生理论的时代，这是一个需要思想而且一定能够产生思想的时代。"[②] 刘云山同志指出："新时代提出新课题，新课题催生新理论，新理论引领新

---

① 习近平：《决胜全面建成小康社会 夺取新时代中国特色社会主义伟大胜利——在中国共产党第十九次全国代表大会上的报告》，第1页。
② 习近平：《在哲学社会科学工作座谈会上的讲话（全文）》，http://news.xinhuanet.com/politics/2016-05/18/c_1118891128.htm，访问时间：2018年1月23日。

践。"[①] 历经千年的边疆研究，正处在一个新时代，处在催生中国边疆学的新时代。

无论哪一个学科门类，在其建设发展中都有一条贯穿始终的主线，即遵循学术发展客观规律并与社会发展要求相适应，这不仅是所有承载学术功能的科研机构的立足之本，而且是学术得以繁衍和繁荣的必由之路。构建中国边疆学同样如此，无论有什么样的路径选择，最基本的关键要素是要抓住三个方面：一是厘清中国边疆学学术缘起，把握中国边疆学学术规律；二是廓清中国边疆学学术性质，明确中国边疆学理论方向；三是厘清中国边疆学研究范畴，创建中国边疆学三个体系（即学科体系、学术体系、话语体系）。这三个要素是建构中国边疆学学科大厦的理论基础，是中国边疆学学科建设的理论起点，而要科学地、准确地把握边疆研究学术规律、理论方向和完整体系，并非易事，它有赖于学术界的科学探索和准确把握。

中国边疆学大致有三个源头：一是边疆研究悠久的历史，二是边疆研究的时代发展，三是当代边疆治理的现实挑战。

1. 边疆研究的学术传承。边疆历史研究的千年延承和积淀，特别是20世纪以来边疆研究所取得的众多学术成就，为边疆史地研究向更具复合性特征的中国边疆学的发展奠定了基础、创造了条件。

当我们审视中国边疆研究学术史时，不难发现，从古至今的历代学者对边疆的关注、记述、研究和思考与其他领域相比，从未有过弱化的倾向。从《尚书》《管子》《尔雅》到《史记》《汉书》《清史稿》，中国历代纪传体通史与断代史、编年体史书，起居注及实录、典志体史书，地理书和方志以及会要类、辑录类、目录提要类、笔记杂记类等史书，这些古代历史文献不仅为我们还原边疆历史、追溯中国疆域形成发展的轨迹提供了极为丰富的史料，同时积淀了十分丰富的学术思想，从而使边疆研究成为中国史学领域不可或缺的重要组成部分。

自清末以来，中国边疆研究出现的三次学术高潮，被很多学者总结归

[①] 刘云山：《深入学习贯彻习近平新时代中国特色社会主义思想》，《党的十九大报告辅导读本》，人民出版社，2017年10月第1版，第5页。

纳和阐释。事实上，尽管三次边疆研究高潮在不同时间点发生，但从学术史角度观察，它们之间显然不是孤立存在的，而是呈现前后关联、代际传承的鲜明特点。透过三次边疆研究的勃兴，我们注意到它们之间至少有三个共性：一是三次边疆研究高潮的学术起点都来自对边疆历史的反思；二是三次边疆研究高潮的目标都源自现实的需要；三是三次边疆研究高潮都加速了边疆研究理论内涵的拓展、研究结构的再造、学科体系的转型。它们之间的差异性则体现在：鸦片战争之后至清末的边疆研究，集中在对西北边疆历史"点"上的探察；20世纪30年代至40年代的边疆研究，集中于对我国边疆历史"面"上的整体关注；兴起于20世纪80年代，至今仍然热度不减的边疆研究，则趋向边疆历史与现实的多面向、综合性考察。无论是共性还是差异点，从本质上而言，都反映出边疆研究的学术取向和学术发展脉络，反映出三次边疆研究高潮之间内在的逻辑关系，以及既自成一体，又前后接续延承的学术范式。

边疆研究学术史清楚地表明，无论哪个时代的边疆研究，几乎都发轫于边疆历史，边疆历史研究是不同时期边疆研究的出发点和着力点，它丰富了新时代构建中国边疆学的学术渊源，汇聚成新时代构建中国边疆学的思想源泉，奠定了新时代构建中国边疆学的理论基石，因而成为构建中国边疆学必须遵循的基本学术规律。如果背离了这一学术规律，我们构建的中国边疆学就失去了根基、失去了源头、失去了延承，就很难成为科学意义上的中国边疆学了。

2. 边疆理论研究的时代要求。边疆研究虽历经上千年学术传承，但在当代并没有成为一门学科，这的确是令人十分费解的问题。当我们沿着边疆研究发展路径展开进一步考察时，找到了这一问题在以下两方面的"症结"所在。

其一，边疆研究的主体历来是边疆历史研究，边疆历史研究一向与中国历史研究浑然一体，蕴含在中国历史研究之中，它是中国历史研究的组成部分。无论是通史类研究，还是断代史研究，人们或多或少都会触及边疆历史，不少历史学家都对边疆历史进行过专题研究，出版或发表了很多有关边疆历史的重要学术成果，甚至形成了边疆研究的学派。

在漫长的学术发展中，边疆历史研究或者说边疆研究始终不是一门单独的学科，也不是一个独立存在的学术领域，它一直从属于中国历史学，也没有脱离过中国历史学的学术范畴，以至于学术界有历史学家、先秦史专家、明清史专家等称谓，而没有边疆史专家或者边疆问题专家的名号。因此，在国务院学位委员会1983年3月公布的《高等学校和科研机构授予博士和硕士学位的学科专业目录（试行草案）》、1990年10月公布的《授予博士、硕士学位和培养研究生的学科、专业目录》、1997年发布的《授予博士、硕士学位和培养研究生的学科、专业目录》和2011年公布的《学位授予和人才培养学科目录》中，"边疆历史研究"自然而然地被归属于中国历史学这个大学科之下。

实际上，边疆历史研究是"无名无位"的，即使在三级学科——"专门史"之中，也没有"边疆史"的列名，它作为一个研究领域或者研究方向，只能归到"专门史"的"其他类"之内。几乎就是边疆研究代名词的边疆历史研究尚且如此，其他涉及边疆问题的学术研究基本上以"碎片化"的状态，淹没于各个学科体系之中。

其二，从边疆研究的学术进程上看，长期以来边疆历史研究的理论和方法，与中国历史研究如出一辙，因此，把边疆历史研究从中国历史学学科中分离出来既没有可能，也没有必要。直到20世纪90年代初期，作为一门发展中的交叉学科和边缘学科，边疆历史研究开始渐趋"自我觉醒"，研究中的难点问题层出不穷，以往研究中被忽视或研究不够深入的大量新理论命题，成为边疆历史研究中不可回避的课题。这些课题为边疆历史研究者的科研实践、理论创新提供了大舞台，促使边疆历史研究向更高层次的综合性学科方向发展，以历史研究为主体而展开边疆研究的传统定式逐渐被打破。

囿于一成不变的学术范式、止步于支离破碎的学术研究，终将成为理论创新的羁绊。仅仅依托单一学科的理论、方法和手段，已不足以全面诠释中国边疆所面临的诸多重大、前沿理论问题和现实问题。我们要整合多种学术资源，凝聚多元学术力量，将历史学、民族学、考古学、宗教学、法学、社会学、国际关系学等多学科的理论和方法互相结合，以更加多样化的视角审视我国边疆的历史和现状,探索自古至今边疆治理的成败得失,来促使边疆研究呈现历史研究与其他学科有机交融、相互交叉、彼此渗透的特点。

无论是传统的边疆历史研究,还是彰显时代要求的边疆现实问题研究,都不是孤立存在的,只有把两者有机相融,互为表里,展开贯通性、系统性、整体性研究,才能迈过边疆历史与边疆现实之间的理论沟壑,才能使边疆理论研究更加具有体系性和完整性。

边疆研究的自身属性,决定了其发展方向,而边疆理论升华的内生性需求,边疆学科发展的时代性要求,成为边疆历史研究向复合型、多要素学科体系发展的驱动力,因此,由边疆历史研究向中国边疆学的学术转型成为必然。

3. 边疆治理的现实挑战。党的十九大报告指出,"必须坚持和完善中国特色社会主义制度,不断推进国家治理体系和治理能力现代化"。[①] 党的十九大把"实现国家治理体系和治理能力现代化",纳入我国建成社会主义现代化强国的重要指标之一,既是新时代的实践要求,也是未来的发展目标,同时给理论研究指明了发展方向。实现边疆治理体系和治理能力现代化,对于边疆地区尤为关键,意义十分重大。

改革开放40年,是我国边疆地区经济社会发生翻天覆地变化的40年,边疆地区良性的政治氛围、融洽的民族关系、跨越式的经济腾飞,为我国改革开放40年的成就增添了一笔浓墨重彩。当然,在取得辉煌成就的同时,边疆地区深层次社会矛盾、内生性结构问题、外部环境负面影响等一系列问题依然存在。这一系列问题事关国家领土完整、国家安全和发展利益,对边疆长治久安和稳定发展构成巨大现实挑战。

没有边疆的发展,就没有全国的发展;没有边疆的稳定,就没有全国的稳定。面对边疆地区出现的新情况、新问题,党和国家审时度势,高瞻远瞩,科学筹划,周密施策。从"治国先治边"的重大论断,到建设"海洋强国"战略目标的确立;从维护边疆长治久安的周密部署,到新型"海

---

① 习近平:《决胜全面建成小康社会 夺取新时代中国特色社会主义伟大胜利——在中国共产党第十九次全国代表大会上的报告》,第21页。

洋观"在海洋维权中的务实落地,都充分展示了以习近平同志为核心的党中央治理边疆的新思想、新理念、新战略。

为边疆治理体系和治理能力现代化建设提供强大理论支撑,是中国边疆学构建的现实推动力。当边疆历史研究的理论属性悄然变化时,边疆研究的任务属性也在发生深刻变化。植根于边疆历史沃土,直面边疆治理体系和治理能力现代化的客观要求,基于历史和现实两个维度,更加全面和系统地回应边疆历史研究中的重大难点问题、边疆现实中的重大热点问题,这些不仅是当代边疆研究的时代担当、历史使命,而且构成了中国边疆学新型学科体系的合理内核。

边疆治理体系和治理能力现代化建设无疑是中国边疆学研究的核心内容之一,无论是边疆历史研究,还是边疆学研究,其最显著的功能就是服务于边疆经济社会的现实需求。以边疆治理体系和治理能力现代化为理论起点的学术站位,不仅贯通了中国边疆学理论解析的时空主线,而且使中国边疆学学科建设方向更加清晰可见。

通过对边疆历史和边疆现实多层次、宽领域的学术考察和理论研究,力求以务实、有效、管用的理论成果,服务于党和国家的决策,服务于边疆各族人民日益增长的美好生活需要,为实现边疆治理体系和治理能力现代化建设提供智力支持,这是中国边疆学构建的现实导向,是中国边疆学发展的必然归宿。

边疆地区经济社会的快速发展,以及来自陆地边疆和海洋边疆更加复杂的严峻挑战,使边疆研究承载了比以往任何时期更加多元的学术功能和更加多重的理论价值。中国边疆学学科建设之所以受到学术界的关注、热议,就因为它是边疆研究学术功能和理论价值的集中体现和重要载体。边疆治理体系和治理能力现代化建设的伟大实践,开启了构筑中国边疆学学科的新征程。

二 中国边疆学的定义及学科目标、学术结构

关于中国边疆学学科建设,学术界提出了一些思路,比如把学科分为边疆政治学、边疆经济学、边疆安全学,等等,这些思路不仅给我们提供

了不同专业视角下边疆学的学科架构，而且不同程度上助推了中国边疆学学科建设的步伐。但是，中国边疆学并不是一个包罗万象的学科，也不是"边疆+某个学科"的简单公式。中国边疆学既然是一个学科，就一定有它的学术定义，有它的学术边界，而边疆政治学、边疆经济学、边疆安全学等都很难称得上是真正意义上的"中国边疆学"。

其一，一个学科可能源于某一个知识领域，但即使这个知识领域已经是一个成熟的学科，也不能替代一个全新建构的独立知识体系。"一级学科是具有共同理论基础或研究领域相对一致的学科集合。"① 如果中国边疆学仅仅停留在其他学科派生的层次，那么就称不上是一个学科，也就无须构建了。

其二，一个学科必须具有相对独立和自成体系的理论、知识基础和研究方法，反映着不同科学领域的本质差异和原始属性。构建中国边疆学，必须立足于其自身具有的整体性和独立性，立足于科学归纳、提炼总结出来的独特的理论和方法。需要明确的是，中国边疆始终是中国边疆理论研究唯一的核心，是中国边疆学学科建设和发展的唯一核心，一切研究都要围绕这个核心展开。中国边疆学需要也必须借鉴和运用其他学科的理论和方法，但不是一个依附于其他学科的研究领域，就如同边疆研究包含了边疆民族问题，但不是纯粹的民族学研究；包含了边疆宗教问题，但不是纯粹的宗教学研究；包含了边疆政治问题，但不是纯粹的政治学研究；等等。这其中有一个来源于专业性学科分野的、鲜明的学术边界。从单一专业领域的站位所定义的边疆学，充其量是"中国边疆学"学科门类之下的分支或下一级学科类别，而不是"中国边疆学"的主体。

1. 关于中国边疆学的界定。定义"中国边疆学"，是建构中国边疆学最基本也是最重要的环节之一。依据科学性、实用性、简明性、兼容性、扩延性、唯一性六个原则，从边疆研究对象、研究特征、研究方法、学科的派生来源、研究目的及目标等五个方面加以细致梳理、客观归纳、科学

---

① 参见国务院学位委员会、教育部颁布的《学位授予和人才培养学科目录设置与管理办法》（学位〔2009〕10号）第三章"一级学科的设置与调整"第七条。

总结，才能更好地辨析中国边疆学与其他科学领域的本质差异，探究中国边疆学的原始属性。

何谓"中国边疆学"？简单说，中国边疆学是哲学社会科学中一门以中国边疆为研究对象的独立知识体系。其包含的第一个要素即为"中国边疆"：中国边疆学把中国陆地边疆和海洋边疆作为整体进行全面考察，研究边疆起源、演进的规律以及国家治理边疆的全过程。其包含的第二个要素即为"独立知识体系"：边疆研究的理论（或知识）基础，决定了中国边疆学所具有的独立性，它包含了中国边疆从无疆无界，到有疆无界，到有疆有界的发生、发展的全部历史。在空间格局上，以陆地边疆和海洋边疆为主体，涵盖我国所有边疆地区；在时间脉络上，遵循历史发展轨迹，覆盖中国边疆由古至今的全时段；在研究内容上，通过对边疆历史和边疆现实多层次、宽领域的学术考察，诠释国家历史疆域与国家领土的形成与演进、边疆治理与边疆发展的嬗变与精髓。

2. 关于中国边疆学的学科目标。显而易见，中国边疆学有其特定的研究客体，有其特定的学术结构，有其特定的理论范式。既然是特定的，其研究对象不是内地也不是国外，尽管我们不能忽视从古至今边疆与内地、边疆与周边的互动和关联，但是中国边疆学面对的是包括陆地边疆和海洋边疆在内的所有边疆问题。

中国边疆学学科目标，是优化中国边疆学学术体系的基本依托，是衡量中国边疆学学科功能的价值指标，是判断中国边疆学与其他学科有所不同的重要因素。明确了中国边疆学的学科目标，也就抓住了中国边疆学学科建设的核心要义和理论方向。

由中国边疆学的原始属性来观察，其学科目标包括三个方面：一是探寻我国边疆形成、发展、演变的客观规律，从而为更好地阐释中国统一多民族国家的必然性、合理性和合法性提供理论基石；二是探寻我国边疆治理的历史脉络，在思想、制度、手段、方式等多个层面追溯历史根源，阐释时代特征，破解现实难题，从而为我国边疆治理体系和治理能力现代化建设提供理论支持；三是探寻我国边疆开发经营的历史轨迹、当代进程、未来方向，从而为边疆长治久安和可持续发展，为实现边疆人民的福祉愿景提供理论支撑。

3. 关于中国边疆学的学术结构。现代理论研究的学术分类大体上有三个类型，即基础研究、应用研究和对策研究。通过对边疆史地到边疆学学术发展历程的回顾，可以清晰地看到，中国边疆学学术研究始终是在基础、应用和对策三个方面展开的。因此，对中国边疆学的学术结构应有一个基本判断，即中国边疆学是基础研究、应用研究和对策研究的集合体；其中边疆基础研究和边疆应用研究是中国边疆学的两个核心、两大主脉；尽管对策研究是中国边疆学的结构分支，但却是中国边疆学的重要功能性体现，同样不可或缺。

就边疆基础研究而言，其学术领域包括历代疆域史、历代边疆治理、边疆区域史或专题史等方面，可以统称为中国边疆史。其中以历代边疆治理所涉及的内容最为多样，包括历代治边政策、历代治边思想、历代治边制度、历代边疆开发等。就边疆应用研究而言，其学术领域包括边疆政治、边疆经济、边疆外交、边疆军事、边疆民族、边疆宗教、边疆文化、边疆法制等，可以统称为当代中国边疆治理。而将上述两类学术成果转化为党和国家决策的政策建议、学术咨询，即为边疆对策研究。

边疆基础研究和边疆应用研究，在理论和实践上具有同等重要的地位和同等重要的作用。但是，没有边疆基础研究，边疆应用研究就会成为无本之木、无源之水。"历史是最好的教科书"，以中国边疆史为主体的边疆基础研究是客观阐明边疆问题的一把钥匙，是科学回应边疆现实挑战的前提，是维护边疆稳定、实现边疆治理体系和治理能力现代化的理论基础。因此，边疆基础研究始终是中国边疆学学科体系建设的重中之重，尤其需要重视。

直面边疆的新形势、新问题、新挑战，着力解决边疆重大现实问题，历来就是边疆研究的出发点和使命所在，因此，以边疆治理为主体的边疆应用研究，始终是中国边疆学的理论重心，在中国边疆学学科体系中发挥着导向性作用。

中国边疆研究学术体系和学科体系的培育是一脉相承的，几乎所有关于中国边疆的历史研究，无一不是因对现实的关注而引发的。当研究者的视野放诸边疆演进的历史长河时,他们力图从中找到破解边疆现实问题的答案。在历史学科中,基础研究与应用研究结合得最为紧密的就是中国边疆学。可以说,边疆基础研究对于夯实边疆应用研究的理论根基,有着不可替代的作用。而边疆应用研究则以更加多样性和多要素的理论体系、知识结构、研究方法来审视边疆、探究边疆,使中国边疆学在内涵上不断丰富,在外延上不断拓展。

边疆基础研究和边疆应用研究并不是断然割裂的两个主脉,在具体化的、实证性的研究过程中,二者往往既各自独立又相互依托。事实上,在当今中国边疆学构筑的进程中,边疆基础研究和边疆应用研究彼此交融、相辅相成的特点日益明显,而构建边疆基础研究与应用研究互寓其中的完整的学术体系,在中国边疆学学科建设和发展中尤为重要。

三 中国边疆学学科建设的展望

中国边疆学既是一门具有优良学术传统的学科,也是一门渐趋兴盛的新兴学科。之所以说它有优良传统,是因为在我国漫长历史进程中,诸多学人持续观察和研究不同历史时期边疆社会的发展和演进,在不断探索中国边疆发展规律的同时,形成了"为天地立心、为生民立命、为往圣继绝学、为万世开太平","先天下之忧而忧,后天下之乐而乐",以及"经世致用"等一系列学术品格。前人对真理求真务实、不懈追求的精神以及历经千锤百炼后所积淀的经验、方法和手段,培育了我们继往开来的沃土,奠定了我们开拓创新的基础。

之所以说中国边疆学是新兴学科,是因为作为一个学科发展目标,这一命题从20世纪90年代提出至今不过10余年的时间。在10多年的时间中,边疆研究日新月异的理论发展,助推着中国边疆学学科目标日渐清晰;边疆形势深刻变化的现实挑战,呼唤着中国边疆学学科体系早日成形。在学者们的辛勤耕耘和孜孜以求中,中国边疆学学科建设迎来了大发展和大繁荣的时期,中国边疆学成为当代哲学社会科学中富有朝气、充满活力的新兴学科。

目前,有关边疆研究的学术机构大量涌现,有越来越多的研究者投身到边疆研究中来，边疆研究所具有的巨大发展潜力和广阔延伸空间日益显现。围绕中国边疆学学科建设问题，学术界的讨论方兴未艾，越来越多的讨论促使边疆研究不断进步、持续兴旺。

尽管中国边疆学已经具备了独立"学科"的若干特征，但是中国边疆学的学科构建并未完成。究其原因，恐怕在于我们对中国边疆学"共同理论基础或研究领域相对一致的学科集合"的认识还不透彻，在中国边疆学研究对象、理论体系、知识基础、研究方法以及与其他学科的区分等问题上，尚未取得一致的意见，这是正常的学术现象。学无止境，思亦无止境，关于中国边疆学学科的讨论势必还将继续，思想碰撞势必还将延续，中国边疆学学科建设必将在学术交流、思想互动中得到升华。

党的十九大报告指出，"为什么人的问题，是检验一个政党、一个政权性质的试金石。带领人民创造美好生活，是我们党始终不渝的奋斗目标。必须始终把人民利益摆在至高无上的地位"。① 当前中国边疆研究正处在良性上升、蓬勃发展的最好时期，边疆地区各族人民的火热实践，为边疆研究提供了广阔空间，为边疆研究者施展才华提供了难得机遇。构建中国边疆学，是理论创新的必然，是时代发展的必然。

我们必须把辩证唯物主义和历史唯物主义与中国边疆研究的学术实践相结合，使之真正融会贯通于中国边疆学学科建设之中；必须站在边疆各族人民的立场上，使中国边疆学学科建设更加贴近边疆各族人民、更好地服务于边疆各族人民；必须牢牢把握新时代中国特色社会主义的基本特征，遵循中国边疆学学术发展的基本规律，致力于打造具有中国特色、中国风格、中国气派的边疆学学科体系、学术体系、话语体系；必须按照习近平总书记在哲学社会科学工作座谈会上提出的"立足中国、借鉴国外，挖掘历史、把握当代，关怀人类、面向未来的思路"②，在中国边疆学知识

---

① 习近平：《决胜全面建成小康社会 夺取新时代中国特色社会主义伟大胜利——在中国共产党第十九次全国代表大会上的报告》，第 44~45 页。
② 习近平：《在哲学社会科学工作座谈会上的讲话（全文）》，http://news.xinhuanet.com/politics/2016-05/18/c_1118891128.htm，访问时间：2018 年 1 月 23 日。

创新、理论创新、方法创新上下功夫，在融通国内外边疆研究的各种资源上下功夫，使中国边疆学在继承中发展、在发展中创新、在创新中繁荣。唯有此，中国边疆学这棵大树才能结出丰硕的果实。

（原载《中国边疆史地研究》2019年第1期）

中国边疆学及其研究的若干问题

邢玉林

新中国成立后，中国边疆史地研究进入了开拓、创新时期。特别是近几年来，中国边疆史地研究各种著作的出版，标志着中国边疆史地已逐渐成为学术研究的热点之一。可以预料，随着研究视野的开阔、课题的拓展和研究向现实的转向，中国边疆学及其研究必将引起学界的普遍重视。众所周知，学科体系的建设，直接关系到整体研究规划的制定、研究课题的选择和确立，与学科发展休戚相关。有关学科功能的讨论，有利于学界的自我改造和学科价值的实现。找到促进学科发展的重要途径是学者义不容辞的责任。兹就以上三个问题提出若干意见，不足信从，只供讨论。

一 中国边疆学研究的前提或基础

探讨中国边疆学的名称定义、研究对象、学科性质和体系是研究的前提或基础。

（一）问题的提出

有论者谓，中国边疆史地学作为一门独立的学科形成于近代。对这一结论，学者几无异议。遗憾的是，只要认真地审视近代以来的研究成果便不难发现，有关这一学科的名称定义、研究对象、学科的性质以及体系等重要问题，或未明确地界定、论述，或根本没有提出，都属陌生的课题。当然，对于一门滞后的学科来说，上述欠缺还不足为怪，因为它的完善是一个长期探索的过程，理应根据以往的研究成果，首先确定名称和对象，继之界定性质，最后构筑体系。问题在于"中国边疆史地学"这一名称是否科学。笔者根据下述理由认为，这一名称为界定学科研究对象和性质设置了障碍：其一，这一名称实际上只比"中国历史地理学"多了"边疆"二字，因此有理由认为两者的不同显然在外延上而不在内涵上；① 其二，中国边疆是中国整个辖区的一部分，因此有理由认为中国边疆史地学的研究对象不出中国历史地理学的研究对象的范围；其三，中国边疆属于中国，因此有理由认为"中国边疆史地学"归属于"中国历史地理学"，前者是后者的一门分支学科。

问题还不止于此。

学科的名称、研究对象是确定学科性质和构筑体系的前提，其地位十分重要。倘若不能逾越上述障碍，则于中国历史地理学之外再构筑中国边疆史地学体系就无疑等于叠床架屋。就此而言，"中国边疆史地学"这一名称就又成问题了。

由此看来，只有界定学科的名称定义和研究对象才便于明确学科的性质和体系。

（二）澄清对学科名称和研究对象及学科性质的模糊认识

既然是澄清而不是界定，就有必要仍用"中国边疆史地学"这一名称并同中国历史地理学进行比照。

1. 学科名称和研究对象

以"中国边疆史地学"为学科名称，容易使人认为它的研究对象不出"中国历史地理学"的研究范围；换句话说，容易使人认为中国历史地理学的研究对象已经包括了中国边疆史地学的研究对象。这是一种误解。其实，两者的研究对象至少有两大区别。其一，前者的研究对象仅仅是不同历史时期的特定地区的地理环境的形成和演变，即以时间为纵坐标勾勒空间变化的轨迹；后者的研究对象则不仅仅是边疆地区地理环境的形成和演变，还至少包括边疆自体及其各种硬系统和软系统的历史、现实和未来，上述系统的内部状态参量和外部制衡参量及其历史、现状和未来，参与和

---

① 作者原文如此。——编者注

推动边疆各系统发展的个人、集团、民族的各种历史活动。其二，中国历史地理学和中国边疆史地学虽然都研究人地关系，但前者侧重于地理环境，人的活动仅被当作研究地理环境变化的依据之一；后者则把人地同时置于时间深度和空间广度之中，在人地并举的前提下更重视人的活动。

2. 学科性质

中国边疆史地学是不是归属于中国历史地理学，前者是不是后者的一门分支学科？这个问题涉及如何认识两者的关系。众所周知，中国历史地理学包括历史自然地理和历史人文地理，是中国地理学的一个组成部分，是中国地理学一个分支学科。中国边疆史地学是关于边疆的综合学问，是由多个领域构成的完整体，其中各领域又各自包括多种富有弹性的层面。一般人所理解的"中国边疆史地学"不但不能囊括科学意义上的"中国边疆史地学"的全部研究领域，而且也只是后者的一个组成部分或分支学科而已；并且，就这一分支而言，虽与中国历史地理学有联系，但这种联系仅仅是内容上的若干重叠，在空间对象上则各有不同的侧重。因此，既不能只见同一而无视差别，更不能视局部的同一为整体的同一。中国历史地理学是介于历史学和地理学之间的边缘学科；科学意义上的中国边疆史地学则是既介于历史学和地理学之间，又介于民族学、文化学、法学、海洋学、国际关系学之间的边缘学科。它的许多课题的研究往往同时需要上述学科的配合，否则便难以开展，因此也可以说它是一门综合学科。

由上述可见，"中国边疆史地学"这一名称与"中国历史地理学"这一名称过于贴近，使学者在阐释学科的研究对象和界定学科的性质时遇到很多麻烦。摆脱作茧自缚的窘境的最便捷的门径是放弃"中国边疆史地学"这一名称。

（三）学科名称和研究对象及学科性质

关于学科名称，笔者建议将"中国边疆史地学"改名为"中国边疆学"。一些学者早有此意，在笔者草成此文时，"中国边疆学"一名又见于报端（见《人民日报》海外版1990年6月10日第4版）。因此，这一定名既顺于人又达于时。那么，改名为"中国边疆学"的理由是什么呢？兹举重要者四。

第一，有助于明确界定学科的研究对象和学科的性质。前述学科的研究对象、学科的性质是将"中国历史地理学"同"中国边疆历史地理学"二者相互比照的结果。既是比照，就很难完全跳出中国历史地理学的圈子，比照的结果绝不等于科学的界定。同时，一些人对学科的研究对象和学科性质形成模糊认识的一个重要的原因也恰恰在于把两个近似的名称联系在一起，只从表面上而不从深层上理解两个学科的根本区别。改名为"中国边疆学"可以消除上述障碍，拓宽思维，为科学地界定学科性质和研究对象创造了条件。

第二，能突出学科的特点。中国边疆史地研究的领域虽然极为宽泛，但又不是了无际涯；各领域虽富有弹性，但又不是没有界规。这就需要有一个比"中国边疆史地学"这一名称的内涵更深、外延更广的学科名称并加以规范。作为一门边缘学科、交叉学科和综合学科，其命题、范畴、概念也必须突破"中国边疆史地学"这一名称造成的局限。改为"中国边疆学"不仅便于树立新思想、新观点，而且也能使其明确地与"中国历史地理学"划清界限，有助于创造各领域所必需的概念和范畴及逻辑结构，从而使其突出学科的特点和个性，成为名副其实的一门科学。

第三，符合我国边疆的实际。在世界各国中，我国边疆的特殊性十分鲜明，主要表现有如下几点。①面积大、疆界线长。陆地边界长达2.2万余公里。②分布的民族多。全国5个少数民族自治区中的4个处于边疆，边疆地区遍布全国50多个民族。③边疆地理环境类型各有不同。边疆地区或多山脉或多盆地，或处高原或处草原或处高原草原。④边疆各地区的经济生活方式和文化传统各具不同的特点。⑤边疆的地位重要。边疆是我国的屏障和第一门户，稍留罅隙便予人以窥伺之机，因此被历代统治者所重视。今天，边疆又成为中外各种交往的渠道，其战略地位已被国际公认。上述特殊性，使人们有理由把我国边疆作为独立的客体加以研究。改名"中国边疆学"符合我国的国情。

第四，能顺应国际学术发展趋势。欧美一些国家早在第二次世界大战前就比较广泛地探讨了边疆问题，特别是有许多专著相继问世，其内容既包括边疆的类型及划分，又包括边疆的历史作用，有的著作还从国际法的角度论述边疆问题。20世纪50年代以来，这些国家又从边疆理论研究转为边疆实际研究，弥补了二战前研究的缺欠，在研究深度和广度上都有突破。近几年来，我国邻国对边疆的研究更显旺盛的势头。边疆学是否已经成为国际性的学科，笔者难以判断，但许多国家大力组织人力，不惜耗费巨资开展对边疆的研究则是明显的事实。改名为"中国边疆学"无疑更适应国际边疆研究的发展趋势，有助于迅速改变我国边疆研究的落后状况。

（四）中国边疆学的名称概念和研究对象及学科性质

谈到中国边疆学，首先必须科学地界定"边疆"概念。笔者就此问题与有关专家商榷。

1. "边疆"概念的界定

中国边疆学作为一门学科，应当界定"边疆"一词的内涵和外延。曾有学者把"边疆"定义为："'边疆'是地理概念，它与国界线有着密切的关系。简单地说，'边疆'就是靠近国界的地区。"[①] 笔者认为这个定义不仅过于笼统，而且也有缺陷。所谓"靠近国界的地区"既包括国界外侧的地区也包括国界内侧的地区，国界外侧的地区根本不属于本国的地区，也根本不属于本国的边疆。近有学者谓："'边疆'应是直接毗邻国界的，具有一定历史、人文、经济和自然特点，在行政上具有完整性的连续地域"[②]。这个定义较前一个定义更明确，也很具体。但是，所谓"直接毗邻国界"一语，犯了前一个定义的毛病。定义的作者对"边疆"做了具体的限定，意在规定中国边疆地区的范围，这无疑是很重要的；不过，问题也随之而来：无论是"特点"也好，也无论是"完整性"也好，都是逐步形成的，都是历史的产物，它们形成之前，中国的边疆又该如何限定？既然存在这个疑问，那么笔者认为界定一个概念最好采用最本质的要素。

中国边疆学既研究中国近代和现代边疆，也研究中国古代边疆。因此，在界定"边疆"的含义时，应对不同时代的边疆有所区别，并且使有区别的定义具有普遍意义，既适用于中国的边疆，也适用于外国的边疆。

[①] 马大正主编《中国古代边疆政策研究》，中国社会科学出版社，1990，"出版说明"。
[②] 钮仲勋等编著《中国边疆地理》，人民教育出版社，1990，第1页。

本着这一原则，笔者试图提出近代以来边疆的定义 A，以及古代边疆的定义 B，供学者指正。

A：在国家陆路边界线内侧的或在国家海岸线外侧的，且属于该国主权的边缘陆路领土或海洋领土。

上述定义说明以下几点。①"边疆"概念是与"国家"概念联系在一起的。边疆随国家的产生而产生，随国家的消亡而消亡。②"边疆"概念是与边界线联系在一起的。边界线是一个国家陆路版图范围的标志，它也是国境线。"边界线内侧"一语十分重要，这是因为此语表明一国内的行政省（区）、民族聚居区均不存在各自的"边疆"，只有当上述各省（区）的外缘界线同时也是边界线（国境线）的一部分时，上述各省（区）才是边疆。与此类似，限定在"国家海岸线外侧"者指海疆。③"边疆"概念是与国家的主权联系在一起的。陆疆当然在边界线内侧，固属国家主权的范围，因而属于该国的边疆，不属该国主权的边界线外侧的地区当然不属于该国的边疆；海岸线外侧的海域（包括其中的岛屿），只有属于国家主权的部分才是该国的海洋领土即海疆。用"主权"一词限定，较以往的定义更严密。④以"边缘"限定，意在与该国的中土及与公海或无主海洋领土相区别。

以上四点，缺一不可。从这四点看，"边疆"这一概念不单单是地理概念，也不单单是政治地理概念，也是历史地理概念，可通称为政治、历史、地理性概念。上述定义是否排除了各国边疆所具备的各自不同的特殊性（个性），集中了各国边疆的普遍性（共性），因而具有普遍意义呢？笔者不敢做出肯定的回答。

B：在本国与外国之间的习惯界线、自然界线内侧的，或在本国海岸线外侧的，且属本国主权的或为本国实际管辖的或为本民族生息繁衍的边缘陆路领土或海洋领土。

这个定义与定义 A 的区别在于以下几点。①用"外国"而不用"邻国"，是考虑到中国历史的特殊情况，即考虑到历史上的中国有国中之国这一历史现象。②用"习惯界线、自然界线"而不用"边界线"，是因为古代不存在现代国际法意义上的边界线。③加上"本国实际管辖"或"本国民族生息繁衍"的限定，是因为"主权"的观念或意识在古代并没有普遍形成。

这个定义能不能运用于中国的古代边疆？笔者也不敢做出肯定的回答；至于能不能适用于各国的古代边疆则有更多疑问。但笔者认为提出一个普遍适用的关于古代边疆的定义，或者至少提出一个只适用于中国古代边疆的定义，以便与近代和现代边疆的定义相区别，对于中国边疆学来说是完全必要的。科学地界定两种边疆的含义，看来还需要边疆学工作者集思广益，必要时也可开会予以讨论。

2. 学科名称概念、研究对象及性质

学科名称概念和研究对象密不可分，前者的确定必然涉及后者；也就是说，后者是前者的一部分。

众所周知，一门学科的研究对象实际上是这门学科的覆盖面或学科面。学科面的宽窄，反映该学科研究领域的大小，是决定该学科的生命力和发展前途的重要因素。学科面宽会使学科根基广而固，会使学科有较强的适应性。确定中国边疆学研究对象的原则是既要拓宽又要适度。基于这个原则，中国边疆学的名称定义、研究对象应作如下阐释。

中国边疆学是运用马克思主义的世界观和方法论揭示中国边疆及其硬系统和软系统的形成、演变和发展规律以及中国边疆及其各系统相互关系的科学。

这个定义有四层含义：一是确定了中国边疆学研究的时（从古至今）空（特定地域）范围；二是划定了中国边疆学研究的对象，即以边疆地区及其硬系统（如社会结构、区划沿革、管理机构等）和软系统（如各项政策、政教措施、治边思想等）为研究客体；三是规定了中国边疆学研究的广度和深度，即不仅把客体作为相互联系的整体加以考察，不单单专注于某一方面及其特征，而且揭示客体在不同历史时期的本质，不是简单地描述其现象；四是明确了中国边疆学研究的科学高度，即阐释各客体及其相互关系的一般运动过程及揭示客体的历史必然性和客观规律性，而不是作常识性的历史说明。

从上述研究客体看，中国边疆学既然研究中国边疆各种问题的历史和现状，那么其范围几乎囊括了边疆的生产力和生产关系、经济基础和上层建筑的各个方面。因此，中国边疆学必然是与其他众多学科相交叉、相融合的综合性、交叉性、边缘性学科，具体地说，从历史的角度看，中国边疆学研究边疆这一实体自身及其历史，它必然与中国历史学、中国政治学等学科发生横向性的跨界关系；从边疆的社会内容看，中国边疆学研究中国边疆的政治、经济、军事（边防）、地理、文化、民族及其关系、边疆与内地和边疆与境外的关系，等等，它也必然与相应的学科如区域经济学、区域地理学等发生横向性的跨界关系；从边疆的主体看，中国边疆学各领域的研究都不能脱离以边疆为载体、与边疆发生互为对象性关系的边疆主体，即不能脱离聚居于边疆地区的各少数民族，这又不能不使中国边疆学与民族学、民族史学、民族语言学等学科发生横向性的跨界关系；从边疆的类别看，中国边疆分陆疆和海疆，中国边疆学研究同时着眼于上述两者，又必然与国际法学、外交学、海洋学等有关学科发生横向性的跨界关系。

总之，中国边疆学是一门综合的、交叉的、边缘的学科。

（五）中国边疆学的体系框架

不确定中国边疆学的体系结构，就不能明确中国边疆学的根基，就会妨碍中国边疆学的发展即限制中国边疆学研究的深度和广度。体系框架的构筑问题很多，以下仅就贯穿体系的主线、体系构筑的基本原则和框架的设计略陈管见。

1. 贯穿体系的主线

明确贯穿体系的主线可使人们在构筑体系的过程中有一个坚固的立足点。笔者认为，人的历史活动应是贯穿中国边疆学体系的主线。提出这个问题也是因为迄今一些研究成果都不同程度地忽视了人的历史活动及意义，例如，无论是研究边疆的硬系统还是软系统，都忽视这两个系统赖以形成和变化的人的活动，甚至仅仅满足于按时间顺序将边疆系统的某些要素连缀编排。这样做，不仅从横的联系上给人以网罗之感，从纵的联系上看不出各要素的变化脉络，而且削弱了以边疆为认识和实践对象的人的主体性地位。于是，历史便成了毫无生命的死物，马克思说过，历史不是别的，它是追求自己目的的人的活动。① 显而易见，人的行为和意识的指向、实现，以及行为和意识的冲突和过渡是社会嬗变和历史进步的重要因素。中国边疆学的目的在于揭示边疆形成、演变和发展的历史规律，而这种规律只有从主体的历史活动及其与客体发生的互为对象的关系中去探求。要实现这一目的，中国边疆学研究必须以人的历史活动为线索，贯穿中国边疆学体系的主线也同样必须是人的历史活动，其具体理由有三。其一，人的活动展现历史。边疆各系统及其要素的历史是人们世代活动、更替的历史和主体与客体相互作用的历史。这两个过程沿着同一轨道推动着主体和客体的共同完善和发展。因此，人的活动展现了人自身的历史，同时也展现了边疆各系统及其要素的历史。其二，人的活动产生系统和关系。在不同的历史时期，边疆各系统及其要素的体系以及各体系之间的关系是不同历史时期的人的活动的横向展开，只有对人的活动作具体的、历史的分析，才能科学地勾画出边疆各系统及其要素的历史画面。其三，人的活动揭示历史的必然性。人作为历史的主体，其意识和行为的过程正是历史的含义之一，历史也因此具有目的性和规律性。边疆各系统及其要素的历史和发展规律是人的活动的纵向深化，正是人的不同历史时期的物质和意识活动使边疆各系统及其要素的形成、演变和发展各具时代的特点和必然性。

总之，只有以人的活动为贯穿中国边疆学体系的主线才能使各领域研究的结论以生动具体的、无可辩驳的事实为依据。

2. 体系构筑的基本原则和体系框架的勾勒

中国边疆学应在广度和深度上实现新的综合，在此基础上建设现代的中国边疆学的科学体系。因此，这个体系的构筑应遵循四个基本原则。其一，传统的边疆研究与现代的边疆研究的贯通。脱离传统的边疆研究就等于割断了历史，现代中国边疆学的建设也就失去了根基。要发扬传统的边疆研究的优良作风，要借鉴其研究方法，要接续其中断了的且有研究价值的课题研究，等等。总之，这种贯通应以对传统边疆研究的优化为前提。

---

① 《马克思恩格斯全集》第 2 卷，人民出版社，1957，第 118~119 页。

其二，中国边疆学研究与外国边疆学研究的成果相融合。中国边疆学要具有现代特点，而"现代"是一个国际性的概念。中国边疆学要成为具有国际意义的学科，必须实行开放，吸收外国边疆学研究的精华，将各种优秀的思想成果融合于中国边疆学之中。这种融合应以对外国边疆学研究的鉴别和中外边疆学研究的比较为前提。其三，中国边疆学与其他学科的相互渗透。相邻学科之间、不同学科之间的相互渗透是当代社会科学研究和自然科学研究的大趋势。中国边疆学必须吸收相邻学科乃至自然科学有关学科的研究成果和研究方法，并以此为基础建设和完善自己的科学体系。其四，突出应用边疆学的地位。现实问题的研究不应当再是历史问题研究的附庸。中国边疆学必须避免理论与实际、历史与现实脱节的倾向。建设现代中国边疆学体系时必须注意学科的社会功用，使其对现实具有穿透力，对未来具有预测力。

根据上述原则，中国边疆学体系的框架应包括：①中国理论边疆学（有6个组成部分）；②中国应用边疆学（有6个组成部分）；③中国边疆历史地理学（有3个组成部分）；④中国边疆历史学（有8个组成部分）；⑤中国边疆学史。计有5门分支学科、23个组成部分（见图1）。

二 中国边疆学的社会功能

笔者曾见报载短文，其中将通俗之作归于有社会功能（价值）一类，将"板着一副冷面孔"的高深之论归于有学术价值一类。此不啻大谬之谓。笔者认为，一个学科的社会功能与学术价值应当是统一的，本文所及，仅仅是挂一漏万的经验之谈。

（一）弘扬中华民族传统的爱国主义

我国疆域有悠久的历史，经历了沧桑的变迁。随着4000余年前我国第一个奴隶制国家夏的建立，祖国就有了疆域。后历各朝各代，我国的疆域时有盈缩，直到确立了今天的疆域。

许多人不了解我国疆域的历史变迁；西方某些错误的疆域理论中的一些观点，例如，将疆域的变迁归因于自然特征的界限作用，更模糊了一些人的认识。其实，我国的疆域既是一个有生命的实体即国家的体现，也是

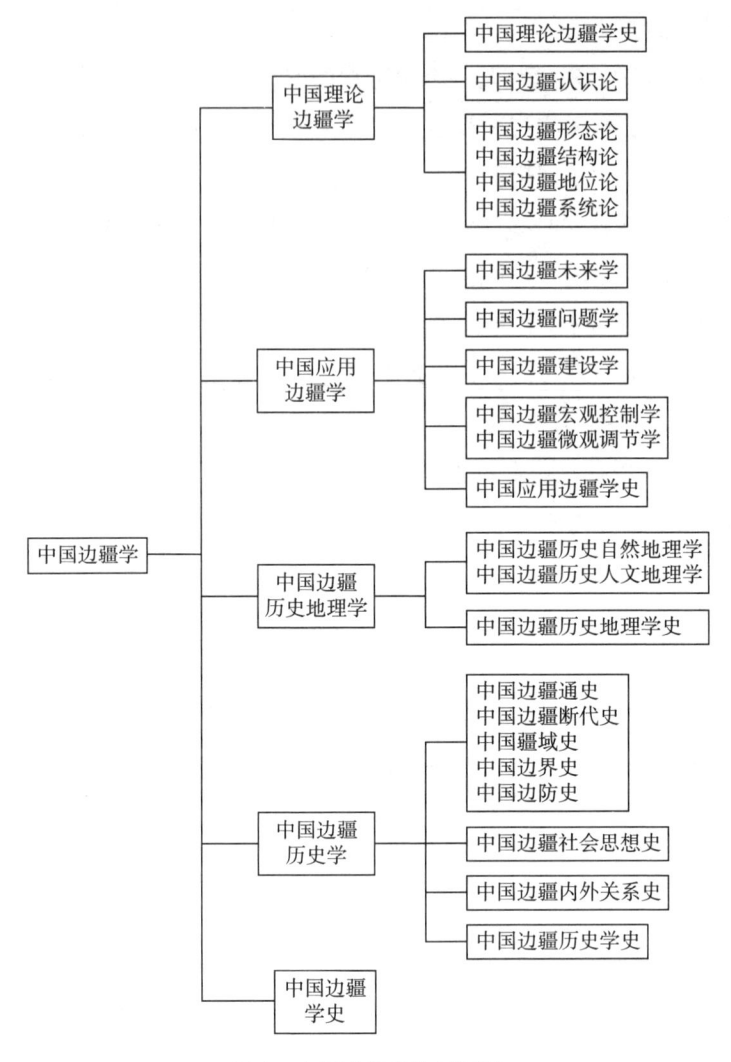

```
                                ┌── 中国理论边疆学史
                                ├── 中国边疆认识论
                  ┌─ 中国理论边疆学 ─┤   中国边疆形态论
                  │              │   中国边疆结构论
                  │              └── 中国边疆地位论
                  │                  中国边疆系统论
                  │
                  │              ┌── 中国边疆未来学
                  │              ├── 中国边疆问题学
                  │              ├── 中国边疆建设学
                  ├─ 中国应用边疆学 ─┤   中国边疆宏观控制学
                  │              │   中国边疆微观调节学
                  │              └── 中国应用边疆学史
   中国边疆学 ──┤
                  │              ┌── 中国边疆历史自然地理学
                  ├─ 中国边疆历史地理学┤    中国边疆历史人文地理学
                  │              └── 中国边疆历史地理学史
                  │
                  │              ┌── 中国边疆通史
                  │              │   中国边疆断代史
                  │              │   中国疆域史
                  │              │   中国边界史
                  ├─ 中国边疆历史学 ─┤   中国边防史
                  │              ├── 中国边疆社会思想史
                  │              ├── 中国边疆内外关系史
                  │              └── 中国边疆历史学史
                  │
                  └─ 中国边疆学史
```

图 1　中国边疆学体系框架

魂系国家的我国各族人民长期活动的产物。自夏迄清，我国许多民族繁衍、生息于边陲，其活动范围日广，疆土日扩，昔日孤悬绝朔之地，渐成中土内地。我国各族人民在可合不可离的背景下，在草木榛榛、鹿豕狉狉的环境里，休戚与共、相互尊重，携手剪除荆莽，开辟洪荒，几至日夜经营、寝馈无暇，卒得成效，并形成了"辟土开疆"的爱国意识。边疆各民族先辈留下的边塞诗、边关曲和传诵至今的英雄事迹，充分反映了历史上边陲各族人民对祖国边陲的赞美和热爱。列宁指出："爱国主义就是千百年来巩固起来的对自己的祖国的一种最深厚的感情。"[1] 不论几千年来我国的疆域如何变迁，我国各族人民缔造、稳定祖国疆域的贡献盖出于他们魂系中华的真情实感。《禹贡》杂志编者所谓"未有对国家版图茫然无所知而能发动其正确之爱国观念者""使于吾国疆域之演变有所认识而坚持其爱护国土之意向"，均道出了阐述祖国疆域的变迁对爱国意识的深化的重大意义，确实切中肯綮。显而易见，从整体上考察中国疆域的变迁，科学地揭示祖国疆域形成的历史过程及其规律，不仅有助于人们了解我国统一多民族国家的形成、发展过程，也有助于弘扬中华民族传统的爱国主义。

（二）强化中华民族救亡图存和自强不息的精神

我国各族人民捍卫祖国边疆的历史是中国边疆学研究的重要领域。近代前后，列强觊觎我国疆土，边疆地区首罹其难。"大乱出大才，相需会有因"，时势造就了值得各族人民骄傲的抵抗外侮的英雄。在东南沿海：14世纪至16世纪，倭寇杀害江、浙、闽军民数十万，戚继光抗倭十余载，平息了延续200余年的倭患；郑成功收复了被荷兰殖民者侵占、统治38年的台湾；19世纪40年代至19世纪末，英、日相继从海上入侵我国，在海战中，关天培、葛云飞、郑国鸿、王锡朋以及邓世昌均血洒海疆，为国捐躯。在西北边疆：19世纪60年代阿古柏入侵新疆，70年代沙俄进兵伊犁，均遭到新疆各族人民的抵抗；左宗棠顺应历史大潮进兵西北，新疆得以收复。在西南边疆：1874年景颇人痛击入侵的英国武装"探险队"；1888年西藏官兵死守隆吐山；1904年西藏军民与英军血战江孜；19世纪80年代冯子材领导广西边民抗击法国侵略者，威震镇南关。在东北大地：1900年俄国血洗海兰泡，制造"江东六十四屯惨案"，东北各族人民和爱国官兵点燃了反侵略的漫天烽火。

中国边疆学不仅能向人们提供上述一幅幅色彩斑斓的历史画卷，也能提醒人们不要以鉴赏的眼光而要以理性的思维来直面这些画卷，因而会使人们清醒地认识到：我国各族儿女在政治形势急剧变化的时代都能以凝重的忧痛之情关注边疆的动荡，以无畏的勇气舍生取义；在外有强敌压境、

---

[1] 《列宁全集》第28卷，人民出版社，1956，第168~169页。

内有奸佞弄权的情势中，都能力图挽狂澜于既倒、扶大厦之将倾。他们的生死荣辱与其归属的国和群相系始终。他们在命运所显示的"悲剧"落下帷幕之时，恰恰完成了对东方睡狮苏醒的喜剧的铺垫。

统治阶级的软弱和腐败，使我国疆土特别是边疆地区受到蚕食鲸吞。我国各族儿女在反侵略斗争中谱写了威武雄壮的篇章。这些在世界历史上都是罕见的。丧失了对祖国丧权失地那段历史的记忆，不了解先辈捍卫祖国疆土的英雄业绩，就不会有救亡图存和自强不息的精神。今天，"四化"建设是关系到民族和国家安危兴衰的大业，需要每个人发挥久蕴心底的潜能，激发宝贵的创造精神；需要每个人共对困难，共同拼搏乃至牺牲。从上述角度看，总结我国丧权失地的惨痛教训，使每个人都有切肤之痛，能够增强国民的主权和国防意识，也是教育各族人民奋发图强、随时为护土卫疆而献身的精神力量；揭示我国边疆各族儿女在反侵略斗争中表现出来的国耻必雪的民族自尊和救亡图存的坚强决心，能唤起各民族共闯改革难关的使命感；歌颂我国边疆各族人民在国难当头时的宝贵的聚合力，歌颂他们那种华夏不可侮、国土不可裂的英雄气概，对振奋自强不息的民族精神具有不可估量的深远意义。

（三）提供稳定边疆的历史经验

在我国历史上，边疆地区的各种关系十分复杂。边疆与内地的关系、边疆与邻国的关系、边疆内部的民族关系、跨境民族之间的关系等交织在一起。历史上边疆地区少数民族贵族集团的自立、分裂、外叛的事件多有发生，其原因既有国际上各种因素的影响，也有统治阶级对边疆地区谬判情势、措置乖方和政策失误的因素，而这些因素又都与边疆地区的关系复杂有关。因此，历代统治阶级都基于边陲安稳则内地无虞的认识，不仅不惜一切代价平息边疆地区的动乱，而且相应地采取了稳定边疆的措施。这些措施既具有递次继承、逐渐创新的个性，也具有明显的共性，例如根据民族分布、宗教信仰和社会习俗的不同，因时因地制宜地设置行政建制、颁布法令等。

今天，我国边疆地区发生了翻天覆地的变化，可谓古今异势；而稳定边疆则是古今同理，不可忽视。其理由有四。其一，边疆地区的复杂关系依然存在，处理不好这些关系，边疆地区就会出现动荡和不安，其经济、文化发展就会受到阻碍，甚至给侵略者以踏我门户继窥堂奥之机，使民族受到屈辱、国土遭到沦丧。其二，除沿海地区外，边疆地区经济、文化水平与内地差距较大，缩短这个差距更需要在边疆创造一个安定的环境。其三，改革开放以后，西方对我国政治、经济、文化的不可避免的渗透和冲击也及于边疆地区。这些渗透和冲击将对边疆地区及各族人民产生深远的影响。其四，社会领域的民主化和公开化使边疆地区有了宽松的、活跃的气氛，但与此同时，各种极端主义势力、狭隘民族主义势力也会明显抬头。

中国边疆学关于边疆宏观控制和微观调节的理论对边疆地区的各种关系的和谐顺畅，对边疆地区的稳定和对边疆地区的有效治理都具有一定的指导意义。特别是从宏观上比较历代安边治边的成败得失及其原因，科学地总结历代安边治边的过程、措施、方法及特点，总结安边治边的经验和教训，全面探讨制约安边治边的诸种因素，阐述历代安边治边与政治制度变化的关系等，都是中国边疆学的重要研究课题，完成这些课题对今天我国的安边治边均不无裨益。

（四）为边疆的建设提供科学依据

边疆与内地唇齿相依。自秦皇统一中国以降，历代统治者于疆圉经略、地利险夷、区划沿革、驻防兵制、政教措施、民族政策和边臣疆吏等，或亲履详勘或擘画措置或阐理责事，这些对边疆的建设无疑是有益的。但是，历史条件和阶级的局限，使历代统治阶级不可能下大力气建设边疆。今天，我国边疆地区是对外开放的窗口，在对外交流方面和"四化"建设中占有重要的地位。边疆地区建设的成败，关系到我国综合国力的大小和我国国际地位的升降，因此，大力建设边疆是我国刻不容缓的战略任务。

中国边疆学从我国经济发展不平衡的实际出发，对边疆不同地区的政治、经济、文化和民族，从历史与现实的结合上进行综合考察，为我国制定边疆建设的总体规划进行科学论证。边疆各地区所处的不同地理位置和自然环境以及边疆各地区不同的民族分布、社会习俗和宗教信仰，使边疆各地区的经济生活方式不尽一致。揭示边疆地区不同的自然环境与社会环境的内在联系和相互作用的规律,能为因地制宜地建设边疆提供足可征信的依据。从改革开放的实际出发,对沿海地区的经济资源、生态环境加以考察,以及对海域、岛屿的归属进行科学论证,不仅有利于沿海地区的发展而且也有利于维护国家的主权。中国边疆学的这些社会功能是其他学科难以具备的。

长期以来,我国边疆地区是国际中国学的一个重要研究对象。自17世纪西方早期耶稣会传教士到我国以来,外国考察家出于不同的政治动机和利益发表了许多调查报告、游记,出版了一些著作,内容十分广泛,其中也包括开发、建设我国边疆的条件和解决具体问题的主张和建议等。中国边疆学有选择地分析、研究上述内容,找出有重要参考价值的部分,这无疑有助于政府有关部门参酌制定关于建设边疆的具体措施和步骤。我国边疆地区是沟通中外的桥梁,我邻邦及毗邻我国的地区的事态、我边疆地区之间和边疆与内地之间的多种关系都在不同程度上影响着边疆的建设,甚至决定边疆地区经济发展的进程。中国边疆学提供、分析上述各种因素的参量及各种因素的相互关系,有助于政府有关部门及时调整边疆建设的步伐和储备相应的对策,以解决新的问题。

(五) 促进边界问题的解决,维护国家领土完整

中华人民共和国成立后,相继与缅甸、尼泊尔、蒙古、阿富汗等签订了边界条约,解决了历史遗留的边界问题。鉴于解决边界问题要照顾现状、历史和双方的民族感情,而不能仅仅局限于法律上的考虑,我国一贯主张按"和平共处"五项原则解决边界争端。这一立场是完全正确的,并且已被邻国所接受。

但是,也应当估计到我国政府的上述立场也有不被所有邻国永远接受的可能,边界争端仍有发生或再起的可能。其理由至少有四。其一,从边界的特点看,当边界的划分与双方领土归属相符时,边界相对来说呈现静态,问题在于邻国在未来可能出于军事和其他方面的考虑对划分边界的条约重新"解释"。一旦重新"解释",则曾以条约形式固定下来的边界划分就很难维持,边界的静态就仅具阶段性。当双方未划定边界即维持自然边

界线或习惯边界线时，边界的静态不会长久，边界争端由他方再开或始开就很难避免。其二，当前国际关系出现了对话和缓和的明显趋势。各国都认识到只有缓和才能创造和平环境，只有在和平环境中才能致力于经济建设。但是，这种政治层面影响经济层面的单向关系也有可能逆转。经济上的需求破坏了相对稳定的政治环境进而导致战乱的历史现象并不鲜见。在未来，他方为摆脱无休止地索取自然却无力补偿自然而因此受到自然的报复的困境，有可能挑起以占有自然资源为最终目的的边界争端。其三，虽然我国与个别邻国停止了边界地区的大规模的武装冲突，但有的邻国仍有可能凭借局部军事优势制造不稳定因素，这些因素可能重新燃起冲突的余焰，并导致边界争端。其四，我国与邻国在政治传统、经济利益，历史经验和意识形态等方面或不尽相同或有根本区别，加上邻国国内政治形势有可能发生重大的变比，向我国提出领土要求并非永无可能。

一些邻国迄今为止一直加紧边界问题的研究，而我们还不同程度地认为中国边疆学是一门冷僻、孤傲的学科，对它的边界研究的社会功能缺乏充分的认识。为了应对邻国在边界问题上可能提出的挑战，中国边疆学更要充分发挥维护国家主权和领土完整的功用。为此，中国边疆学要以历史上和当代边界问题为研究重点，在以下几个方面有计划、有组织地开展储备性和超前性研究。其一，搜集、整理和分析有关国家现存的我国与邻国边界的文书、资料和档案。其二，我国与邻国边务交涉或边界争端的由来与发展。其三，我国与邻国在边务交涉或边界谈判问题上的经验和教训。其四，我国与邻国尚未引起争端的领土归属问题。其五，未来可能发生的有关边界争端的具体问题，应对争端的策略、对策或建议。其六，找到解决未来边界争端的点（焦点、核心和途径、方法等）。其七，我国与邻国或其他国家相关海域的归属问题。

无论是政治家还是学者都必须认识到：社会科学研究原本就不是急功近利的短期行为，社会科学的有些社会功能是潜移默化地表现在人们的思想文化素质上，有些功能是积淀在民族精神和民族性格中。中国边疆学的边界研究的社会功能只有在出现和需要解决新问题的时候才能充分显现出来。在边界研究方面，只要循序而行、执着不懈，就能使我们在未来可能发生的边界争端中立于不败之地,从而有效地维护国家主权和领土完整。

三 繁荣中国边疆学研究的途径

中国边疆学是一门新兴的学科,与其他学科相比又是一门相对落后的学科。要繁荣中国边疆学研究,固然必须优化科研设备、优化研究操作程序、优化资料质量、优化人才培养的条件和环境等等;但是,实现这些优化需要假以时日,不可能一蹴而就。在实现这些优化之前,建立和健全全国性的中国边疆学研究的组织、协调体系是繁荣中国边疆学研究的一个重要的途径。以下就此问题提出若干建议。

(一) 建立、健全体系的原则和体系特征

1. 原则。建立、健全组织和协调体系应遵循四个原则。其一,依据中国边疆学发展的总目标和特定时期的具体目标,组织、协调中国边疆学研究的机构应综合运用各种手段,包括经济(科研资助和出版补贴)手段、法律(出版协议、聘请协定)手段和行政(组织、监督和检查)手段等,对研究课题及其数量进行适度协调和有效控制,为学科发展提供稳定且可靠的保证。其二,具体项目的具体研究,由承担研究的群体和个体自主地进行;组织、协调机构主要通过检查、监督、奖惩等方式对群体或个体的研究进行间接的干预。其三,除国家指定专门的群体或单位进行研究的项目外,其他研究项目均应集中由对该项目有优势的专家学者来负责和承担。其四,建立课题负责人的招聘制度,做到课题开放、人才竞争。

2. 特征。建立、健全的组织和协调体系应具有三个特征。其一,中国边疆学研究的基础管理由单纯以各科研单位自身拥有的人才、资料为依据,转向以全国拥有的人才、资料为依据,并且在兼顾研究成果的学术价值和社会功用的前提下,以社会功用为主要价值,使中国边疆学研究更有效地、更充分地适应"四化"建设的需要。其二,宏观组织、协调的机制是总体研究计划与实施过程中的具体调整的结合,计划是促进学科发展和满足国家需要的计划,调整是计划范围内的调整。计划与调整的结合方式是纵向和横向的结合,应做到每类研究课题的内容、数量与承担该类课题的人才力量相适应,全部研究课题的数量、内容与学科发展和社会需要相

适应。其三，课题及其研究的宏观组织、协调以课题负责人为中介，组织、协调机构则根据学科发展的新趋向和社会的新需要的信息反馈，运用必要的手段对整体研究活动进行调整，从而使研究—中介—需要协调起来。这种协调的目的在于使研究规划和整体研究与实际需要日趋吻合，且使前两者获得最大社会效益。

（二）宏观组织、协调体系的构成

宏观组织、协调体系应包括宏观平衡系统、目标系统、政策系统、权力系统。

1. 宏观平衡系统。宏观平衡是指计划与需要在较长时间内处于基本平衡的态势，不出现大幅度的相互脱节。这种平衡包括各研究领域的研究项目在总量和规模上的平衡、每一个研究领域的研究序列的平衡、每一研究序列与投入的研究的人力和财力的平衡，等等。平衡的目的在于中国边疆学研究内容有较大且合理的覆盖面，也在于充分发挥学科各个领域的社会功用，还在于拓宽学科的根基，促进学科的繁荣。

2. 目标系统。宏观组织与协调必须做到根据研究项目的内容及规模提出具体目标，例如每项研究应投入的费用（包括出版补贴）额、研究成果的质量指标、研究课题负责人及参与人的数量指标、学科或学科某一领域的带头人的培养量，等等。提出上述目标的目的在于合理地利用科研资金，科学地使用人才，也在于把出人才和出成果更有效地结合起来。

3. 政策系统。从对科研项目的组织、协调之日起到该项目的完成，必有较大的时间跨度，有可能遇到工资提级、职称评定等问题。作为组织、协调研究的机构，应当制定经中国社会科学院认可的一系列有关政策，并根据这些政策与项目负责人、参与人所在单位共同协商，解决上述人员的责任和利益的统一等问题，其目的是调动上述人员的科研积极性，从各个环节上保证组织、协调研究的整体计划顺利实施。

4. 权力系统。中国边疆学研究的组织、协调机构应当有以下主要权力：其一，全国边疆学研究的规划权力；其二，研究课题的提出、论证和确定的决策权力；其三，召集有关专家对上述范围的决策提出科学依据的组织权力；其四，对课题研究的进度、质量进行监督和检查的权力；其五，对总体研究规划及其实施进行宏观调控的权力；其六，对实现课题参与人的责任和利益统一的保证权力。

上述权力应集中于中国边疆学研究的组织、协调机构内设的组织与协调部门，这个部门也可聘请有权威的专家来参与其中。在有条件的情况下，应在人才密集和承担研究课题较多的地区建立协调员制度，由协调员执行组织与协调部门委托的组织、协调任务。总之，上述组织与协调部门必须是高层次的、有权威的和强有力的部门。

（三）发挥组织、协调体系的作用的前提条件

为了充分发挥中国边疆学研究的组织、协调体系的作用，组织与协调部门必须逐步做好两项工作和理顺一个关系。

1. 做好两项工作。其一，把握客体，制定长远的、整体的研究计划。要在全面掌握有关中国边疆学研究的历史和现状的基础上，逐步确定研究的客体。客体的确定是否符合中国边疆学发展的需要和是否顺应时代发展的趋势，关系到学科的生命，必须排除随意性、应急性和盲目性。中国边疆学研究的组织、协调部门必须慎重地、科学地制定总体研究规划，其中拟定的课题要有横向与纵向相结合的特点。规划的制定为中国边疆学全面的、深入的发展创造条件。笔者建议按课题性质分类，每类下开列系列性的研究课题若干。具体说明如次：边缘性课题——内容属于中国边疆学的研究范围，但其界缘与其他学科相合的课题；空白性课题——迄今仍未研究的且具有学术价值和社会功用的课题；跟踪性课题——有重要研究价值又已中断研究的课题；理论性课题——综合的或单项的探索与阐述基础理论的课题；方法论课题——古今研究方法的比较、中外研究方法的比较、最新研究方法等的课题；超前性课题——预测将有可能成为研究热点的课题以及储备性研究的课题；决策依据性课题——为中央提出科学决策依据的课题；现实性课题——与历史研究相对应的实际研究或应用研究的课题。上述各类性质的研究课题中，最重要的是现实性课题。随着社会的科学化，科学也必然社会化，单纯的学术研究固然需要，但要向现实性研究方面倾斜。

应当认识到，开列上述各类课题是一项巨大的工程，必须假以时日，

递次填补。这个工程的每一个阶段性成果不仅能保证中国边疆学研究更具针对性、更富有整体感，而且也是留给中国边疆学研究的后继之人的宝贵的财富。对此，要有开拓意识和长远眼光。

其二，把握研究主体，建立中国边疆学研究人才档案库。中国边疆学研究者是中国边疆学研究的主体，对主体情况若明若暗，便无法或难以卓有成效地实施组织、协调研究的计划。在主体的把握上，应有量的积累和质的分析。前者应包括全国各地（包括台湾、香港、澳门）的中国边疆学研究、教育、出版、宣传工作者，以及政府和部队有关单位的人才，这是因为中国边疆学的性质决定着必须有各种人才的通力合作。在质的分析上，不仅包括职称层次、研究成果，也要包括专长、兴趣及研究方向或意向，等等，这是因为中国边疆学研究需要发挥不同群体的不同优势。

应当认识到，建立人才档案库也是一项系统工程，也需要假以时日，逐年填补。对此，要有整体观念和时间观念。

2. 理顺一个关系。中国边疆学研究必须打破中央和地方研究机构各成系统、各自为战的局面，将分散性的、封闭性的研究转到集中性的、开放性的研究轨道上来。其办法是把研究主体—组织、协调体系—研究客体三个环节紧密衔接起来，成为完整的统一体。具体地说，要分别按研究主体的专长或优势划分若干个小群体，使其分别与不同的研究客体一一对应，通过组织、协调体系的作用，集中力量，组合优势，逐一攻关。某项目的攻关完成之日，即是该项目攻关群体的解体之日和对该项目组织、协调研究的终止之日。

将上述三个环节紧紧衔接起来的好处是：其一，引进了组织与协调机构的转换性、可塑性的运行机制；其二，淡化了研究单位的机关化、行政化色彩，减少了冗员，使科研单位具有改革、开放的特点；其三，研究课题更有目的性和计划性；其四，避免成果重复、劳动重复和资金浪费；其五，能出人才，特别是能促进学科及其某一领域的带头人的培养。

（原载《中国边疆史地研究》1992年第1期）

让中国边疆学具有更强的时代感

步 平

以研究中国边疆的形成发展规律为主要任务的中国边疆史地学科，在经历了20世纪，特别是近20年的迅速发展后，已经进入了21世纪。在新世纪的广阔天地里，这门学科必将获得新的飞跃，我对此深信不疑。

作为具有多学科全方位研究特征的中国边疆历史地理研究，从学科建设的角度讲是当代学科高度综合和整合的典型体现，从学术价值的角度看是探究中国历史发展的诸多症结、说明中国历史发展进程的必要环节。在新世纪到来，人类社会面临前所未有的变化的时候，为使中国的边疆学更具有生命力，需要思考如何使其更具有时代感的问题。因为这不仅是时代的要求，也是学科发展的必然。从这个意义上，当前经济全球化趋势对中国边疆史地研究的影响是特别值得思考的问题之一。

这些年来，经济全球化的发展趋势越来越引起人们的关注，世纪之交，这一趋势似乎也有加快的倾向。当然，全球化首先是指一种经济现象，即各国市场和各地区性市场的一体化。这种全球化定义的典型代表，是指"各种商品、服务和资本市场的国际一体化"。经济学家一般将全球化定义为"资本、技术和信息通过形成单一全球市场并在某种程度上形成地球村的方式，实现跨越国家疆界的一体化"。但是，正如有人注意到的，全球化如果成为一种社会过程，那么是否会削弱社会安排和文化安排的地理制约因素，甚至使这些因素消失呢？事实上，在与经济活动有关的某些领域中，这一制约因素的确已经或正在消失。所以，社会学家、人类学家、历史学家一般认为经济全球化进程实际是由诸多过程构成的巨大而多面的复合体，牵涉人类生活的各个方面。他们更关注"全球化"的意识方面，从不同的"社会生活领域"即经济、政治、文化的角度来讨论全球化。

但是，在这样的关注中，也出现了比较激进的意见，那就是认为随着经济全球化进程的深入、跨国公司的发展，将会出现一个没有国界的新世纪，国家主权的神圣性、国家做出决策的能力都受到越来越大的限制。这种意见认为在跨越国界的经济和各种世界性政治、经济、文化组织的作用下，国家将处于软弱无力的状态。相反，各种超国家组织也将越来越多地取代国家职权，国家的大部分职能将让位给市民社会。从这一基本认识出发他们导出了全球化改变人们的思维方式，使人们突破传统的乡土观、民族观、国家观，以全球思维方式替代传统思维方式，从而使国家行使主权的空间受到限制，进而毁灭主权国家的结论。如果国家主权不再存在，作为国家主权主要标志的领土权也自然不存在，边界、边境或边疆的概念也随之消失。

难道人类社会真的很快就能进入跨越国境的"地球村"？难道"边疆"和"边境"的概念真的就要消失？尽管这只是关于经济全球化的一种认识，但21世纪的中国边疆史地研究不能不正视经济全球化带来的新问题。

我个人认为，经济全球化是当代经济和科技高速发展的必然产物，是不可阻挡的潮流。不论人们主观上愿意或不愿意，它都必然要到来，不应漠视对这一趋势进行的研究，更不应违背这一趋势进行决策。但是经济全球化进程冲击主权国家，要求它做出调整，这只是一种发展动向，而不是呼之欲出的现实。21世纪的国际社会，依然是主权国家共存的社会，主权原则仍是当今国际社会国家活动最基本的原则。经济全球化只是提供了促进发展的巨大可能性，要把可能性变成现实，还有很长的路要走。所以经济全球化并不意味在全世界造就单一的一种文化，也不证明某一种文化、某一种价值观念可以强加给所有其他民族和国家。不同民族的各自特点，包括文化差异依然会存在，但是各民族应该和谐共处，相互取长补短。伴随经济走向全球化，人们需要重视全球各个民族之间的平等和相互尊重，需要尊重文化多样性的事实。

那么，在经济全球化趋势下，国家主权的作用和命运是怎样的？这一趋势对于领土、边界、边疆诸概念究竟有没有影响，有多少影响？中国的边疆史地研究需要正视这样一个有着很大争论的问题，这就是中国边疆学的时代意识。国家权力的最高级别是主权，是国家的固有属性。国家主权包括领土完整、政治独立和经济自主等。所以包括边疆、边境问题在内的领土主权在国家主权中具有特别重要的地位。在经济全球化的大背景下，面向新世纪的具有时代感的中国边疆史地研究应当对经济全球化与国家主权关系的理论加以新的补充。

事实上，20世纪发生过多次对国家主权理论的否定和冲击。

第一次世界大战前，就有人认为"主权在民"和"民族主权"已成为过时的口号，主张抛弃有关国家主权和国家固有权利的教条。但是这种观点很快即在第一次世界大战的炮火中销声匿迹了。一战后，否定主权理论的观点又与希冀和平、反对战争的心理相结合，认为战争爆发的根本原因是主权国家观念，所以他们提出成立世界政府的主张，希望以此调整各国，特别是发达的军事大国的行动。可惜，这种理想主义的梦想又被第二次世界大战击碎。二战后，否认主权的理论重新活跃，特别是二战后独立国家相继出现，国际法不断进步，国际和平得到一定程度的维护后，就有人主张各国应交出一部分主权，建立具有强制管辖力的国际法庭所确定的法治。冷战后，汹涌而来的全球化理论向主权理论发出新的挑战，强调全球化正在消除现代国家的基本结构，并危及了现代民族国家的能力、形式、独立、权威和合法性。

研究中国边疆历史的发展就会了解，坚持国家主权的原则，是民族国家在国际社会中的安身立命之本。主权丧失，则国家利益、经济主权无从谈起，国家甚至成为殖民地。19世纪末到20世纪初期中国的"边疆危机"和领土主权遭到破坏的过程，恰恰发生在上述否定国家主权理论的喧嚣时期，可见上述否定主权的理论其实是否定弱国或发展中国家的主权，而不是否定强国大国的主权。这也从另一个角度证明，研究边疆问题是为了保护国家主权，维护国家利益。中国的边疆历史发展告诉我们，各国必须权衡利弊，用战略的、发展的眼光认识和面对全球化。为本民族、本国的最大利益、长远利益服务，是各国制定经济发展政策的最根本的出发点和原则。在相互依赖的经济全球化时代应当怎样坚持国家主权？如何协调全球化与国家主权的矛盾和冲突？在这一问题面前，盲目乐观地相信"世界大同"或"全球利益"马上就要到来，从而忽视对国家主权的坚持显然是不对的。

综上所述，新的世纪赋予中国边疆学的任务相当重要，中国边疆史地研究的时代意义也相当明显。正是从这一思路出发，我希望21世纪的中国边疆史地研究与上一世纪比，在理论研究和理性思维上有明显的跨越；希望在更加扎实、更加深邃的理论基础之上诞生中国边疆学，也希望在新的世纪将古代边疆史地研究与近代边疆史地研究并举，回答现实提出的问题。

(原载《中国边疆史地研究》2001年第1期)

关于构筑中国边疆学的断想

马大正

2001年初，我曾为《中国边疆史地研究》的笔谈专栏"面向21世纪的中国边疆研究"写过一篇专稿《思考与行动——以边疆研究深化与边疆中心发展为中心》，在该文的结尾我提出："我们将努力用一种更为恢宏的文化视野来挖掘和整理先辈边疆治理的遗产和前人的研究成果；我们要努力尝试通过维护统一多民族中国整体国家利益，来观察当代中国边疆稳定和发展面临的机遇与挑战；我们还将针对边疆研究跨学科的特点，整合众多学科的研究方法和成果，为创建一门新兴边缘学科——中国边疆学而努力！"[①]

构筑中国边疆学应该成为当代边疆研究学学人的共同职责和紧迫任务。

时过两年，值此中国边疆史地研究中心庆祝成立20周年之际，我想再述构筑中国边疆学断想六端，以就教于学界同人，以及一切关注于兹的广大读者。

断想之一：认真总结前人研究积累是构筑中国边疆学的重要学术基础。

中国边疆研究具有悠久的历史、优良的传统、丰硕的成果，可用"千年积累，百年探索"来概括中国边疆研究的发展历程。我们在整理、总结

---

① 《中国边疆史地研究》2001年第1期。

前人研究的历史遗产后，认为自清中叶以来，中国边疆研究在不同的历史时期曾出现过三次研究高潮。19世纪中叶至19世纪末，西北边疆史地学的兴起是中国边疆研究第一次高潮的标志。20世纪20年代至40年代边政学的提出与展开，是中国边疆研究第二次高潮的突出成就。20世纪80年代中国边疆研究第三次研究高潮出现的标志是研究中实现了两个突破：一是突破了以往仅仅研究近代边界问题的狭窄范围，开始形成了以中国古代疆域史、中国近代边界沿革史和中国边疆研究史三大研究系列为重点的研究格局，促成了中国边疆史地研究的大发展；二是突破了史地研究的范围，将中国边疆历史与现状相结合，形成了成果众多、选题深化、贴近现实的特点。

中国边疆研究三次高潮的学术实践、西北边疆史地学的展开、边政学的探索、中国边疆研究中两个突破的实现，都为今天中国边疆学的构筑从研究功能、研究内涵、研究方法等方面提供了丰富的学术积累和可鉴之镜。

今天我们构筑中国边疆学的实践，将是站在前人研究历史遗产的基础上，面对21世纪统一多民族国家发展前景的一次新的探索。

断想之二：更自觉地面对当代中国边疆的重大理论和实际问题，将更有助于深化对构筑中国边疆学紧迫性的认识。

中国边疆是统一多民族中国的重要组成部分。中国的稳定离不开中国边疆的稳定，中国的发展离不开中国边疆的发展。当前西部大开发战略的实施，其重点地区也包括中国的边疆地区。将中国边疆作为统一多民族国家的有机组成部分，作为一个完整的研究客体，我们才能更好地认识中国的边疆、研究中国的边疆，才能更好地认识中国边疆面临的一系列历史上的难点问题和现实中的热点问题，并做出科学的回答。而所有这一切只有在中国边疆学学科建立后才可望得到更合理的开展。

试以中国边疆治理研究为例略做说明。中国是一个有着悠久历史的文明古国，自秦汉以来，历朝历代都十分重视边疆的经营与治理，维护着国家的统一与边疆的发展。中国边疆治理的基本任务是守住一条线（边界线），管好一片地（边疆地区）。边疆治理的成败得失，是综合国力强弱的标志之一。中国历代政府在边疆治理方面积累了丰富的经验，而中华人民共和国在治理边疆上既有继承，又有更多的创新。边疆治理的内容十分丰富，主要内容至少有以下几方面：边疆行政体制、中央和地方的管理机构、边境管理、边防（国防）、周边外交、民族政策、宗教事务管理、经济开发、文化政策、治边思想，等等。为了满足21世纪新形势的需要，研究应努力尝试从维护统一多民族国家整体国家利益的角度，来总结历史上治边的经验和考察当代中国边疆稳定和发展面临的机遇与挑战，制定边疆稳定与发展战略。这样宏伟的任务，显然不是仅仅依靠一门或几门学科的理论和方法能完成的，唯有从中国边疆学的学科高度才可望完成。

断想之三：中国边疆学的定位与基本功能。

中国边疆学是一门研究中国边疆形成和发展规律的多学科交叉的边缘学科，它的研究不但要追寻边疆历史发展的轨迹，还应探求边疆发展的现实和未来，它应是一门极具中国特色的新兴学科。

中国边疆学的基本功能可概言为文化积累功能和咨政育民功能两大方面，具体说，有以下四点。

其一是描述功能。描述是指客观地搜集、记录和整理边疆社会事实及其过程，着重解决的是"是什么"的问题。这是任何一门学科研究的基础和出发点。

其二是解释功能。中国边疆是一个不断变化的复杂有机体，现实社会的各种现象和众多问题相互矛盾、相互依存、相互交错。中国边疆学的解释功能就是要在说明"是什么"的基础上，解决"为什么"的问题，探寻中国边疆形成和发展的规律。

其三是预测功能。中国边疆学研究的最终目的是促进边疆地区的巩固，促进边疆地区社会的正常运行和发展，因此在理清因果关系、明了事实的基础上，还必须对边疆社会的现象与问题，及其发展趋势做出科学预测，提出可操作性的对策，使学科发展与社会实践更加紧密地结合。也就是说，在解决了"是什么""为什么"后，应进而探求"怎么办"的问题。前瞻性、预测性与对策性研究是中国边疆学实用价值的集中反映，也是学科服务于实践的直接体现。

其四是教育功能。中国边疆学作为综合研究中国边疆历史与现状的学科，在对边疆社会的认识与分析中，影响着广大民众的世界观、价值观、国家观、民族观、历史观等方面，事实上发挥着直接教育和间接教育的功能。

断想之四：中国边疆学特定的研究对象决定了研究的三个有机结合，即从研究对象——中国边疆言，是历史与现实的结合；从研究类型的分类言，是基础研究与应用研究的结合；从研究方法言，是多种学科研究方法的整合。

历史与现实的结合、基础研究与应用研究的结合及多种学科研究方法的整合，决定了中国边疆学的学科研究特点可概括为如下三个方面。

一是综合性。中国边疆学是一门综合性学科，中国边疆社会既是统一多民族中国的有机组成部分，又是一个有机整体。研究中国边疆，涉及边疆形成和发展的历史及规律，涉及边疆地区政治、经济、民族、宗教、文化等诸多方面。这些具体研究领域各有相应学科，也有相应学科没有涵盖的研究范围，但结合历史与现实，从中国边疆整体出发进行综合研究，只能是中国边疆学。同时这种综合性的特点，还体现在中国边疆学研究视角、研究方法的综合性上。

二是现实性。中国边疆学研究的范围虽然包括边疆的历史与现实，但它主要面对的是中国边疆地区的今天和未来，这是中国边疆学研究的最终目的。当前，中国边疆地区正处于急剧的社会变迁与转型时期，实现边疆地区现代化是时代的主流，因此，中国边疆学以中国边疆地区现代化为中心，以改革、发展与稳定为基础，以维护国家利益为最高原则，展开研究，这是由其现实性的特点所决定的。

三是实践性。中国边疆学在注重研究文化积累，开展相关"绝学"研究外，更应面向现实。实践性是中国边疆学研究一贯和典型的特征，实践性着重于研究的应用性，强调它的指导和改造社会实践的可能性。探索边疆历史上的难点问题、现实中的热点问题，正是中国边疆学实践性特点的体现。需要指出，为现实服务，不能混同研究与宣传的界别，应以科学和理性的精神来观察现实、分析现实，指导实践的走向。学科研究，既要适应社会，又要引导社会，否则，学科将丧失生机与活力。

断想之五：中国边疆学的内涵。

根据中国边疆学的学科特点，中国边疆学的内涵可包括两大领域，暂以"中国边疆学·基础研究领域"和"中国边疆学·应用研究领域"来命名。

中国边疆学·基础研究领域，包括中国边疆理论、中国历代疆域、历代治边政策、边疆经济、边疆人口、边疆社会、边疆立法、边疆民族、边疆文化、边疆考古、边疆地理、边疆国际关系、边疆军事、边界变迁、边疆人物等诸多研究方面。

中国边疆理论是对中国边疆历史与现实诸多问题内在联系的理论概括，探索的是中国边疆形成、稳定和发展的规律。

中国历代疆域研究的目的是客观阐述中国疆域形成的历史，回答中国疆域是如何形成的问题。

历代治边政策研究是探讨历朝历代为治理边疆而采取的各种政策，目的是科学地、客观地总结前人在边疆治理方面的成就与失误。

边疆经济研究以边疆地区的经济发展为研究对象，既包括了历代王朝对边疆的开发，也包括边疆民族对边疆的开发活动。

边疆人口研究主要探讨的是边疆人口的演变历史，及其对边疆稳定和发展的影响。

边疆社会研究以边疆社会的形成和发展为研究对象，目的是探索边疆社会发展对边疆稳定的影响。

边疆立法研究以边疆法律建设为研究对象，既包括历代王朝为治理边疆而进行的立法实践活动，也包括边疆民族社会的习惯法、成文法等。

边疆民族研究以边疆民族形成、发展、衰亡以及历代王朝对其政策为研究对象，探索的是边疆民族与中国边疆形成、稳定和发展的关系。

边疆文化研究则不仅包括了边疆地区的文学、语言，也包括了边疆地区的宗教等文化现象。

边疆考古研究以遗留下来的与边疆地区有关的遗物或遗迹为研究对象，一方面可以弥补史书记载的不足，另一方面则可以印证史书记载的有关事件。

边疆地理研究不仅包括了对边疆地区的政区设置及其沿革、交通道路、关隘等的研究，也包括了对边疆地区的自然环境和生态环境的研究。

边疆国际关系研究主要包括边疆地区与邻近国家或地区的关系，同时中国历代王朝与相邻国家的关系对边疆地区的影响也包括在内。

边疆军事研究则以历代王朝为维护边疆地区稳定而采取的军事活动为对象，既包括为戍守边疆采取的各项措施，也包括了为平息边疆地区动乱而采取的军事行动。

边界变迁主要以近代的疆界理论和边界变化为研究对象，客观阐述中国近代边界变迁的历史。

边疆人物研究则以边疆历史人物为研究对象，对其在中国边疆形成、稳定和发展过程中的作用进行客观的评价。

中国边疆学·应用研究领域，则是在基础研究的基础上对当今及未来中国边疆的发展与稳定的战略性、预测性的宏观与微观相结合的研究。其研究的范围也包括了边疆经济、边疆人口、边疆政治、边疆社会、边疆立法、边疆民族、边疆文化、边疆地理、边疆国际关系、边疆军事以及自然和生态环境等诸多方面，其与基础研究领域的不同点主要表现为有更强的现实性。

中国边疆学的内涵十分丰富，上述所列仅是其中的主要内容，相信随着中国边疆学学科体系构筑的完成，其内涵将更加完善、系统。

断想之六：全面深化中国边疆研究是推动中国边疆学构筑的原动力，同时大力推动边疆教育事业，使全社会对中国边疆的关注与重视成为现实，将为中国边疆学构筑的实践创造良好的外部环境。

推动边疆教育，这里的教育是指广义的教育，即包括学校教育和社会教育两个方面。关于学校教育，我们应借鉴20世纪30年代至40年代边政学建设的有益经验，创造条件，在高等学校设立边疆学系或开设边疆学专门课程，在培养边疆研究后备人才的同时，不断完善中国边疆学的学科建设。

在社会教育方面，应加大宣传边疆和普及边疆知识的力度，使国人更多地认识边疆、了解边疆、关心边疆，让学术走向大众，让大众了解学术。

以上断想六端，很不成熟，有些可能根本难以成立。写成此文，其意在于提供一个讨论问题的"靶子"，若能有助于推动构筑中国边疆学的步伐，斯愿足矣！

（原载《中国边疆史地研究》2003 年第 3 期）

论中国边疆学学科建设的若干问题

方 铁

一

改革开放以来，学界对边疆问题的研究取得长足进展，尤其是实现了两大突破。一是由近代边界问题研究扩展到古代疆域史、近代边界沿革史与边疆研究史的探讨。二是从传统的边疆史地研究，发展到关注当代中国边疆的新情况与新问题，并较好地实现了基础研究与应用研究的有机结合。[①] 由此，作为一个全新学科的中国边疆学已现雏形，并展现了广阔的发展前景。

简言之，中国边疆学是研究中国边疆地区历史与现状的学科。属于中国历史学科的专门史，以及属于中国历史地理学科的边疆史地学，为中国边疆学奠定了学术基础。中国边疆学涉及诸多学科，如历史学、考古学、语言学、地理学、宗教学、哲学、文化人类学、体质人类学、社会学、政治学、经济学、人口学、宗教学、外交学、法律学、军事学、地缘政治学、心理学、环境学、生态学、遥感学，等等。中国边疆学具有以下五个方面的特点。涉及内容较多，涵盖面甚广，基础研究与应用研究相结合，人文社会科学与自然科学相结合，研究成果受到学术界与相关应用部门的

---

① 参见马大正著《关于构筑中国边疆学的断想》，《中国边疆史地研究》2003年第3期。

广泛关注。

在研究领域方面,中国边疆学应涵盖以下内容:国内外边疆问题研究状况与相关的理论;中国边疆(包括陆疆、海疆与边界)形成与巩固的理论;中国疆域形成发展史与边疆研究史;中国边疆的民族史、移民史与人口史;边疆地区人类活动与自然环境变迁历史与现实方面的关系,即通常人们所说的边疆地区人地关系的历史与现状;中国边疆与邻国关系的历史与现实,包括友好合作、对峙与争端、未来展望等方面的问题;历史上与现实生活中产生重要影响的边疆思想与治边政策;边疆地区经济、社会发展历史与现实方面的问题;等等。

边疆地区与边疆民族的历史、中国古代疆域问题与近代中国边界问题,较早为研究边疆史的学者所重视。边疆史地研究主要源自中国古代的舆地学与近代的边政学,这两个学术领域深刻地影响了我国对边疆历史问题的研究。另外,中国边疆学所关注的边疆问题,与历史学有着如影随形的密切联系,何况边疆历史本身就是中国边疆学探讨的一个重要方面。这决定了中国边疆学的学科分类应从属于历史学,中国边疆学应为历史学一级学科下的一个新的二级学科。

由中国边疆学的研究对象与研究性质所决定,专门史、历史地理学、法学、人类学、国际关系学、边疆现实问题等,是中国边疆学主要的学术支撑点。

专门史学科中的地方史或区域史,以及民族史、对外关系史、思想史、经济史、文化史、军事史、文献史学,均与中国边疆学的关系十分密切。

历史地理学主要研究中国历史发展过程中地理环境的变化以及人类活动与自然地理环境的关系。历史地理学涉及中国边疆学的内容甚多,尤以历史时期疆域的变迁,历代行政区划的变迁,人口的增长、分布与迁徙,边疆开发与地域差异,工矿业的分布与兴衰变迁,城市分布与交通线的历史变迁,历史文化景观的地域差异及其变迁等,与中国边疆学的关系最为密切。

疆界、边界、外交等属于中国边疆学研究的重要问题,与法学尤其是国际法的关系极为密切。西方国家十分重视从国际法的角度诠释疆界、边界与外交等方面的问题。加强对法学尤其是国际法的学习与研究，有助于实现研究的规范化与科学化，同时也是与国外同行进行交流、享有共同话语的重要前提。

人类学是研究人性与文化的学问。中国边疆历史与现实方面的问题十分复杂，不仅需要进行规范的、细致的实地调查，还需要我们从事物的内部演变机制以及文化事项的内在联系进行分析。因此，关注人类学研究的成果、掌握人类学的研究方法也是十分必要的。

国际关系学以近现代国际关系为主要研究对象，不仅探讨全球视野下大国之间的关系以及区域性的国际关系，同时提出了处理国际关系的重要准则，对中国边疆学的学术价值是显而易见的。

此外，地缘政治关系是国际关系学的重要理论基础之一。应用地缘政治关系学的理论，可以对古代中国历史疆域的形成与演变，以及近现代中国边疆的状况与面临的挑战等问题，做出新的建设性的诠释。进一步来说，地缘政治关系是客观存在。人们关于地缘政治关系的理论，是对这一客观现实及对策的认识与总结。西方有关地缘政治关系的理论，是第一次世界大战以来军事家从战略的角度进行观察而逐渐形成的。从有关记载来看，中国古人对地缘政治关系已有深刻认识，地缘政治关系是古人考虑边疆问题的基本出发点之一。中国古代关于边疆地缘政治关系的认识，涵盖了内地与边疆的关系、边疆地区重要地域板块之间的关系、不同边疆地区在治理方略方面的共性与差异性、边疆内外地区各统治中心之间的互动关系等。

中国古代对地缘政治关系的认识与初步形成的理论，与西方现代的理论虽有共同之处，但差异也十分明显。如在边疆地缘政治关系方面，中国古代更重视人文因素、文化传统等在地缘政治关系中的作用，相对忽视海洋等地理因素；考虑问题时明显受中国人注重天人关系、社会等级关系、以文化分尊卑等传统思维方式的影响，并认为中国是世界文明的中心。这些观念进而形成"守中治边""守在四夷"的治边传统。由此提出的治边方略，重视对边疆乃至徼外的"蛮夷"进行羁縻与教化，甚于进行武力征服与广征赋税等。研究中国古代的地缘政治关系，有助于我们进一步认识古代各政治实体间的关系与演变、中国历史疆域形成的过程及其特点、封建王朝处理边疆地区与邻邦关系的思想与对策、边疆地区重要的通道与城市及其兴衰与治边方略的联系等问题。

积极关注现实问题是中国边疆学的优良传统。进入21世纪以后，经济全球化的步伐加快，各国的边疆与民族问题等方面都出现了不少值得注意的新动向，中国也不例外。当前的中国边疆地区，不仅需要进一步推进西部大开发，加快边疆经济与社会发展，而且需要维持边疆地区社会稳定，保障我国边疆的安全。

处理好诸相关学科之间的关系，也是建设中国边疆学学科应注意的问题。中国边疆学应积极引入相关学科的知识与方法，寻找诸学科的结合点，由此形成新的研究领域。这些领域有：各民族活动与边疆地区形成史，治边思想、治边观念及其实践史，多国相连地带区域史，多省区相连地带区域史，以国际通道、国际贸易、国家之间的人口转移和诸国相邻地区联合开发等为线索的新的国际关系史，历史文化景观的地域差异与变迁的历史。若从与自然科学结合的视角考虑，可以开拓的领域则有：自然环境对边疆地区社会与历史发展的影响，历代在边疆地区开发利用动植物资源和矿藏资源方面的经验教训，生态环境、地理环境对边疆地区地缘政治关系的影响等。

二

建设中国边疆学，目前的国内外学术环境十分有利。经过长期的建设与积累，在研究队伍、研究成果与学术水平、学术规范、研究手段与组织学术活动、研究机构建设与人才培养等方面，中国边疆学研究均具有较强的实力，已经具备了成为专门学科的条件。

目前国家十分重视人文社会科学研究。近年来国家对包括边疆领域的人文社会科学研究给予了切实有力的支持。通过科学的、系统的学术整合，相对集中人力并分工合作，有步骤地展开综合性、攻关性的研究，已成为研究边疆与边疆民族重大问题的一种行之有效的形式。

中国边疆研究经过二三十年的发展，目前已基本上形成一支人数众多、力量雄厚、具有较高学术水平的边疆学研究队伍。中国边疆学的研究者，除在北京，尤其是中国社科院较集中外，在我国边疆各省份的高校、社科院等单位亦有分布，人数达数百人。一些省份的高校、社科院等教学研究单位还组建了专门研究边疆问题的学术机构。自1983年成立以来，中国社科院中国边疆史地研究中心致力于全国边疆问题研究与相关学术活动的组织，目前已成为中国边疆学学科当之无愧的旗帜与组织核心，其卓有成效的工作为中国边疆学的建设做出了重要的贡献。中国边疆史地研究中心主办的《中国边疆史地研究》，是我国边疆问题研究领域中的权威刊物，也是中国边疆学对外展示的窗口。经过长期的学术积累与艰苦的探索，中国边疆学已初步形成了自己的学术规范。

中国边疆史地研究中心成立以后，分别在北京、浙江象山、云南昆明举办过三届中国边疆史地学术研讨会，有力地推动了中国边疆问题的研究。在2006年8月与云南大学西南边疆少数民族研究中心合办的第三次会议上，来自全国各地的70多位专家，围绕以下问题进行了热烈讨论：中国历史疆域的形成，历史上的疆域观与治边思想，历史上的藩属与宗藩关系，中国边疆的治理与开发，边疆民族问题，中国边疆学学科建设。这次会议以中国边疆学发展亟待解决的疆域理论为主题，表明会议举办者具有充分的学术前沿意识与高度的社会责任感。

在培养专门人才方面，过去各高校、社科院的历史地理学、民族史、地方史、对外关系史、经济史等博士点与硕士点，先后培养了不少从事边疆学研究的专门人才。令人振奋的是，继南京大学率先设立中国边疆学博士点之后，云南大学与中国社科院中国边疆史地研究中心合作，最近获准在云南大学设立中国边疆学博士点与硕士点。可以预期，在不久的未来，南京大学与云南大学将分别成为我国北部边疆与南部边疆研究的重镇与人才培养的基地。

近二三十年来，在中国边疆史地研究中心的引导与组织下，学者们就边疆学方面的一些重要问题进行了探讨。这些问题有：中国古代历史疆域形成问题，中国近代边界问题，中国边疆研究史，中国边疆开发史，中国当代边疆社会问题及其治理，中国边疆民族尤其是跨境民族问题，中国边疆理论，中国边疆学学科建设，东北边疆与高句丽历史问题，新疆历史与现实方面的问题，云南边疆稳定与促进发展的问题。20世纪80年代至今，学者们撰写相关论文上千篇，出版相关著作上百部，其中一些论著有较高的学术质量。尤其是中国边疆史地研究中心组织撰写共计数十部的"中国边疆史地丛书"，以及马大正主编的多卷本"中国边疆通史丛书"，深入探讨中国边疆学的诸多问题，全面阐述我国边疆地区发展的历史，大体可以代表中国边疆学研究的较高水平，已得到学术界的一致肯定。

关于实现中国边疆学学科建设的路径，笔者建议如下。

其一，进一步发挥中国边疆史地研究中心的学术核心作用，做大做强中国边疆学发展的学术平台。具体如下。

统筹规划，加强已启动的多省份边疆历史与现状综合项目之间的横向联系与合作，在此基础上提出全国边疆地区的具有共性、普遍性与预见性的重大选题，从更高的视角进行审视和研究，以产出新的高水平研究成果。

建议成立中国边疆学会，充分发挥其组织学术活动、发现和培养研究人才、协调学科建设、加强对外交流等方面的作用，把中国边疆学的研究提高到一个新的、更高的层次。同时，结合研究中亟待解决的重要问题或重大理论创新问题，2~3年召开一次全国范围的边疆问题学术研讨会，充分调动边疆各省份的积极性，会议既可由高校或社科院组织，也可由地方政府或相关单位承办。

扩大研究成果发表的园地，提倡学术讨论与学术批评。扩充《中国边疆史地研究》的版面，争取在若干刊物增设"边疆学研究"专栏，为发表更多的、更好的研究成果创造条件。尤其应加强边疆理论问题、边疆热点问题、新的研究视角与方法方面的问题的探讨。对重要的学术观点和研究成果，提倡以坦诚的态度进行学术讨论与学术评议。

加强与海外同行的联系与合作，包括扩大学者之间的互访，合作举办边疆理论与边疆问题方面的研讨会；或以专家笔谈等形式，就双方共同感兴趣的问题进行商讨；或在某些方面可以合作研究。

其二，积极进行中国边疆学学科排序的申报，加强专门研究人才的培养。中国社科院与相关高校应共同努力，争取在较短的时间内让中国边疆学列入教育部的学科排序，让它正式成为历史学一级学科下面的一个新的二级学科。同时，建设好南京大学、云南大学的中国边疆学专业研究生培养点，争取在这两个学校设立中国边疆学博士后流动站。在高校增设中国边疆学或中国边疆问题本科生专业，通过各种途径，积极培养中国边疆学的研究人才。

其三，加强对新的研究视角的探讨，以扩大我们的研究视野；学习国内外行之有效的其他研究方法，增强我们的研究能力。对亟待解决的边疆学方面一些重大的理论和实践问题，应组织力量进行集中研究。同时，边疆各省份的研究，也应体现自己的特色。

三

在新的发展时期研究边疆学，必须与时俱进，树立进一步开放、注重前瞻性与整体性、多学科和多省份合作攻关的理念，从国家安全、协调发展的视角，探讨涉及面广且研究难度大、理论与实践高度结合的重大课题，以产出具有重要学术意义与重大应用价值的研究成果。

我国边疆地区历史与社会的发展具有明显的复杂性与多样性，并呈现层次区分显著、地区差异性较大等特点。这就决定了对边疆地区历史与现实问题的研究，应注意宏观与微观并重、整体性研究与个案研究并重、理论研究与应用性研究并重。

研究中国边疆学，应从更高的基点审视，大力开拓原有视野，充分体现宏观研究所具有的把握全局、重在概括、剖析深刻等特点。首先，应注意边疆地区社会发展与时代背景之间的联系，如历代王朝边疆经营的特点等。其次，应注意局部与整体的关系，如边疆地区在中国历史发展中的地位与作用。最后，还应研究边疆地区与全国的关系、边疆地区与内地的关系、各边疆地区之间的关系等。应注意比较西南、东北、西北、沿海等边疆地区历史发展的异同。应注意边疆地区发展过程中前后时段的比较，以及边疆各地发展差异的比较等。

引入新的研究方法，将使我们的视野更开阔，透视更清晰，使我们可以从多维的视角审视研究对象，更深入地、准确地分析影响社会历史发展诸多要素之间的复杂联系，从而更逼近历史的真实与社会的现实。具体来说，近年为我国学术界关注的系统分析法、历史时段研究法与比较研究法，若应用于中国边疆学的研究，将具有明显的优势与广阔的发展空间。

人文社会科学目前采用的系统分析方法，是从信息论、系统论、耗散结构论、突变论、协同论等自然科学采用的方法发展而来。系统分析方法论者认为，研究对象是由相互联系、相互依存、相互制约的两个以上的要素组成，具有特殊的结构与功能的复杂统一体，可称为"系统"。系统按照一定的层次结构严格组成，总系统下存在不同等级的子系统，诸系统相互影响和制约。系统的整体功能大于各部分功能之和，系统处于不断的运动和变化之中，并经常与周围环境发生关系。系统分析方法的主要内容，是进行整体分析、结构层次分析、动态分析与环境分析，以注重整体性、结构分析、动态分析、系统与环境的关系为基本特色。系统方法注重分析研究对象内部的相关因素及其相互联系，认为事物内部存在既对立又统一的关系，并把事物发展视为动态变化的过程。这些观点与辩证唯物主义和历史唯物主义是相通的。

我们若把中国边疆地区的历史发展视为一个复杂的系统，其包括的子系统以及诸子系统涵盖的内容，大致可概括为如下几个方面。（1）政治关系子系统，包括与治边有关的观念、思想、方略、治策，边疆政区设治与边疆统治制度，封建王朝内部中央与地方的关系，封建王朝与地方政权及邻邦的关系，国家、疆域的形成与演变等。（2）社会经济子系统，包括边疆各民族的生产生活方式、封建王朝对边疆的开发与经营、边疆自然资源的开发与利用、边疆地区的社会经济结构与诸经济部门、边疆地区经济的发展及其水平、人类经济活动与自然及生态环境的互动关系等。（3）文化子系统，包括边疆与内地间文化的交流，边疆各民族的世界观与价值观，群体心理与社会心理，宗教信仰，史学、文学、艺术与科技，地方教育与官方教育等。（4）社会子系统，包括边疆地区的社会结构、边疆各民族的宗族关系、宗法制度与社会其他制度、社会风尚与社会意识等。（5）人口与民族子系统,包括边疆人口的数量及其变化、居民性别与职业的构成、居民的迁徙与分布、民族的源流与演变、诸民族之间的关系、居民的健康水平与疾病状况等。同样,在更大的范围内,中国边疆历史发展又与中国整体历史发展、亚洲整体历史发展等组成另外的系统。对以上系统及其子系统,应深入研究其相互间的作用与影响,诸因素的内涵及其变化,在历史发展过程中诸因素地位、作用的区分与联系等。

20世纪中叶的法国年鉴学派大师布鲁代尔,提出了历史时段的理论。[①]他主张历史时间可分为长、中、短三种不同的时段。所谓长时段,指在长达数百年、上千年的时间内起作用的某些因素,如地理格局、气候变迁、社会组织、思维模式和文化心态等。长时段研究的是历史的结构,长时段历史对人与社会的制约最为显著。所谓中时段,是指较长时段内起作用的某些历史因素,如人口增长、国民生产总值等,中时段的时间约为数十年,可以用"态势""局势""周期"来叙述。短时段处于历史运动的表层,主要研究事件、现象和人物短期的活动。历史时段理论将历史时间分为地理时间、社会时间和个体时间,贬低"事件"而重视"结构"和"局势"。法国年鉴学派的历史时段理论,在时间和空间方面极大地扩展了研究者的视野。把历史过程分为不同的时段,突出不同时段研究的内容,注重发掘中、长历史时段下隐藏的结构性因素,积极寻找历史发展的轨迹和历史演变的规律,显然是可取的研究方法。

比较方法也是近年颇受重视的一种研究方法。近数十年来,比较研究方法在欧美国家与日本获得迅速发展。比较研究法近年在中国也得到较广泛的应用。进行历史与社会现象方面的比较,有助于在广阔的时代背景下发现研究现象之间的因果关系和差异,便于归纳现象、总结规律。进行比较研究,应注意实践可比性原则,选择合适的类型,正确运用比较程序。进行比较研究,还可与其他的研究方法结合而灵活运用。

人类学方法也可应用于中国边疆学研究。例如,可从人类学的视角,从边疆地区内在机制的形成与作用等方面探讨中国历史疆域的形成与发

---

① 参见徐浩等著《当代西方史学流派》,中国人民大学出版社,1996,第142页。

展。中国历史疆域的形成，不仅表现在封建王朝在边疆建立新的行政区并实施有效管辖，还表现在以内地文化为核心的中国主流文化在边疆地区逐步得到传播与认同，边疆地区较稳固地与内地结合在一起等方面。这些改变大致表现为渐进式的积累过程，同时是以发生质变为转折的演变过程。

从中国边疆学的角度观察，一些传统课题还可以展现新的研究前景。以中国近现代民族史研究为例，边疆近现代民族的形成受到历代边疆民族治策以及多民族统一国家形成的深刻影响，边疆近现代民族的活动又是影响中国历史疆域形成的重要因素。近现代民族的形成是古代民族发展的延伸，若联为一体考察，可进一步探讨中国各民族历史发展的全过程。清代后半期是中国疆界最终形成的时期，边疆民族的演变和活动与中国疆界的最终形成也有联系。分析边疆近现代民族的形成与演变，有助于深入认识清朝和民国政府的边疆治策与民族治策，进而了解近代中国边疆的状况及其变化。另外，鉴于记载近现代民族的史籍与调研报告保存较多，我们还可借鉴西方关于族群的理论，对中国边疆近现代民族作人类学方面的研究。

建设中国边疆学，应扩大研究的领域，作深层次的研究。目前边疆学研究的选题已较广泛，但研究的发展又很不平衡，某些领域相当薄弱，亟待加强；即便研究较多的方面，也有不少问题尚未弄清，需要进一步作深入研究。同时，还应提倡综合性研究与大视角的研究。边疆学研究的对象具有时间跨度长、地域范围大、内涵丰富与情况复杂等特点，内容涉及众多学科与研究领域，进行多学科、综合性研究能扩大视野、扩展材料范围，从不同角度、不同层次来认识研究对象的本质规律。相对而言，大视角研究更为重要。综合研究强调各学科之间的横向联系，大视角研究则是指在研究中扩大视野，把研究对象放在更为广阔的背景下考察。

四

笔者认为，当前有如下一些内容亟待组织力量，进行集中研究。

新理论的构建与完善。例如：中国边疆学学科的内涵、研究方法、学科规范等问题；中国边疆学与国际上相关研究间进行对话，实现话语接轨等方面的问题；中国和平崛起的历史与现实，及其对中国与邻国发展所产生的影响；实现境内外共同繁荣、成功合作的理论方面的问题；中国与邻国对边疆内外地区历史的共享，或共同研究、共同面对历史的问题；中国传统的边疆思想（包括边疆观、治边思想、治边方略与治边措施等）及其实践，以及传统治边思想在新形势下的合理继承与创造性应用的问题；关于中国历史疆域形成、完善以及经营、管理方面的理论；边疆历史与现实的相互影响问题；中国边疆地区与边疆民族近年来的发展变化，以及未来发展趋势预测理论方面的问题。

我国古代治理边疆的理论及其实践。我国古代在治理边疆方面形成的认识及理论，是一份宝贵的思想文化遗产，但过去对此研究甚少。笔者认为，对古代边疆治理理论及其实践的研究，大致应涵盖以下方面。（1）中央王朝的治边理论，包含边疆治理与边疆民族的理论、边疆地缘政治关系的理论、疆域的形成与演变的理论、古代邦交与国防的理论、开发与经营边疆的理论等。（2）中央王朝的治边实践，包括治边理论与治边实践的互动关系、治边政策的制定与调整、治边实践的影响及其评价、边疆吏治及其管理体制、中央政府与地方政府的关系、影响治边实践的非制度性因素等内容。（3）边疆王朝与地方政权的治边理论与实践、包括边疆王朝的治边理论与实践、边疆地方政权的治边理论与实践、中央王朝与边疆王朝和地方政权治边的比较等。

中国历史疆域的形成与巩固，以及现实生活中边疆地区的稳定和发展。可以研究的内容有：中国历史疆域的形成与巩固、中国近现代疆界的确立与管理、边疆地区与边疆民族和内地实现同步和谐发展的问题。

边疆学视野下的跨国区域合作。包括从边疆学研究的视角，探讨中国与邻国相邻地区的经济合作与区域开发，如在中国参与东盟自由贸易区经济合作等区域经济合作方面，双方在制度、文化、历史领域相互理解、相互磨合的问题；中国与邻国相邻地区社会、环境的协调发展，如自然资源的共享、自然生态环境的共同保护、国际通道建设接轨等方面的问题；中国与邻国实现社会稳定，合作治理跨国犯罪与打击恐怖势力，以及联合整治毒品泛滥、艾滋病传播、人口拐卖等方面的问题；中国与邻国跨境民族的管理，以及跨境民族的历史与文化的共享、分布地区共同繁荣的问题。

除应重视我国边疆地区具有共性、普遍性的问题以外，边疆各省份还应根据自己的特点，遴选一些针对性较强的问题进行研究。例如，西南边疆各省份应关注以下问题。

跨境民族问题。西南地区对跨境民族的研究起步较早，成果较多，近年又推出一些重要的研究成果。同时应指出，近年受区域经济合作浪潮的推动以及民族意识强化的影响，分布在云南、广西与周边国家相邻地区的跨境民族，在经济交往、文化渗透、民族内聚的意识与行为方面，都出现了一些值得注意的变化。如随着跨境民族对外经济、文化交往的扩大，跨国经济活动、跨国的婚姻与家族联系、跨国宗教活动等迅速升温，在一些边疆地区，区域性、狭隘民族性的文化认同渐占上风。我们应研究这些变化的趋势，及其相关的历史、文化与社会方面的原因，及早提出应对之策。

西南边疆地区实现可持续发展的问题。随着我国经济实力的持续增强，中央政府对边疆地区发展经费的投入明显增加，西南边疆地区获得了前所未有的发展机遇。同时，一些地区出现了"等、靠、要"的消极依赖思想。如何把政府对边疆贫困地区与少数民族的"输血"从机制上转变为边疆贫困地区与少数民族自身的"造血"，从而实现边疆地区与少数民族的良性可持续发展，是一个十分重要的问题。从边疆学的角度进行研究，将有助于该问题的解决。

西南边疆境内外相连地区协同发展、和谐双赢的问题。总体来看，云南、广西与周边邻国的合作与协同发展是较为成功的。同时应看到，在水资源的共享、合作治理江湖污染等方面，针对云南省相关的规划及其实施，周边邻国已提出一些不同的看法。仅靠增加投资、提高技术水平等并不能解决此类问题。边疆学的学者应积极参加这些问题的探讨，从边疆地区历史、社会与文化的视角进行研究。

中国与西南部邻国历史关系方面的问题。总体而言，中国与越南、缅甸、老挝等邻国的关系目前是较好的，但并不意味着不存在需要研究的历史问题。例如，越南学者对雄王时期、北属时期、中越交恶时期以及所谓东山文化的影响，即存在与中国学者不一致的看法。而我国学者过去研究较多的是20世纪五六十年代中越两国友好的历史，对古代中越关系的全貌，以及民国时期云南与越南官方的关系、民国时期越南共产党与中国共产党的关系、20世纪中国的援越抗法与援越抗美、实行改革开放以来的中越关系等，我们都缺乏深入研究。中国与缅甸、老挝的历史关系，也存在类似需要研究的问题。

边疆各省区开展研究，还应注意总结在自然环境、历史传统等方面形成的地方性特点。以云南为例，云南与中南半岛和印巴地区相邻近，数千年来是中国联系上述地区的纽带与对外的门户。在长期的发展过程中，云南的地域范围不仅与周围地区相交错或互相分割，在某些历史时期，还与中南半岛北部的一些地区建立了密切的政治联系。因此，探讨云南历史，不仅需要研究这一地区与相邻区域的联系，还应探讨与邻邦的历史关系，在某些时期，甚至应将云南地区与邻邦的相连区域作为整体来考察，如唐代南诏统治时期。另外，历史上云南及附近地区的经济开发，也形成了特有的类型与发展的道路。

云南的地理环境特殊，基本特点是多山少平地，地形地貌复杂，大部分地区长期闭塞隔绝，气候类型多样且复杂多变。由于云南纬度较低，短距离内地形高低悬殊，因此随地形高度的改变气候垂直变化显著，几乎每一区域从山脚到山顶都可以划出几个不同的气候垂直分布带。受特殊自然环境的影响，云南各民族的历史发展与文化传统，形成了多元、多样与十分复杂的特点。

云南民族众多，少数民族占总人口的三分之一。云南有十几个严格意义上的跨境民族，还有一些虽有共同族源关系，但目前是否为同一民族尚有争议的亲缘民族。众多的跨境民族与亲缘民族，把云南与毗连的中南半岛北部、印巴地区东北部连在一起，其历史发展的区域性共有特征体现较为明显。

云南的古代经济，包括种植业、畜牧业、采集狩猎捕捞业、矿冶业、家庭手工业、交通业、商业等诸多部门的地位与作用，随着历史的发展有较大改变。由农业、畜牧业、养殖业、采集与狩猎组成的初级复合型经济，长期是云南大部分地区占主导地位的经济形态。在这种经济形态下，人们果腹较易，但很难达到与内地比肩的发展水平；社会若因战争等原因遭受破坏，能在较短的时间恢复生气。居住于不同海拔地区的居民，适应特有的气候与生态环境，积累了在特定环境下获取生活资料的经验与技能，他们与其他海拔地区的居民，通过交换等方式互换产品。云南各民族多习惯定居，或大致限于在同一海拔地区进行扩散式、渗透式的缓慢迁徙；各民族之间和睦相处多于掠夺纷争，相互依存强于对立压迫，均可由此找到深层的原因。

影响历史发展的某些因素，在云南显现出特殊的重要性。例如，交通在云南历史发展中有极其重要的作用。交通线的兴衰，可能影响各地政治经济中心的形成与转移，影响各地经济文化的兴衰，甚至影响封建统治者的治边方略与治策。另外，交通线的兴衰也受诸多因素的左右，两者间存在密切的互动关系。如元代云南行省把省治设于昆明，随后开通由昆明经贵州达湖南的通道，导致云南联系内地从先前主要经由四川改走贵州、湖南一线。明朝所以建立贵州省，保护上述通道是一个重要的原因。这条道路开通后，长江中游地区的移民大量进入云南，云南的外地移民以四川人为主的局面骤然改观，位处道路沿线及附近的贵阳、曲靖、昆明、楚雄、昭通、玉溪等地，也成为明清时期经济发展较快的地区。

（原载《中国边疆史地研究》2007年第2期）

深化边疆理论研究与推动中国边疆学的构筑[*]

马大正

一 三次研究高潮与三次学术研讨会

中国边疆研究具有悠久的历史、优良的传统、丰硕的成果，可用"千年积累，百年探索"来概括中国边疆研究的发展历程。我们在研究、总结前辈研究的历史遗产后，认为自19世纪中叶迄今，中国边疆研究曾出现三次研究高潮。19世纪中叶至19世纪末，西北边疆史地学的兴起是中国边疆研究第一次高潮的标志。20世纪20年代至40年代边政学的提出与展开，是中国边疆研究第二次高潮的突出成就。20世纪80年代以来中国边疆研究第三次研究高潮出现的标志是研究中实现了两个突破：一是突破了以往仅仅研究近代边界问题的狭窄范围，开始形成了以中国古代疆域史、中国近代边界沿革史和中国边疆研究史三大研究系列为重点的研究格局，促成了中国边疆史地研究的大发展；二是突破了史地研究的范围，将中国边疆历史与现状相结合，形成了贴近现实、选题深化、成果众多的特色。至今这次研究高潮仍方兴未艾，显示出可持续发展的强劲趋势。

在第三次研究高潮发展进程中，1988年迄今的18年间，三次全国性的中国边疆史地学术讨论会的召开，在深化中国边疆史地研究上起到了不可低估的推动作用。

---

[*] 本文是作者2006年8月7日在昆明召开的第三届中国边疆史地学术讨论会上的主题报告，经作者补充、整理、修改，本刊予以刊发。

1988年10月22~26日，由中国社会科学院中国边疆史地研究中心与中国人民大学清史研究所联合主办的"中国边疆史地学术讨论会"在北京召开，来自全国17个省、自治区、直辖市，包括汉族、蒙古族、回族、朝鲜族、白族、柯尔克孜族等民族的107位学者参加了会议。会议收到论文80篇，内容包括中国历代边疆政策、边疆管辖、边疆开发、边疆经济与文化、边疆民族与民族关系、边臣疆吏、边界研究、边疆和边界研究概况与评述等多个方面，从不同侧面反映了当时我国边疆史地研究的成果和研究动向。《人民日报》以"中国边疆史地不再是学术禁区"为题，对该次会议作了报道。会议成果以《中国边疆史地论集》结集出版（吕一燃主编，黑龙江教育出版社1991年版），共收录论文33篇。

1999年9月12~16日，由中国社会科学院中国边疆史地研究中心与浙江省象山县人民政府联合主办的"第二届中国边疆史地学术讨论会"在浙江省象山县召开。来自北京、长春、哈尔滨、西安、兰州、乌鲁木齐、昆明、郑州、烟台、厦门以及象山的近40位学者向会议提交了31篇论文，内容包括中国边疆学构筑、边疆研究相关理论问题、不同历史时期的边疆治理和边疆管理体制、古代至近代的边疆开发、当代边疆民族社会调查与历史档案资料开发利用等方面。基于近百年来中国边疆研究发展的积累，尤其是随着20世纪80年代以来中国边疆史地研究的兴旺，当代中国边疆问题日益为人们所关注，中国几代学者倾注心血的中国边疆理论研究和神往的中国边疆学的学科框架构筑被重新提上议事日程。中国边疆理论研究包括陆疆、海疆和边界的理论问题与实际的结合，中国边疆历史发展与统一多民族国家形成的发展规律。中国边疆学的构筑包括概念与范畴、学科性质和任务、体系和功能等等，应建立以马克思主义为指导的、有中国特色的中国边疆学理论体系。此次会议成果与同年8月23~26日在乌鲁木齐召开的"世纪之交新疆历史研究回顾与展望学术研讨会"成果一并以《中国边疆史地论集续编》为题结集出版（马大正主编，黑龙江教育出版社2003年版），该书共收录论文33篇。

2006年8月6~9日，由中国社会科学院中国边疆史地研究中心与云南大学西南边疆少数民族研究中心联合主办的"第三届中国边疆史地学术研讨会"在昆明召开。来自北京、上海、辽宁、吉林、黑龙江、新疆、内蒙古、云南、四川、江苏等省、自治区、直辖市的70多位学者出席了会议,共提交论文45篇。会议讨论涉及疆域理论研究、边疆治理与开发、边疆民族研究、中国边疆学的构筑等诸多方面。此次会议成果将以《中国边疆史地论集三编》为题结集出版。

二 边疆研究要有一个大发展是时代赋予我们的职责

以马克思主义为指导是中国边疆研究的基本指导思想,维护国家统一、民族团结和边疆稳定是中国边疆研究必须遵循的政治原则。可以说上述指导思想和政治原则已成为中国边疆研究工作者的共识,并贯彻于研究实践之中。

中国边疆研究的发展现状,促使中国边疆研究的内涵和外延要有新的定位,应将中国边疆作为统一多民族国家的有机组成部分,作为一个完整的研究客体,并对此进行历史和现状相结合的研究。中国边疆研究发展的目标,应是中国边疆研究不仅要追寻边疆历史发展的规律和轨迹,还要探求边疆发展的现实和未来。

边疆研究要有一个大发展,这是学科发展的需要,也是建设中国特色社会主义的需要,每一位边疆研究工作者应认清自己的历史责任,抓住机遇,迎接挑战。作为中国当前唯一一个将中国边疆作为自己研究任务的中国边疆史地研究中心(以下简称边疆中心),在"十一五"事业发展规则中,明确将"一个核心、两个服务、三个坚持"作为总体目标。一个核心,即将学科建设总目标确定为在"十一五"期间完成中国边疆学学科的初步理论构筑;两个服务,即为边疆研究学科建设服务,为中国边疆稳定和发展服务;三个坚持,即坚持将基础研究与应用研究并重,坚持精品战略,出成果、出人才,坚持面向社会,继续实施开放性科研工作的思想方针。

边疆中心在今后的研究实践中将依照"突出主体,抓住两翼"的思路推进研究工作的展开。所谓"突出主体",即如边疆中心"十一五"事业发展规则中所确定的,把边疆理论研究作为重中之重,将中国边疆作为一个整体进行探索,运用历史学、社会学、民族学、政治学、法学等多学科整合的方法，对中国边疆的历史和现实进行综合研究，构建中国边疆学理论体系。所谓"抓住两翼"，即有序推动"新疆历史与现状系列研究项目"（国家社会科学基金特别项目）和做好"东北边疆历史与现状研究工程"（中国社会科学院重大研究项目）的结项和成果出版工作。通过对东北边疆和新疆历史与现状的宏观和微观相结合的综合研究，出成果、出人才，带动中国边疆研究全面深化。两项重大课题的开展，必将为研究工作坚持面向社会、继续推广实施开放性科研工作的思路和方法积累更丰富的实践经验。

三 深化边疆理论研究，应成为中国边疆学构筑的突破口

构筑中国边疆学应该成为当代从事边疆研究的学人的共同职责和紧迫任务。关于中国边疆学构筑，我在纪念边疆中心成立20周年时撰写的一篇短文《关于构筑中国边疆学的断想》[1]中曾提出如下六点思考要点。一是认真总结前人研究成果是构筑中国边疆学的重要学术基础。二是更自觉地面对当代中国边疆的重大理论和实际问题，将更有助于深化对构筑中国边疆学紧迫性的认识。三是中国边疆学的定位与基本功能，即中国边疆学是一门研究中国边疆形成和发展规律的多学科交叉的边缘学科，是一门极具中国特色的新兴学科；中国边疆学的基本功能可概言为文化积累功能和资政育民功能两大方面。四是中国边疆学特定的研究对象决定了研究的三个有机结合，即从研究对象——中国边疆言，是历史与现实的结合；从研究类型的分类言，是基础研究与应用研究的结合；从研究方法言，是多种学科研究方法的整合。五是中国边疆学的内涵可包括两大领域，暂以"中国边疆学·基础研究领域"和"中国边疆学·应用研究领域"来命名。中国边疆学·基础研究领域，包括中国边疆理论、中国历代疆域、历代治边政策、边疆经济、边疆人口、边疆地理、边疆国际关系、边疆军事、边界变迁、边疆人物等诸多研究方面。中国边疆学·应用研究领域，则是在基础研究的基础上对当今及未来中国边疆的发展和稳定的战略性、预测性的宏

---

[1]《中国边疆史地研究》2003年第3期。

观与微观相结合的研究,其与基础研究领域的不同点主要表现为有更强的现实性。六是全面深化中国边疆研究是推动中国边疆学构筑的原动力,同时大力推动边疆教育事业,使全社会对中国边疆的关注与重视成为现实,为中国边疆学构筑的实践创造良好的外部环境。推动边疆教育,这里的教育是指广义的教育,即包括学校教育和社会教育两个方面。

边疆中心经过20余年的研究实践和探索,边疆理论综合研究应成为中国边疆学构筑的一个重要突破口,或可称之为切入点。

边疆理论可研究的命题十分广泛,据目前的认知水平大体上可分为两大部类。一是中国疆域理论研究,可研究的命题诸如:中国古代疆域形成与发展的历程和规律,中国古代疆域观、治边观的演变,"大一统"与中国古代疆域的形成,民族融合与中国古代疆域的形成,羁縻政策与中国古代疆域的形成,中国古代宗藩观的形成与发展,中国古代宗藩体制的形成和发展,宗藩关系与中国古代疆域的形成,中国历史上宗藩关系特点,近代宗藩观的变迁,朝贡—册封体制的形成和发展,等等。二是中外疆域理论比较研究,可研究的命题诸如:东、西方疆域观念的异同,西方对中国传统疆域观念的认识,西方疆域理论对中国传统疆域观念的影响,近年中外边疆理论研究的发展趋势与评议,等等。

20余年来,边疆中心的研究者们结合中国边疆史研究,为边疆理论综合研究的展开做了大量基础性研究工作,以研究著作为例简要介绍如次。

首先,已经完成的相关研究项目有:吕一燃《马克思、恩格斯论国家领土与边界》(1992年),马大正《二十世纪的中国边疆研究——一门发展中的边缘学科的演进历程》(1997年),马大正任总主编的"中国边疆通史丛书"(1999—2002年),[①] 马大正、李大龙等"古代中国高句丽归属研究"(2001年、2003年),[②] 李大龙《都护制度研究》(2003年)、《汉唐藩属体制研究》(2006年),刘为《清代中朝使者往来研究》(2002年),孙宏年《清代中越宗藩关系研究》(2006年),于沛、孙宏年《全球

---

① 该丛书包括:《中国边疆经略史》《东北通史》《北疆通史》《西域通史》《西藏通史》《西南通史》《海疆通史》。

② 该项研究包括《古代中国高句丽历史丛论》和《古代中国高句丽历史续论》。

化境遇中的西方边疆理论研究》,另外林荣贵主编《中国古代疆域史》和吕一燃主编《中国近代边界沿革史》也于2007年出版。上述研究成果的完成,为边疆理论研究的展开与深化积累了资料、扩大了研究思路。

其次,正在进行之中的研究工作有"中国历代边事与边政研究"(主持人厉声)、"中国边疆理论概要"(主持人厉声)、"中国边疆历史通论(教材)"(主持人李国强)、"古代中国疆域理论专题研究"(主持人李大龙)等。边疆中心"十一五"规划中预定的目标是要完成专著或专题性论著,包括:《中国边疆学通论》、《中国封建社会藩属体制研究》和《古代东亚藩属关系(体制)研究》。可以预期,上述已经开展的和准备开展的项目完成之时,也将是边疆理论深化之日。

为了将边疆理论研究顺利、有序、扎实地展开,在研究中我以为如下三点应予特别的关注。

其一,面对现实和求真求善。

历史、现实和未来总是相互联系在一起的,历史就是现实的昨天,未来则是现实的明天。边疆研究的对象中国边疆,其本身即具有历史与现实紧密结合的特点,因此,研究边疆理论必须依托历史、面对现实和着眼未来,这既是中国边疆的现实向我们提出的要求,也是中国边疆学学科建设的需要。边疆理论研究不仅要探求统一多民族中国疆域和多元一体中华民族形成、发展的规律,还应从理论高度了解中国边疆现状和解决现实中的问题的思路与办法。要完成上述任务,更应坚持求真求善的优良学风。1993年我曾在一篇文章中说过:"中国古代传统史学研究,有着求真求善的优良传统。从汉代杰出史学家司马迁起,求真求善即成为每一位有成就的史学家追求的目标。司马迁的求真,即要使其史书成为'其文直、其事核、不虚美、不隐恶'的'实录'(《汉书·司马迁传》);而求善则是希望通过修史而成一家之言,即通过再现历史的精神来展现自己的精神。与此紧密相关的就是经世致用的传统。求真求善才能得到经世的理论体系,致用则是要使理论研究达到实用的目的。"[①] 上述这段话当时主要是指边疆

[①] 马大正:《当代中国边疆研究工作者的历史使命》,载马大正著《边疆与民族——历史断面研考》,黑龙江教育出版社,1993,第5页。

史地研究，我想对边疆理论研究也应该是适用的。

其二，中国视野与世界视野。

中国边疆研究要有大视野，也就是说要有中国视野和世界视野。所谓中国视野指的是：中国边疆是统一多民族中国的不可分割的组成部分，又是多元一体中华民族中众多少数民族主要栖息地。从历史角度看，中国边疆是统一多民族中国、多元一体中华民族这两大历史遗产的关键点、连接平台；从现实角度看，中国边疆既是当代中国的国防前线，也是当代中国的改革开放前沿，还是当代中国可持续发展的重要组成部分。所以研究中国边疆，包括边疆理论，不能就边疆论边疆，一定要有中国视野，也就是说，研究时要心有中国全局。

所谓世界视野指的是：中国边疆的地理的和人文的特殊性，与周边国家和地区具有千丝万缕的关系，因此，我们要自觉地把中国边疆的历史和现状放到世界的背景中观察、评议和研究，既要纵向分析，也要横向比较。对清代边疆政策研究而言，只有具备了世界视野，我们才能认识到清代的边疆治理未能正确应对由内边防务为主到外边防务为主的根本性转变，这是清代边疆政策由成功到失败的主要原因。大家知道，古代中国疆域之边有"内边""外边"之分。统一时期的边疆治理，通常是指中央政权对控制薄弱的少数民族地区所采取的防范和治理措施；分裂时期的边疆治理，通常是指在政权与政权之间的对峙地区和在边远少数民族地区采取的防范措施。古代中国历史疆域内的大小政权的"边"，可视之为"内边"。明代以后，情况发生了变化，明代的倭患持续了近200年；随着西方殖民主义的东来，17世纪以降，荷兰侵占台湾，俄罗斯侵入黑龙江流域。1840年鸦片战争后，我国新疆、西藏、云南、广西等一些边疆地区和沿海地区外患日益突出，出现了边疆全面危机的严重局面。殖民主义入侵，可称之为"外边"之患。应该说，明代以降，特别是近代以来，在中国内边防务依然存在的同时，现代意义的边防即外边防务问题日益凸显。可是清朝统治者面对边疆防务这种变化的形势，仍沉迷于治理"内边"的传统边疆政策而不思防备外患之策，致使清朝前期边疆政策的成功与辉煌很快成了明日黄花，清后期边疆政策的全面破产，是清朝丧权辱国、割地赔款的一个重要因素。①

其三,"两个分开"② 与求同存异。

中国疆域历史和现实中存在诸多难点和热点问题,对此,边疆理论研究必然要予以正视,并探索解决之途。这些难点与热点问题的出现,原因是多方面的,归纳起来主要有以下几点。一是研究层面原因。由于历史情况复杂,史籍记载多有歧义,引起研究者们探求的兴趣,此类难点、热点问题,可以通过深化研究来逐步解决。二是政治层面原因。这一层面原因又可分为正常的和不正常的两类。所谓正常的,是指不同国家出于国家利益的考虑,要建立本国的历史体系,强调自己国家历史的悠远,维持独立传统之辉煌。对此,它们即便有悖历史的真实,我们也可以求同存异,以宽容之态度待之。所谓不正常的,是指个别国家或个别团体、个人出于狭隘民族国家利益的考虑,不惜故意歪曲历史事实,将历史问题现实化、学术问题政治化,通过被歪曲的历史事实,煽动民族主义狂热,制造事端。对此,我们则应讲明历史真相,有理、有利、有节,据理力争,决不姑息迁就。

上述原因是相互交织,又是互相影响的,情况十分复杂。对此,我们应本着国家利益高于一切的原则,保持政治警觉,潜心深化研究,对一些有争议的问题,在坚持学术问题与政治分开、历史问题与现实分开的前提下,倡导和而不同的精神,增信释疑,求同存异,在学术的轨道上心平气和地展开讨论。③

以上三个方面仅是我个人在研究实践中的初步体会,供各位专家参考、借鉴,若有些许价值,斯愿足矣!

(原载《中国边疆史地研究》2007 年第 1 期)

---

① 参见马大正《世界视野与清史纂修工程》,《清史论集》上册,人民出版社,2006。
② "两个分开"是指在研究中应坚持学术与政治分开、历史与现实分开的原则。
③ 参见马大正《中国疆域的形成与发展》,《中国边疆史地研究》2004 年第 3 期。

关于构建中国边疆学的几点思考

周伟洲

一 中国边疆学发展历程及其特征

中国边疆学的发展历程大致可划分为三个时期：（1）萌芽时期，即清代嘉庆、道光年间兴起的西北史地研究之学及1840年鸦片战争前后开始注重的对边疆地区的研究；（2）初步形成和发展时期，即20世纪30年代至40年代，以"边政学"为主的边疆研究，从理论和方法等方面，初步奠定了中国边疆学基础；（3）从20世纪80年代至今，是中国边疆研究繁荣及重新构建现代中国边疆学学科的时期。

第一个时期：中国边疆学的萌芽时期。

早在清代嘉庆、道光年间兴起的西北史地研究之学及1840年鸦片战争前后学界开始注重的对边疆地区的研究，可以说是中国边疆学的萌芽时期。当时清朝一部分有识之士，包括官吏、文人学士，鉴于中原与西北边疆民族接触日益增多，迫切需要了解其情况，以"安邦定国"。因此，这一时期西北史地及研究边疆民族政治、军事、文化等方面的论著、译著大量问世，涉及的领域构成了今天被称为中国边疆学的主要内涵。

比如，以考据之学研究西北史地的，宦游从征者的著述有：七十一《西域闻见录》、松筠《新疆疆域总叙》及其命徐松所撰《新疆识略》、汪廷楷《西陲总统事略》、和瑛《三州辑略》。遣戍者的著述有：洪亮吉

《天山客话》、纪昀《乌鲁木齐杂记》和《河源纪略》、林则徐《荷戈记程》、祁韶士《西域释地》。其他方面的著述有：傅恒等《皇舆西域图志》《西域图文志》，齐召南《西域诸水篇》，沈垚《元史地理志释》《水经注地名释》《西游记金山以东释》《西域小记》等，李兆洛《历代地理韵编》《外藩蒙古要略序》，张穆《蒙古游牧记》，魏源《圣武记》《元史新编》《西北边域考》《外藩疆考》《西征布鲁特记》《新疆后事记》，何秋涛《北徼汇编》《朔方备乘》《元代西北疆域考》《哈萨克述略》，洪钧《出使各国》《元史译文证补》《中俄交界图》，邹代钧《西征纪程》《中俄界记》《蒙古地记》，沈曾植《元朝秘史注》《蒙古源流笺证》《元经世大典西北舆地考》《岛夷志略广证》等。

这一时期的边疆研究，仍然是沿袭中国史学研究的传统，没有脱离历史学的范畴，不过更加重视"经世致用"，也开始注意西方的研究成果。尽管如此，对于中国边疆学来说，这一时期的研究仅是打下了一些基础，处于萌芽的阶段。

第二个时期：中国边疆学的初步形成和发展时期。

从清末"新政"到北洋政府时期，随着帝国主义列强对中国侵略的深入、中国半殖民地化的加深、中国近代化艰难的推进，西方近代文化也传入中国。其中，与中国边疆学相关的是，国内的精英（主要是留学生）将西方的民族学、人类学、社会学、政治学等理论和方法传入中国。20世纪30年代至40年代，在西方列强，特别是日本，侵华的时期，中国的边疆地区首当其冲，成为日本等列强侵略和宰割的对象。在这民族和国家存亡的关头，全国各阶层，特别是国内有识之士，更加关注边疆，一时关于边疆的论著如雨后春笋，纷纷出版发行，各种报刊均有关于边疆的报道和评论。其中，有承袭中国史学传统撰写的边疆史地著作，如顾颉刚和史念海《中国疆域沿革史》（商务印书馆1938年版）、葛绥成《中国边疆沿革史》（商务印书馆1938年版）、蒋君章《中国边疆地理》（文信书局1944年版）、童书业《中国疆域沿革略》（开明书店1946年版），等等。

同时，有关边疆的学术团体纷纷建立，其所办刊物也纷纷面世，如影响较大的中国边疆学会及其创办的刊物《中国边疆》月刊（重庆总会办）

及《边疆周刊》（成都分会办），新亚细亚学会及其主办的刊物《新亚细亚》，中国边政学会及其创办的《边政公论》，等等。20世纪40年代，全国许多高等、中等学校及训练班开设了有关边疆的课程，中央大学、西北大学于1944年增设了"边政学系"，专门培养为边疆服务的人才。此外，当时许多民族学家、人类学家、社会学家及一些自然科学家纷纷到边疆少数民族地区进行调查，取得了丰硕的成果。除当时流行的"边政学"的学科名称外，同时也出现了"边疆学"的名称（1933年在《殖边月刊》上首次出现此名称），但影响不大。

在这一大的背景之下，作为中国边疆学的前身，中国边政学这门学科的理论构建也初步完成，其标志应是时任蒙藏委员会顾问兼中国边政学会常务理事的民族学、人类学家吴文藻先生在1942年发表的《边政学发凡》，[①] 以及民族学家杨成志在1941年9月发表的《边政研究导论——十个应先认识的基本名词与意义》。[②]《边政学发凡》提出边政学的定义是："边政学就是研究边疆政治的专门学问。通俗地说，边疆政治就是管理边民的公众事务。用学术语，边政学就是研究关于边疆民族政治思想、事实、制度及行政的科学。"文中对边疆研究的性质、目的，边政学研究的内容及与其他学科的关系做了阐述。除上述提到对边政学研究有代表性的学者外，还有华企云、凌纯声、黄文弼、马长寿、梁钊韬、方国瑜、徐益棠、李安宅等学者。[③]

显然，边政学突出的是边疆的政治、治理问题，与今日所说的边疆学定义有一定的差异，这与当时边疆的形势有关，但其也包括了对边疆地区

---

① 《边政公论》1942年第1卷第5、6期合刊。
② 《广东政治》1941年第1卷第1期。
③ 关于民国时期边政学及边疆研究，过去研究不多，20世纪末才开始引起学界的注意，发表的论著日益增多。如马大正、刘逖的《二十世纪的中国边疆研究——一门发展中的边缘学科的演进历程》，黑龙江教育出版社1997年版；符雪红的《20世纪中国边政研究与边区开发理论评述》，《学术探索》2004年第9期；王利平等《20世纪上半叶的中国边疆和边政研究——李绍明先生访谈录》，《西南民族大学学报》2009年第12期；段金生、董继梅的《试论南京国民政府边政研究的内容和方法》，《云南师范大学学报》2010年第1期；李勇军的《时局与边疆：民国时期边政学的发展历程》，《中国边疆史地研究》2013年第3期等。

经济、文化、民族等方面研究的内容，与现代中国边疆学的概念及内容可以说基本相同。因此，笔者认为，这一时期边政学理论的构建和实践，是中国边疆学初步形成的时期。其特点，是在当时边疆危机、民族存亡的关头，上自政府下至一般百姓均关注边疆问题，边疆研究蔚然成风。这一时期的边疆研究已由过去传统历史学之下的史地之学，逐渐形成由新的民族学、人类学、社会学等理论和方法所主导，多种学科综合的新的学科——边政学。

第三个时期：中国边疆研究繁荣及重新构建中国边疆学学科的时期。

1949年新中国成立至1979年改革开放，民族学、人类学、社会学因被视为资产阶级的学科而遭到忽视，加之对国民政府时期的历史认识、研究不够等诸多原因，中国的边政学或边疆学几乎再未被提及，更别说这一学科的构建和发展。但是，这一时期对边疆地区的研究仍在继续。比如国家对少数民族地区（其中大部分为边疆地区）颁布的一系列法规，包括经济、文化、宗教等方面的政策，促进了边疆社会的发展与变革等。又如20世纪50年代的民族识别工作及少数民族社会历史调查，"少数民族五种丛书"的编纂；70年代关于帝国主义（主要是沙皇俄国）对中国边疆侵略的研究；与中印、中苏边境的反击战相关的研究；等等。

改革开放后，中国的边疆研究又提上日程，以1983年中国社会科学院成立名为"中国边疆史地研究中心"的专门机构为标志，边疆研究又开始逐渐走向繁荣。从20世纪80年代至今，边疆研究又可分为两个阶段。

第一个阶段从20世纪80年代至世纪之交。这一阶段边疆研究虽然以"边疆史地"的研究为主，但重点逐渐向边疆的现实研究转变。笔者在《中国边疆史地研究》2001年第1期"笔谈专稿：面向21世纪的中国边疆研究"中发表的《世纪之交中国边疆史地研究的回顾与展望》[①] 对20世纪90年代边疆研究的成绩做了如下回顾。(1) 研究领域的扩大及发表文章、出版论著增多。(2) 边疆史地研究与现实紧密结合、基础理论与应用研究紧密结合，直接面对现实边疆出现的新问题、新形势，闯出了一条边疆史

---

① 此文被《新华文摘》2001年7月号全文转载。

地学直接为现实服务的路子……这可以说是中国边疆史地研究在20世纪90年代以来取得的重大突破和最重要的收获之一。(3)过去边疆史地研究的主要困难,是人才的匮乏和研究经费上的困难。随着我国经济和教育事业的发展,以上困难得到了缓解。(4)20世纪90年代以来边疆史地的资料的整理出版也取得了令人欣喜的成绩。

但是,主导这一阶段边疆研究的仍然是边疆史地之学,虽在实践上有所突破,然于中国边疆学本身的理论构建,除少数论著之外,[①] 却无多建树。于是在世纪之交,国内学界重新构建现代中国边疆学的呼声不断。就在上述笔谈中,时任中国边疆史地研究中心主任的马大正先生就提出"中国边疆学的建立是中国边疆史地研究学科发展的必然趋势"。笔者在上述笔谈稿中也提出:"加强本学科的建设,特别是理论建设……真正构建科学的具有特色的中国边疆学的理论体系,应是21世纪边疆研究一项重要任务。从现实意义及学科发展等方面看,我认为正式将传统的'边疆史地'更名为'边疆学'的时机已基本成熟。即使是研究单位及刊物名称,也应将'史地'两字去掉。中国边疆学,应名副其实地将现实边疆问题纳入研究范围内,即以古今边疆为其研究对象。它既是一门单独的、专门的学科,又是一门综合的、交叉的学科。这门学科的理论构建,将更有利于学科的发展,也是21世纪时代的需要。"

第二个阶段从2001年至今,中国边疆研究更是处于繁荣时期。特别是西部边疆的新疆、西藏地区的"疆独""藏独"的分裂活动及合流,严重影响到该地区的社会稳定和发展,边疆问题在新的形势下再次凸显。这一切促使边疆研究重心转向边疆现实的研究。民族学、人类学、社会学、政治学、经济学等学科的学者纷纷加入边疆研究之中,使原来以历史学为主导的边疆研究向多学科综合研究的方向发展。发表、出版的有关边疆的论文和论著的数量和质量超过以往任何时期。云南大学、南京大学也在历史学一级学科之下,自行设立中国边疆学的二级学科,招收和培养研究生。

---

① 如邢玉林的《中国边疆学及其研究的若干问题》,《中国边疆史地研究》1992年第1期;马大正、刘逖的《二十世纪的中国边疆研究——一门发展中的边缘学科的演进历程》,黑龙江教育出版社,1997。

在重新构建中国边疆学的理论研究方面，这一阶段更是取得很大的成绩。除开始对20世纪"边政学"的研究之外，对如何构建现代中国边疆学学科的研究更是取得大的突破。其中，贡献最大的首推马大正先生。他从2001年开始，先后发表十余篇关于构建中国边疆学的论文，如《关于构筑中国边疆学的断想》[①]、《深化边疆理论研究与推动中国边疆学的构筑》[②]、《我的愿望是构筑中国边疆学》（马大正访谈录）[③]、《关于中国边疆学构筑的几个问题》[④]。此外，他在主编的《中国边疆经略史》[⑤]的"'中国边疆通史'丛书总序"中对"边疆"含义做了理论的阐释。[⑥]在上述论著中，马大正先生一再强调"创立一门以探求中国边疆历史和现实发展规律为目的新兴边缘学科——中国边疆学，这就是肩负继承和开拓重任的中国边疆研究工作者的历史使命！"他认为，"边疆学，它不仅仅局限在历史学，实际上是一个多学科的交叉边缘学科……边疆学研究既有基础研究又有应用研究"；"中国边疆研究的主要任务，一是研究统一多民族中国形成和发展的规律，二是研究中国疆域发展的历史和现状"。

另外，还有一些学者在构建中国边疆学理论方面也发表了一些论文，提出了有益的意见。如李国强《中国边疆学学科构筑的透视》[⑦]、方铁《论中国边疆学学科建设的若干问题》[⑧]等。特别是还出版了一批与中国边疆学理论构建相关的专著，如郑汕《中国边疆学概论》（云南人民出版社2012年版）、吴楚克《边疆政治学》（中央民族大学出版社2005年版）、罗崇敏《中国边政学新证》（人民出版社2006年版）、梁双陆《边疆经济学——国际区域经济一体化与中国边疆的发展》（人民出版社2009年版）等。其中郑汕《中国边疆学概论》是一部构建中国边疆学学科体系的专著，他明确提出，中国边疆学是以中国边疆为研究对象的多学科、多领域

---

① 《中国边疆史地研究》2003年第3期。
② 《中国边疆史地研究》2007年第1期。
③ 《北京日报》2007年10月8日。
④ 《东北史地》2011年第6期。
⑤ 中州古籍出版社2000年版。
⑥ 马大正主编《中国边疆经略史》，第1~3页。
⑦ 《云南师范大学学报》2008年第5期。
⑧ 《中国边疆史地研究》2007年第2期。

的系统学科,既是底定中国疆域的理论学科,又是总结底定边疆历史经验的学科及新兴的社会综合学科。他在书中对中国边疆学的研究方法及架构体系也发表了自己的看法。①

这一阶段,构建中国边疆学学科的实践,也开始起步。中国社会科学院中国边疆史地研究中心正式出版了名为《中国边疆学》(第1辑)②的刊物,并申请了"中国边疆学学科构建"的创新项目(2013年);南京大学、云南大学也继续招收中国边疆学或边疆研究的研究生;等等。作为重新构建的现代中国边疆学学科,可以说已从"呼之欲出",走到了"初见成效"的阶段。

二 中国边疆学学科基本理论的构建

通观上述中国边疆学发展历程及特征,事实上,20世纪30年代至40年代的"边政学"已经初步奠定了中国边疆学的理论基础,因此笔者对21世纪构建的中国边疆学,称之为"重新构建的现代中国边疆学"。经过几代学者的努力,特别是在21世纪国内学者对构建现代中国边疆学学科的不懈追求下,目前在中国边疆学学科的基本理论和框架上已达成共识。这些共识,虽然在表述上有所不同和个别问题上有不同意见,但其基本含义或精神是一致的。这些共识,主要有以下几点。

(1)现代中国边疆学的定义(或称为概念、定位等):中国边疆学是研究中国历史及现实中国边疆(包括陆疆和海疆)的一门综合、交叉的学科。③它既是基础学科,也是实用的学科。

(2)关于中国边疆学研究对象"中国边疆"的解读。首先,关于"边疆"的含义,学者有各种解读。按各类辞书及学者的通俗解释,边疆是"边境之地",或是"靠近国界的领土""一个国家的边远地区",或云离京师较远的领地、靠近国境的地区及地带,等等。这都没有错。实际上,

---

① 参见该书绪论部分;另见陈明富《首部探索构建中国边疆学学科体系的专著——评郑汕教授〈中国边疆学概论〉》,《中国边疆史地研究》2013年第3期。
② 社会科学文献出版社,2013。
③ 学者不主张用"边缘学科"的说法。

"边疆"的内涵极为丰富,且与边疆学综合、交叉学科的性质是密切相关的。

从纵的方面看,边疆是一个历史的概念,有自己形成、发展变化的历史,这应是其与历史学关系密切的原因。因此,中国边疆史地学、边疆考古学当为中国边疆学的主要分支学科;它事实上,也涉及历代对边疆的治理,涉及政治、经济、文化和民族,与许多学科相交叉。

从横的方面看,边疆又是一个地域的概念,是一个国家疆域内区别于其他地区且邻近边界的地区,有它独特的地形、气候、矿产和生态环境等自然条件。这与自然科学中许多学科(地理学、地质学等)相关,也包含了这一特殊地区的政治、经济、文化、民族诸多方面的问题。

边疆又是一个政治的概念,因为它是国家领土的一部分,有边疆的政策、治理(包括行政建置)及思想的含义,有边防等与政治、军事、外交等有关的内涵,于是有"边政学"或"边疆政治学"的分支。

边疆又是一个地域经济的概念,有其独特的经济类型、生产方式、对外贸易等内涵,于是有"边疆经济学"的分支。

边疆又是一个社会和民族的概念,边疆独特的社会阶层、组织结构,边疆民族的形成、发展及其经济、文化、宗教,跨国民族等也皆为边疆的内涵之一。于是民族学、人类学和社会学等学科早在20世纪三四十年代就介入边政学的研究之中。现今"边疆民族学""边疆人类学""边疆社会学"等分支也必将兴起。这些分支学科与现实边疆研究结合更为紧密,越来越为社会所关注。

边疆又是一个文化的概念,边疆地区独特的文化及与域外、内地的文化交流等,也是其内涵之一。[①]

总之,以上对"中国边疆"的解读,可以视为中国边疆学学科之内涵及边疆学各分支的架构,也是对其作为一门综合、交叉学科的注释。

(3)关于中国边疆学的研究方法。一般认为既然中国边疆学是一门综合、交叉学科,其研究方法应如马大正先生所说:"从研究方法言,是多

---

① 以上可参见马大正主编《中国边疆经略史》,第1~3页。

种学科研究方法的整合。"① 需要补充的是，在研究中国边疆时，我们视研究内容有时会偏重某一学科的方法，同时采用其他学科的方法。如研究边疆治理，主要采用政治学的研究方法，而兼用历史学、民族学、社会学等学科的研究方法。

除了上述的共识之外，还有的学者以"底定边疆""经略边疆"为纲来认识和解释中国边疆学，②均对研究中国边疆学有所启发。然而，对中国历史上边疆的认识，学术界仍有分歧，未取得共识。下面笔者想谈谈自己的看法。

关于中国历史上边疆问题，实际上也是历史上中国的疆域问题，因为只有有了疆域，才会有所谓的边疆。历史上的中国（即古代中国）是否有不断变化的疆域和边疆？又怎样确定古代中国的疆域和边疆？目前国内很多学者认为，中国的边疆只是在近代"民族国家"出现时才形成的，即清朝乾嘉时期才确定了中国的疆域和边疆；在此之前都是中国边疆的形成期，即根本没有古代中国的疆域和边疆，有的只是古代中国封建王朝的"天下观"下的"天下"，或是一些大大小小的"政治实体"。而国外学者如拉铁摩尔及其后继的学者，本着近代一个民族一个国家的"民族国家"论，认为古代只有汉族建立的政权（古代国家）才是古代的中国，而其他民族如契丹、女真、蒙古、满族建立的政权不是古代中国，而是异民族统治的中国。即在古代，只是汉族建立的政权才有古代中国的疆域、边疆，于是古代长城成了农耕汉族与北方游牧民族分界线，长城两边构成了两边的边疆地区等。③

至20世纪90年代，西方学者对古代中国边疆的认识有所前进。如由德国傅海波（H. Franke）、英国崔德瑞（D. Twitchett）主编之《剑桥中国辽西夏金元史（907—1368年）》一书的"导言"，在论及唐朝北部边疆时，认为即便是唐朝权力的巅峰时期，用现代主权观和划出一条现代意义

---

① 马大正：《关于中国边疆学构筑的几个问题》，《东北史地》2011年第6期。
② 参见郑汕《中国边疆学概论》绪论部分。
③ 参见日本东亚所编、韩润棠等译《异民族统治中国史》，商务印书馆，1964；〔美〕拉铁摩尔著、唐晓峰译《中国的亚洲内陆边疆》，江苏人民出版社，2010。

上的国境线，"这种做法（也）是完全错误的。相反，那是一条宽阔的过渡地带，在这个地带内，所谓同一性、忠诚和权力都在不断改变着与冲击着新的平衡"。①"唐代中国的'边界'（边疆）是一个多层次的概念"，于是存在着不变的"生态学边界"、唐朝军事防御体系的界线和文官管理的界线。②"导言"中所说古代中国的边疆（边界）不同于近代"民族国家"，有明确主权和边界线，而且古代中国边疆是不断变化，时伸时缩，平衡经常被改变的，这些观点基本上是正确的。但是，说古代中国，如唐朝的北部边疆是多层次的概念，则否定了边疆存在的事实，因为古代中国是一个多民族的国家，有其政治权力控制的领地（疆域），有可以划出的大致控制的边疆地区。所谓"边疆""边界"的定义首先是国家政治概念，其次才有边疆的民族、文化等含义。这也许是中国与西方对"边疆"语境认识的差异。

笔者认为，古代中国至少从秦汉时起，就是一个多民族统一的国家，也即是"多元一体"的国家，有过统一和分裂，而至近代最终统一，形成近现代的中国。古代中国统一多民族国家及其分裂时各割据政权都有自己的疆域和边疆，而且这些疆域和边疆发生着变化。这即是古代中国的疆域和边疆，也就是中国传统史地之学研究的主要内容之一。而现今国内学者多持一种观点，即认为研究古代中国的疆域、边疆，不能用近代主权国家（即"民族国家"）的概念来解析古代中国的疆域、边疆问题。近代主权国家，按西方学界的理论，主要由人民、领土和主权三要素构成，自然古代中国或古代世界各国不能以此来解读其疆域、边疆问题；但是古代国家与近代国家，都是国家，且近代国家是由古代国家发展而来，用"国家"（或称之为"政权""王朝""汗国"等）来解读古代国家的疆域及边疆问题，是合乎历史事实和科学的。

关于国家的产生、本质、功能等理论，马克思主义经典作家有较为详

---

① 〔德〕傅海波、〔英〕崔瑞德编，史卫民等译《剑桥中国辽西夏金元史（907—1368年）》，中国社会科学出版社，2006，第10页。
② 〔德〕傅海波、〔英〕崔瑞德编，史卫民等译《剑桥中国辽西夏金元史（907—1368年）》，第9页。

细的论述，西方学者也有论述，在这里不作讨论。国家有政治统治职能和社会管理职能，则是公认的。问题在于古代国家是否有其一定的控制、管理的范围，即是否也有疆域、边疆？作为有政治统治职能和社会管理职能的古代国家，其统治和管理应有一定范围和人民（包括各民族），这是常识。中国正史中的《地理志》所记述的各种地方行政制度（如分封制、郡县制、羁縻制、土司制等等），即有大致的疆界、疆域和边疆，否则《中国历史地图集》就画不出来，画出也毫无意义。那么确定古代中国疆域或由此产生的边疆的标准是什么？笔者曾在《历史上的中国及其疆域、民族问题》中提出："只能用一个国际上也通用的标准，即行政管辖，即只有历史上中国统一的多民族国家管辖到的地方和民族，才是历史上中国的地方和民族。"① 当然，古代国家的行政管辖与近代主权国家的行政管辖不完全相同，但有行政管辖的范围，即疆界和疆域、边疆是相同的；不同的是，古代国家管辖方式与其疆界和疆域没有近代主权国家那样严格，近代国家管辖方式及本质有所变化，边界与领土的观念更为强烈，且与国家主权紧密联系在一起。古代中国无论统一时期还是分裂时期的各政权都有一套管理自己控制地域（即疆域）的制度，古代世界各国均有有自己特点的管理疆域的制度。就古代中国而言，先秦时期的封建分封制，到秦汉以后的郡县制和在边疆少数民族聚居地区执行的属国制、都护制、羁縻府州制、土司制等，都体现出古代中国对其疆域和边疆的管辖制度。正是有了这些管理制度，才使人们对古代中国的疆域、边疆确定有了一个较为明确的标准，即凡古代中国统一或分裂时期的政权管辖到的地域，即是古代中国的疆域及由此而产生的边疆。今天国内学界探讨的所谓"藩属体系""羁縻府州制""土司制"等，正是在确定古代中国边疆民族地区的归属及管理制度。②

事实上，无论中国传统的史地学也好，还是21世纪以来一些重要的有关中国边疆的著作，如上述马大正先生主编的"中国边疆通史丛书"、程

---

① 周伟洲：《历史上的中国及其疆域、民族问题》，《云南社会科学》1989年第2期。
② 以上所论参见周伟洲著《关于中国古代疆域理论若干问题的再探索》，《中国边疆史地研究》2011年第3期。

妮娜教授的《古代中国东北民族地区建置史》(中华书局2011年版)等著作也好,都是与我们对古代中国疆域和边疆的看法是基本一致的。我们对国外研究中国边疆的成果,凡符合中国历史事实、有创见的观点,都应研究,取其精华,以充实中国现代的边疆学。但是,对他们歪曲和割断中国历史的观点,如古代中国仅指汉族所建政权之类的谬论,则不能苟同,更不能以与国际接轨之类的借口,跟在外国学者后面,而抛弃了中国边疆学的传统和特色。

三 关于构建中国边疆学学科的几点建议

在今天重新构建现代中国边疆学学科初见成效的时刻,笔者建议,目前迫切需要做好以下工作。

一是继续探索构建中国边疆学学科的理论问题,通过争鸣和相互探讨,尽可能在一些重大理论上取得基本一致的意见。

二是在边疆问题日益凸显的今天,应更加重视和加强边疆现实问题的研究。

三是尽快成立全国性的"中国边疆学学会"及各分会,并出版有关中国边疆学的刊物。在21世纪边疆问题凸显的今天,成立边疆学学会,加强各地区、各相关机构的协作,更是十分迫切的任务。

四是继续在相关的研究机构及大学内,建立专门研究中国边疆的机构,并充分发挥其在边疆研究中的作用。进入新世纪后,除中国社会科学院建立的"中国边疆史地研究中心"(应改名为"中国边疆研究院"或"中国边疆研究所")外,教育部所设人文社会科学研究基地中,四川大学藏学研究所、吉林大学边疆考古研究中心、云南大学西南边疆民族研究中心、兰州大学和新疆大学的西北少数民族研究中心、内蒙古大学蒙古学研究中心,均与边疆研究相关。近来,又有一些大学设置边疆研究的机构,如云南大学成立的"边疆民族与边疆治理研究中心",陕西师范大学成立的"中国西部边疆研究院"等。此类研究机构还可以在边疆省份专门筹建。

五是边疆研究的人才培养也十分重要。在教育部的研究生教育学科分类中，将"中国边疆学"专门列为一级学科是十分困难，但是有一级学科博士、硕士授权点的重要大学或上述重点研究基地，可依据中国边疆学的综合、多学科交叉的特点，在政治学、民族学、社会学、经济学等一级学科之下，自行设置中国边疆学或其分支学科的二级学科。事实上，云南大学、南京大学等学校早已经这样做了。今后，希望更多的大学设置中国边疆学的二级学科，培养更多、质量更高的边疆研究人才。

六是国家和有关边疆省份、大学等对边疆研究加大人力、财力的支持力度。关于此，目前发展势头很乐观。随着国家"2011计划"和智库的启动，中国社会科学院创新项目、国家社会科学基金项目、各省区的社会科学基金项目，均应对边疆研究倾斜，并启动边疆研究的各项重大项目，等等。

七是加强与国外边疆学研究机构和学者的交流，互派留学生，举办学术研讨会，等等。

希望尽快完成现代中国边疆学学科的构建，让它为中国（特别是边疆地区）社会发展、现代化的实现，发挥其应有的作用。

（原载《中国边疆史地研究》2014年第1期）

关于中国边疆学构筑的学术思考

马大正

近些年我认真拜读了各位专家有关中国边疆学构筑的真知灼见,结合《当代中国边疆研究(1949—2014)》一书的撰写,进一步梳理了近20年来自己有关中国边疆学构筑的种种断想,今借《中国边疆史地研究》出刊百期组织笔谈之机,综合成八点学术思考,以就教所有参与、关注中国边疆学构筑的专家和读者。

关于中国边疆学学术的八点思考如下。

(一) 中国边疆学的学科定位

中国边疆学既是一门探究中国疆域形成和发展规律、中国边疆治理理论和实践的综合性专门学科,又是一门考察中国边疆历史发展轨迹,探求当代中国边疆可持续发展与长治久安的现实和未来极具中国特色的战略性专门学科。中国边疆学是社会科学一个分支,应定位于社会科学学科分类的一级学科。

(二) 中国边疆学的学科特点

中国边疆学的学科特点可概括为如下三个方面。

其一是综合性。中国边疆学是一门综合性学科,中国边疆社会既是统一多民族中国的有机组成部分,本身又是一个有机整体。研究中国边疆,涉及边疆形成和发展的历史及规律,涉及边疆地区政治、经济、民族、宗教、文化等诸多方面。这些具体研究领域各有相应学科,也有相应学科没有涵盖的研究范围,但结合历史与现实,从中国边疆整体出发进行综合研究的，只能是中国边疆学。同时这种综合性的特点，还体现在中国边疆学研究视角、研究方法的综合性上。

其二是现实性。中国边疆学研究的范围虽然包括边疆的历史与现实，但它主要面对的是中国边疆地区的今天和未来，这是中国边疆学研究的最终目的。当前，中国边疆地区正处于急剧的社会变迁与转型时期，实现边疆地区现代化是时代的主流，因此，中国边疆学以中国边疆地区现代化为中心，以改革、发展与稳定为基础，以维护国家利益为最高原则展开研究，正是由其现实性的特点所决定的。

其三是实践性。在开展相关"绝学"研究外，中国边疆学研究更应面向现实。实践性是中国边疆学研究一贯和典型的特征，实践性着重于研究的应用性，强调它的指导和改造社会实践的可能性。探索边疆历史上的难点问题、现实中的热点问题，正是中国边疆学实践性特点的体现。需要指出，为现实服务，不能混淆研究与宣传，应以科学和理性的精神来观察现实、分析现实、指导现实。科学研究，既要适应社会，又要引导社会，否则，学科将丧失生机与活力。

（三）中国边疆学学科的分类设置

我曾在《关于构筑中国边疆学的断想》一文中提出："根据中国边疆学的学科特点，中国边疆学的内涵可包括两大领域，暂以'中国边疆学·基础研究领域'和'中国边疆学·应用研究领域'来命名。"[①] 在此后发表的文章中也多次重申了这一认识。但经过多年科研实践，我认识到上述认识并非符合学科发展的最佳选择。

中国边疆学学科的二级学科设置试作如下思考。

依据研究对象，即中国边疆的历史与现实的特点和复杂内涵，中国边疆历史学和中国边疆政治学应该是中国边疆学学科下的两个最重要的分支学科门类。

中国边疆历史学，研究重点是统一多民族中国疆域形成、发展、底定的历史进程和规律性特点，以及与此密切相关的治边观、历代治边政策

---

① 马大正：《关于构筑中国边疆学的断想》，《中国边疆史地研究》2003年第3期。

等；在作为二级学科的中国边疆历史学下可考虑设置若干三级学科，如中国边疆考古学、中国边疆文献学、中国边疆研究史学等。

中国边疆政治学，将围绕从古至今的边疆治理展开研究，其重要内容有边疆的政治制度、边疆的社会管控、边疆的民族与宗教、边疆的稳定与发展、边疆的安全与防御、边境管理、边疆的地缘政治等等。在作为二级学科的中国边疆政治学下可考虑设置若干三级学科，如中国边疆安全学、中国边疆法制学、中国边疆军事学、中国边疆管理学等。

与中国边疆历史学和中国边疆政治学并列，还可考虑设置中国边疆经济学（生态环境保护、旅游资源开发可纳入其中）、中国边疆人口学、中国边疆文化学（宗教研究应纳入其中）、中国边疆地理学、中国边疆民族问题研究等。

需要说明的，一是上述各门类研究均应是古今贯穿；二是边疆理论研究为先导；三是基础研究与应用研究相结合。

若依我上述所思考，试制成简表如次。

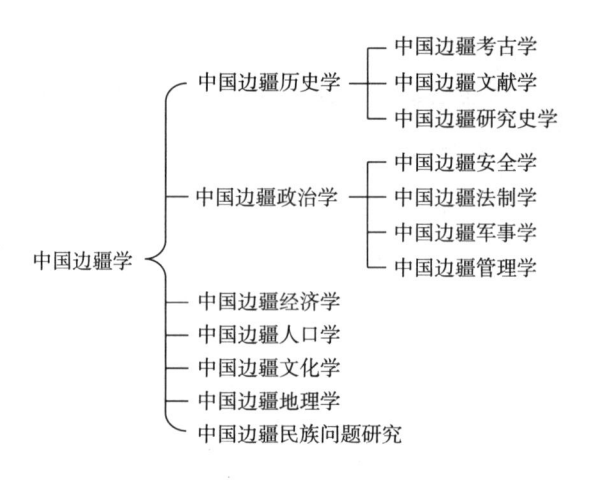

```
                          ┌─ 中国边疆考古学
              中国边疆历史学 ┼─ 中国边疆文献学
                          └─ 中国边疆研究史学

                          ┌─ 中国边疆安全学
              中国边疆政治学 ┼─ 中国边疆法制学
中国边疆学                  ┼─ 中国边疆军事学
                          └─ 中国边疆管理学

              中国边疆经济学
              中国边疆人口学
              中国边疆文化学
              中国边疆地理学
              中国边疆民族问题研究
```

中国边疆学学科分类设置既涉及对学科内涵的认识，也离不开学科管理层面的诸多方面，学术因素与非学术因素均有所涉及，十分复杂。上述构思肯定是不完整的，也可能有谬误，只是作为一种思路、一个靶子，供思考和讨论。相信随着中国边疆学学科体系构筑的推进，学科设置的认识将日趋完善。

(四) 中国边疆学的基本功能

中国边疆学的基本功能可概言为文化积累功能和咨政育民功能两大方面，具体说，有以下四点。

其一是描述功能。描述是指客观搜集、记录和整理边疆社会事实及其过程，着重解决的是"是什么"的问题。这是任何一门学科研究的基础和出发点。

其二是解释功能。中国边疆是一个不断变化的复杂有机体，现实社会的各种现象和众多问题相互矛盾、相互依存、相互交错。中国边疆学的解释功能就是要在说明"是什么"的基础上，解决"为什么"的问题，探寻中国边疆形成和发展的规律。

其三是预测功能。中国边疆学研究的最终目的是促进边疆地区的巩固，促进边疆地区社会的正常运行和发展，因此中国边疆学在理清因果关系、明了事实的基础上，还必须对边疆社会的现象与问题及其发展趋势做出科学预测，制定战略规划，提出可操作性的对策，使学科发展与社会实践更加紧密地结合。也就是说，在解决了"是什么""为什么"后，应进而探求"怎么办"的问题。前瞻性、预测性与对策性研究是中国边疆学实用价值的集中反映，也是学科服务于实践的直接体现。

其四是教育功能。中国边疆学作为综合研究中国边疆历史与现状的学科，对边疆社会的认识与分析本身就影响着广大民众的世界观、价值观、国家观、民族观、历史观等方面，事实上发挥着直接教育和间接教育的功能。

(五) 中国边疆学的学科依托与学科交叉

中国边疆学是一门研究中国边疆历史与现状的专门学科，从研究时段看，中国边疆研究离不开古代、近代、现代历史演进历程，当代中国边疆何尝又不是历史？因此，历史学的理论和历史学的研究方法是中国边疆学赖以生存的基础。但由于中国边疆这一特定研究对象的多维性、复杂性，中国边疆研究体系中包括了基础研究与应用研究的二元性结构，仅仅历史学科的理论和方法已不能完全适应新形势下边疆问题研究的全部。因此，中国边疆学研究需要集纳多学科的理论和方法，诸学科间互通、交融和集约成为必要，中国边疆跨学科研究的大量实践，为中国边疆学的构筑提供了有益经验。如在中国边疆治理理论和实践研究中，历史学的理论与研究固然必不可少，但若主要采用政治学、管理学的理论和方法，辅以历史学、民族学、社会学等学科的理论和方法，将大大推动研究的深化。

（六）中国边疆治理理论与实践研究是中国边疆学研究的重中之重

中国边疆是统一多民族中国的重要组成部分。中国的稳定离不开中国边疆的稳定，中国的发展离不开中国边疆的发展。西部大开发战略的重点地区也在中国的边疆地区。将中国边疆作为统一多民族国家的有机组成部分，作为一个完整的研究客体，我们才能更好地认识中国的边疆、研究中国的边疆，才能更好地认识中国边疆一系列历史上的难点问题和面临的现实中的热点问题，并做出科学的回答。而所有这一切只有在中国边疆学学科建立后才可望得到更合理的开展。

试以中国边疆治理研究为例略作说明。中国是一个有着悠久历史的文明古国，自秦汉以后，历朝历代都十分重视边疆的经营与治理，维护着国家的统一与边疆的发展。中国边疆治理的基本任务是如何守住一条线（边界线），管好一片地（边疆地区）。边疆治理的成败得失，是综合国力强弱的标志之一。中国历代政府在边疆治理方面积累了丰富的经验，而中华人民共和国在治理边疆上既有继承，又有更多的创新。边疆治理的内容十分丰富，主要者至少有边疆行政体制、中央和地方的管理机构、边境管理、边防（国防）、周边外交、民族政策、宗教事务管理、经济开发、文化政策、治边思想等。为了面对 21 世纪新形势的需要，研究者应努力尝试通过维护统一多民族国家整体国家利益，来总结历史上治边的经验和考察当代中国边疆稳定和发展面临的机遇与挑战，制定相关的边疆稳定与发展战略。这样宏伟的任务，显然不是仅仅依靠一门或几门学科的理论和方法能完成的，唯有从中国边疆学的学科高度才可望达到目的。

（七）中国边疆学的研究方法

中国边疆学特定的研究对象决定了研究方法中的三个有机结合，即从研究对象而言，中国边疆是历史与现实的结合；从研究类型的分类而言，是基础研究与应用研究的结合；从研究方法而言，是多种学科研究方法的结合。

（八）中国边疆学是一门具有强大生命力的新兴交叉学科

中国边疆学具有强大生命力的原动力，可以从如下三个方面来观察与认识。

一是，从中国边疆学研究的对象中国边疆来看，中国边疆是统一多民族中国的不可分割的组成部分，又是当代中国人继承先辈留存的两大历史遗产——统一多民族中国和多元一体中华民族的连接平台，中国边疆战略地位决定了对它的研究被赋予了特殊的重要性、紧迫性。

二是，中国边疆学研究的基础研究部分，包含了丰富的以史为鉴的功能，在这里历史不是不食人间烟火的阳春白雪，而是与火热的现实生活紧密相连。

三是，中国边疆学研究的应用研究部分，具有强烈的为现实服务的功能。为维护国家统一、边疆稳定、民族团结、社会和谐，它能为决策部门提供科学决策的政策咨询。

上述三端是中国边疆学这门学科具有强大生命力的原动力，而强大生命力的客观存在又将为中国边疆学的构筑和可持续发展提供精神和物质的基础。

总之，今日我辈学人倡导中国边疆学构筑，应记住：中国边疆学构筑的准备是对中国边疆研究千年积累、百年探索、三十年创新的继承；中国边疆学构筑的基础是对中国疆域理论的探究；中国边疆学构筑的切入口是对中国古今边疆治理经验与教训的总结；而中国边疆学构筑的原动力则是鲜活现实生活的需求。

上述学术思考，恭请同人评议！

（原载《中国边疆史地研究》2016年第2期）

从边疆史地到边疆学

林文勋

近年来,中国的边疆研究进入了一个飞速发展的繁荣期,硕果累累,研究的内涵与外延、广度与深度较之以前也有了很大的变化。作为中国边疆研究的重要参与者与推动者,云南大学的边疆研究也取得了长足的进步。但在新形势下如何推动这一研究领域的更好发展,依然是值得我们重视与思考的重要问题。

一 云南大学的边疆史地研究

云南大学是一所地处西南边疆的综合性大学,长期以来一直注重中国边疆史地的研究,是中国边疆研究的重要中心之一。经过几代学者的长期努力,云南大学在中国边疆研究方面已形成一支颇具规模的学术队伍,产生了大批有重要学术影响的成果,形成了重要的研究特色,奠定了在边疆史地研究领域的坚实基础。2002年10月,在充分考虑学校的区位优势和已有研究状况的基础上,云南大学又根据学科发展规律和现实需要,做出了推进中国边疆学学科建设的战略举措,意在通过此后一段时间的重点建设,将云南大学建成全国中国边疆研究的高水平研究中心和人才培养基地,将云南大学的中国边疆学学科建设成为国内外有重要影响的优势特色学科。到目前为止,主要开展了以下工作。

(1)依托历史学一级博士学位授权,自主增设了中国边疆学二级学科博士授权点。2008年,云南大学增设中国边疆学博士点并开始招收博士研究生。到目前为止，共计招收中国边疆学博士研究生28人，完成答辩并获得博士学位的有12人。这些毕业的中国边疆学博士广泛分布于云南、广西、贵州等多所高校和研究机构中，成为我国边疆学研究与教学的重要新生力量。同时，我校有效整合了教育部重点研究基地"西南边疆少数民族研究中心"、云南省重点研究基地"滇学研究中心"、国际关系研究院、民族政治与边疆治理研究院。人文学院历史系、公管学院政治系等院系共同开展中国边疆学的研究与教学，目前在中国边疆学方面拥有多个一级学科博士学位授权和博士后流动站，形成了较完备的科学研究和人才培养机制。

（2）系统组织出版了云南大学"中国边疆研究丛书"。到目前为止共出版了著作16部30余册，内容主要围绕"中国西南与周边国家关系研究""中国西南民族史研究""中国边疆学的理论与实践"和"中国西南边疆社会经济变迁"四个方面；在有计划地推出我国学者关于中国边疆研究的最新成果的同时，又选择性地引进和翻译国外学者关于边疆研究的重要成果。这套"中国边疆研究丛书"的出版，集中反映了云南大学近年来在中国边疆研究和中国边疆学学科体系建设中的成绩，对于巩固和提升云南大学边疆问题研究的水平与实力，增进与国内外学术界的交流与合作，推动中国边疆学的学科建设和人才培养等产生了积极影响。

（3）加强边疆研究基础资料的整理。近年来，云南大学有计划地开展了整理西南边疆历史文献和档案资料的工作，已取得显著成效。目前出版的有《民国时期云南边疆开发方案汇编》《云南省博物馆藏契约文书整理与汇编》（8卷本）等，正在进行的有《云南通志馆征集各县资料暨各县地志资料整理汇编》和近代西南边疆历史档案的整理工作。其中，仅云南通志馆征集各县资料暨各县地志资料的整理汇编就达1000余万字。我们试图通过系统地大规模资料整理，既为今后边疆研究特别是近代西南边疆的研究奠定坚实的资料基础，又在此过程中锻炼和培养一支队伍。

（4）努力构筑良好的边疆学学科交流平台。2009年以来，云南大学先后与中国社会科学院中国边疆研究所、新加坡国立大学东亚研究所等国内外学术机构合作，举办了多届中国边疆学高层论坛和"西南论坛"；力争通过论坛的建设，推动云南大学的中国边疆学建设和西南研究，与国内外学术界形成良好的学术交流机制，并进一步与国际学术界接轨，为西南地区尤其是云南的经济社会发展提供智力支持。

通过以上工作，云南大学的中国边疆问题研究获得了较快的发展，并得到了学界的充分肯定。但总的来看，现有研究在一定程度上还是受传统边疆史地研究路径的影响，中国边疆学的理论构建始终落后于学科发展的需要，制约了边疆研究的全面发展。理论创新是学术研究的灵魂，如何构建中国边疆学的理论体系并使其在中国边疆学的研究中发挥理论指导实践的作用，使其真正实现从边疆史地研究到边疆学研究的转变，应当引起我们充分重视，也是我们努力的方向。

二　中国边疆学的理论构建在认识上需要注意的两个问题

在现有边疆史地研究的基础上，着力加强中国边疆研究的理论构建，实现从边疆史地向边疆学的转型已经是大势所趋。根据我们的研究实际，要实现从边疆史地向边疆学研究的转变，关键是要注意处理好两个问题。

（一）处理好边疆史地与边疆学之间的关系

从中国边疆史地到中国边疆学的研究转型，不只是内容和研究范围的简单扩大，而是研究视野的转变和研究范式的创新。这主要表现在二者的学科理论构架不一样，研究方法和视野也不一样。中国边疆学作为一门新兴的综合性学科，是在传统的边疆史地研究难以适应学术发展和时代要求的情况下应运而生的，因而必须超越传统的边疆史地研究，从学科建设的角度重新构建学科的理论体系，这样才能有持续发展的前景和旺盛的生命力。但也必须注意的是，边疆史地研究应该始终作为中国边疆学的源而不是流。这首先是因为中国边疆史地研究始终具有强烈的时代感，近代以来形成的中国边疆史地研究的三次学术高潮，无一不是基于时代与现实的需要而出现的，都是为了回答时代和现实提出的问题。其次，中国边疆学的研究也必须始终关注时空维度，将边疆问题置于一定的时空背景下进行研究，而这也正是传统边疆史地研究的分析基础。

我们把边疆史地研究作为边疆学的源而非流，其主要方法论意义体现在以下几点。(1) 中国边疆学的研究要有历史的眼光,要打通历史与现实的联系,做到司马迁所说的"通古今之变",因为历史是昨天的现实,而现实是明天的历史。以边疆史地研究作为边疆学研究的源而非流提醒我们,在研究中要始终保持历史的深邃感和历史的高度,同时也要具有历史辩证的思维与眼光,要把边疆问题放入特定历史环境下进行考察。(2) 要坚持整体论。要将中国边疆作为一个具有鲜明特色同时又具有整体性特征的对象加以论述与考察。目前,人文社会科学研究的碎片化在边疆研究领域同样有所体现。研究者必须始终把边疆作为一个整体,着重探讨边疆问题及事物和现象之间的内在联系,而不是孤立地、局部地看问题,得出片面性的认识。当然,这种综合性、整体性研究对研究者自身素质的要求更高,但其研究成果也会相对地具有更大的学术视野与学术影响力。显然,这样一个过程是一个扬弃的过程。在这一过程中,学科理论创新就显得尤为重要。

(二) 处理好学科交叉和交叉学科之间的关系

中国边疆学是一门新兴的交叉学科,涉及历史学、地理学、政治学、经济学、民族学、人口学等多学科的知识。由史学领域的边疆史地研究向边疆学这种新兴交叉学科的发展,是当今学科高度综合和整合的重要表现。特别是对于综合性大学来说,充分利用学科优势实现多学科的交叉融合,已经日益成为优势学科的发展点、新兴学科的生长点、重大创新的突破点和人才培养的制高点。纵观当今世界科学前沿的重大突破,大多是多学科交叉融合的结果。如近百年获得诺贝尔自然科学奖的300多项成果中,近半数是多学科交叉融合取得的。但是,交叉学科不是多门学科简单堆积起来的拼凑学科,学科交叉也不是简单的研究领域的交叉,而是要在系统掌握各学科理论方法的基础上进行融合,最终形成本学科的"新的综合理论或系统学问"。也就是说,边疆学要成为一门独立的学科,必须具有其独特的理论体系和方法论。有鉴于此,边疆学作为一门交叉学科,其理论构建应从学科交叉开始。学科的交叉要着重把握好以下几点。(1) 融合。即在研究中着眼于多学科之间的内在逻辑关系,实现各学科理论的有机联结和渗透,主要是学科知识、方法、理论三个层面的融合,其重点是不同学术思想的碰撞和学科思维方式的交融。（2）在融合的基础上实现创新。从中国边疆史地到中国边疆学，着力点是思维的转变与理论范式的创新，即按照中国边疆学学科的自身发展规律，形成边疆学所特有的理论体系和概念。这就要求我们的研究者应具备更加广博的多学科知识并在研究中善于开展涉及多学科重大综合问题的研究。

三 边疆学体系下中国边疆研究的特点

要最终实现从边疆史地到边疆学研究的整体跨越，应重点把握边疆学研究的以下特点。

（1）边疆学研究的国际性。以往的边疆史地研究，主要是把边疆问题当作国家内部的问题来考察，常常表现为研究主要是在"内地—边疆"的模式下，通常利用"中心—边缘"的视角对边疆问题进行探讨。但随着研究的进一步深化，越来越多的学者意识到任何边疆问题都是与外在周边国际环境紧密联系在一起的，呈现出鲜明的国际性，应该将其放在国际视野下进行研究。因此，越来越多的研究成果开始用一种从四方看中国、从边缘看中心的视角，把边疆问题置于全球化的大趋势和广阔的国际环境中进行探讨，从而对边疆地区的历史地位有了全新的认识。也可以说，某种程度上，边疆问题就是国际问题。我们要能够在国际视野中研究国家的整体战略和边疆战略，从而体现研究的战略性和高度。

（2）边疆学研究的多维性。随着我国边疆治理的不断深入，经济社会与国际关系的进一步发展，"边疆"的概念已经由通常的陆疆、海疆、空疆的三维立体形态演变为地理边疆、战略边疆、利益边疆、信息边疆等多维复合形态。这要求我们的研究也必须进行多维度的考察，通过不同的研究视角对边疆进行多层次的考察和深入探讨，全面认识中国边疆发展的复杂性和多样性，科学构建中国边疆学的研究体系。

（3）边疆学研究的数字化。随着信息化和计算机技术的飞速发展，数字化成为学术研究的重要趋势。以边疆史地为源的中国边疆学研究一直高度重视信息化的发展。因为从某种程度上说，史学就是信息科学。史学研究的过程就是搜集整理信息源并对其进行分析从而认识真相的过程。进入信息化时代，中国边疆学的发展必须牢牢把握现代技术发展的重要趋势，加快边疆研究的信息化和数字化建设。长期以来，我国学者已经在利用GIS等信息技术研究边疆问题的过程中积累了有益的经验，今后应该继续运用信息技术，加强边疆数据库和信息平台的建设，推进边疆学学科的信息化发展。

总之，以中国边疆学的理论建设为重点，全面指导我国边疆研究由边疆史地向边疆学的转型，已经成为当前深化边疆研究的迫切需求。只有从学科建设的层面上，重新构建边疆学的理论体系，并充分发挥边疆学研究中理论对实践的指导作用，才能从根本上推进中国边疆研究的全面发展，建立中国边疆学的话语体系。

（原载《中国边疆史地研究》2016年第2期）

构建中国边疆学需要理论与实践的结合

吕文利

2016年5月17日，习近平总书记在哲学社会科学工作座谈会上的讲话指出："中国特色哲学社会科学应该涵盖历史、经济、政治、文化、社会、生态、军事、党建等各领域，囊括传统学科、新兴学科、前沿学科、交叉学科、冷门学科等诸多学科，不断推进学科体系、学术体系、话语体系建设和创新，努力构建一个全方位、全领域、全要素的哲学社会科学体系。""现在，我国哲学社会科学学科体系已基本确立，但还存在一些亟待解决的问题，主要是一些学科设置同社会发展联系不够紧密，学科体系不够健全，新兴学科、交叉学科建设比较薄弱。下一步，要突出优势、拓展领域、补齐短板、完善体系。"在学科体系建设中，他讲了五点，其中第四点就是"要加快发展具有重要现实意义的新兴学科和交叉学科，使这些学科研究成为我国哲学社会科学的重要突破点"。[①] 中国边疆学无疑是属于具有重要现实意义的新兴学科和交叉学科，下面结合习总书记的讲话，谈谈我对构建中国边疆学的认识。

一

如果说中国各民族"像石榴籽那样紧紧抱在一起"，[②] 那么边疆就是那

---

① 习近平：《在哲学社会科学工作座谈会上的讲话》，人民网（http://politics.people.com.cn/n1/2016/0518/c1024-28361421-3.html），访问时间：2016年7月2日。
② 此语来自习近平在2014年5月28日至29日第二次中央新疆工作座谈会上的讲话，搜狐新闻（http://news.sohu.com/20140530/n400229770.shtml），访问时间：2016年7月2日。

一层石榴皮,形塑了一个中国的独立和完整。所以边疆研究是非常重要的,其最终结果,就是要回答什么是"中国","中国"是如何形成的,以及"中国"怎么样等一系列问题。习近平总书记指出:"要善于提炼标识性概念,打造易于为国际社会所理解和接受的新概念、新范畴、新表述,引导国际学术界展开研究和讨论。这项工作要从学科建设做起,每个学科都要构建成体系的学科理论和概念。"①那么中国边疆学的"标识性概念"应该如何提炼?如何构建成体系的学科理论和概念?我认为,概念和理论应该是在与前人对话的基础上,以经验证据和实践来检验并在实践中不断创新的,这是马克思的研究方法,也是马克思主义的科学态度。

毛泽东的《实践论》曾经鼓舞了很多人,也使很多人受益,到今天仍不过时。他指出,马克思主义的哲学辩证唯物论有两个最显著的特点,一个是阶级性,一个就是实践性,"强调理论对于实践的依赖关系,理论的基础是实践,又转过来为实践服务"。②马克思正是在研究欧洲经验的基础上,撰写了《资本论》等一系列伟大著作。法国著名社会学家布迪厄在与马克思对话的过程中,继承并发展了马克思的观点,他在对阶级理论理解的基础上,提出了"习性"和"象征资本"两大概念。他认为"习性"是历史的产物,是既往经验的有效存在,这些既往经验以行为逻辑、思维方式等存储于每个人身上,这样能够保证实践活动的一致性和它们历时而不变的特性,习性的趋同性形成了社会集团。习性具有历史性、规则性和生成性特征,每个个人与集团的习性的对抗、妥协可以生成无限实践的可能。"象征资本"关注经济活动中之象征性,它区别于以货币为交换符号的经济行为,但却是与经济资本同等重要的"资本",这一概念试图把马克思主义的"资本"论拓展到非物质的象征领域。正是习性之"生成性",与象征资本之"资本性",使得实践超脱了唯物与唯心等一切二元对立模式,构成了一种不断变化、不断生成的实践机制。布迪厄同时认为,实践具有历时性特征,故与时间关系紧密,它完全内在于持续时间,它是一种

---

① 习近平:《在哲学社会科学工作座谈会上的讲话》,人民网(http://politics.people.com.cn/n1/2016/0518/c1024-28361421-3.html),访问时间:2016年7月2日。
② 毛泽东:《实践论》,《毛泽东选集》(第1卷),人民出版社,1991,第284页。

线性系列。所以科学地阐述实践,其科学有效性仅仅存在于实践产生的同时化效应,在这种意义上,实践被赋予了一种逻辑性解释,但事实上实践是拒绝逻辑性的,因为无限的生成性特征,它更多的是无数偶然性的集合,任何理论在真实的实践面前都有简单化倾向。[1] 布迪厄的关于实践的解释与毛泽东指出的"客观现实世界的变化运动永远没有完结,人们在实践中对于真理的认识也就永远没有完结"[2]是相似的。习性具有历史性和规则性特征,由此它可以被建立在逻辑基础上的理论所描述,但用语言或理论描述的实践是受限于观察者的角度的,无法对实践进行精确描述。不过在由各个习性所构成的不同的象征资本在各个场中,则生发出无限可能,在这个意义上,实践无穷,理论亦无穷。

各个学科的"标识性概念"和学科理论正是在对过去历史,亦即规则性的习性基础上建构起来的,这也正是"历史研究是一切社会科学的基础"[3]的科学要义。但是,无论是具有资本和象征资本的个人还是集团,其"习性"各自不同,在互相交流、碰撞的过程中形成了实践,实践是各种"力"作用的结果,又是各种"力"发挥的起点,这正是"实践是检验真理的唯一标准"的科学要义。中国边疆学是中国边疆学人着力构建的新兴学科,当务之急是研究中国边疆的"习性"特征,从中提炼规则性的"标识性概念",以演绎逻辑和归纳逻辑的方法构建具有内在逻辑性的学科理论,并不断在实践中检验、修改和创新。

二

中国边疆学是新兴学科和交叉学科,其特点正是"交叉性",但不是各个学科的研究方法简单罗列的结果,而是在对各个交叉学科融会贯通的基础上,进行具有自我学科特点的理论建构。以我最近几年的观察,中国本土大多数研究边疆的学者经验证据很多,但理论创新不足,国外研究中

---

[1] 〔法〕皮埃尔·布迪厄:《实践感》,蒋梓骅译,译林出版社,2012,第33~206页。
[2] 毛泽东:《实践论》,《毛泽东选集》(第1卷),第296页。
[3] 《习近平致第二十二届国际历史科学大会的贺信》,人民网(http://gs.people.com.cn/cpc/n/2015/0824/c345040-26099344.html),访问时间:2016年7月2日。

国边疆的学者以及关注国外边疆理论的学者，理论构建很多，但经验证据不足；阐释中央治理边疆的方略较多，相应地，研究历史上的治理边疆的经验较多，研究微观社会的、经济的成果较少；各个学科有关边疆的研究较多，但学科之间壁垒森严，统合起来研究的少；研究个案的、历史事件的较多，长时段、大时空研究的成果较少。这些都是应该值得我们注意的。

朝贡贸易一直是中外学术界研究的热点，但在西方学者费正清等人的研究下，朝贡贸易似乎成了中国古代贸易的主流。其主要观点是，中国古代皇帝厚往薄来，以各国朝贡来满足"天朝上国"的幻想，由此继续推理的逻辑是，只有近代西方的冲击，中国才有近代化。这种观点甚至成为研究朝贡关系的主要观点，连我国的中学教科书都把朝贡贸易书写成是厚往薄来的。实际上，历朝历代的统治者们并不傻，他们从来都在算经济账和政治账。中国古代的对外贸易中，朝贡贸易只占很小的一部分，即便是在明朝严格实施封禁政策的时代，在北方官民私下里与蒙古贸易，在南方私下贸易更是猖獗，"倭寇"的肆虐从另外一个方面说明私下贸易的猖獗程度。在非封禁的时代，这些都释放为正常的贸易。即便是在朝贡贸易中，中国古代的统治者也在算经济账和政治账，并不主要是"厚往薄来"。[1]

"中国的稳定在新疆，新疆的稳定在南疆"，这是新疆干部群众对当前中国和新疆稳定问题的普遍认识。南疆的稳定又在广大农村。南疆的农业是绿洲灌溉型农业，主要种植小麦、棉花、瓜果等，有的地区有一些畜牧业。现在基本还是以家庭为单位的小农经济。虽然在市场经济条件下，农户种植棉花、瓜果等经济作物，但受市场影响很大，加之并没有什么补充型的手工业，家庭人口又多，这造成了收入低下、剩余劳动力无法释放的问题。苏联学者恰亚诺夫的研究给笔者以很大启发。他在对大量家庭农场跟踪研究后发现，以家庭为单位的农场存在和发展的秘密就在于劳动消费均衡化和家庭生物学裂变规律。"劳动－消费均衡"理论是他的主要观点，

---

[1] 参见吕文利：《乾隆前期（1736—1750年）の清・ジューンガル貿易における価格・取引方法をめぐる駆け引きとその影響》，〔日〕《満族史研究》2012年第11号。

他认为,家庭农场经济的发展取决于家庭消费的满足程度和劳动辛苦程度。亦即农民自我生产能力开发的程度取决于劳动者承受的来自家庭消费需求的压力有多大,农民总是试图在最低生产成本和最高消费水平之间寻找平衡。这是家庭农场的发展机制,也是抑制机制。家庭生物学裂变规律是指家庭劳动力的变化决定了生产力水平和消费水平,从事农场经营的家庭的规模,主要依赖于家庭的年龄,而家庭规模的扩大受制于生物学规律,即经营到一定规模后要裂变分家为小家庭,从而又导致一个循环的开始。[1] 黄宗智教授在与恰亚诺夫的对话过程中,通过研究华北农村,提出了农业"内卷化"的观点,即以家庭为单位的小农经济,形成了劳力投入增加而边际报酬递减的现象,这是没有发展的增长,无法发展为资本主义。[2] 虽然恰亚诺夫的观点后人有很多批判,但对现实也仍有启发意义。南疆的小农经济在当今的市场经济条件下可谓步履维艰,农民对于家庭消费的满足程度要求越来越高,尤其是家庭里有几个上学的孩子更是如此。在劳力投入增加而边际报酬递减的基础上,农民的劳动辛苦感受也越来越高,尤其是在跟发达地区和较高收入者相比更是如此。在这个过程中,宗教到底起了什么样的作用?如果说历史上,宗教安慰了农民的劳动辛苦感受,那么现实中,宗教到底对农民的劳动辛苦感受有何影响,宗教活动到底多大程度上影响了劳动生产率以及与工厂的契约关系?如果再考虑到南疆缺水的现实状况,南疆的"三农"问题则更加复杂。无疑,一个宗教氛围浓厚、小农经济占很大比重而又缺水的南疆,到底出路何在,需要各个学科的综合性研究,需要学者和政府的更大智慧。

很多学者主张以法律手段来解决各种问题。依法治国固然有其政治合理性,但法律不是万能的,从某种意义上说,法律是最后的办法,或者是没办法的办法。马克斯·韦伯认为从法律与诉讼的发展来看,可分为四种形式,即形式非理性、实质非理性、形式理性和实质理性。若从发展阶段来看的话,是从"法先知"的卡利斯玛法启示(即巫术的形式主义和源于启示的非理性的结合形态,即形式非理性),发展到法律名家的经验性

---

[1] 〔苏〕恰亚诺夫:《农民经济组织》,萧正洪译,中央编译出版社,1996。
[2] 黄宗智:《华北的小农经济与社会变迁》,法律出版社,2014。

法创造与法发现（实质非理性），进而发展到世俗的公权力与神权政治的权力下达法指令的阶段（实质理性），最后发展到专门法律家体系性的法制定与演绎逻辑推理下的"司法审判"阶段（形式理性）。[1] 当然从全世界的发展形态来看，这个发展阶段并非是线性的和进化论式的，但韦伯认为形式理性的法律和诉讼一定是最合理的，这为西方所独有。形式理性的法律自有其合理的一面，其使用类似于数学公式似的演绎推理逻辑，认为"法律形式主义可以让法律机制像一种技术合理性的机器那样来运作"。[2] 这使得法律审判变为非此即彼的判断，并无中间调和。美国著名学者亨廷顿提出的"文明冲突论"也是从非此即彼的西方伦理出发，认为文明是"冲突"的、对立的。[3] 这与中国古代观念不同，在中国古代，墨子主张"兼爱""非攻"，儒家主张礼主刑辅，孔子认为"道之以政，齐之以刑，民免而无耻；道之以德，齐之以礼，有耻且格"[4]，即以德治天下，主张稳定，主张彼此相容，主张"己所不欲，勿施于人"。中国古代的这些礼制思想有其合理性，甚至是中国古代社会的稳定器，是保持长治久安的密码，这些重要思想应该在现代社会发挥其应有的作用。在很多问题上，中国的传统智慧发挥了重要作用，诸如中国"一带一路"倡议合作共赢，共同发展，这正是传统中国彼此相容思想的体现。中国边疆学如何在借鉴各个学科的研究方法并融会贯通的基础上，重点挖掘中国古代优秀的治国理念和传统文化是个重大课题。

总之，构建中国边疆学的"标识性概念"和学科体系，首先要来源于中国和中国边疆的实践和经验，再结合前人的研究，在融会贯通的基础上进行理论创造。习近平总书记指出："马克思主义是随着时代、实践、科学发展而不断发展的开放的理论体系，它并没有结束真理，而是开辟了通向真理的道路。""把坚持马克思主义和发展马克思主义统一起来，结合新

---

[1] 〔德〕马克斯·韦伯：《法律社会学》，康乐、简惠美译，广西师范大学出版社，2011，第3~340页。
[2] 〔德〕马克斯·韦伯：《法律社会学》，康乐、简惠美译，第222页。
[3] 〔美〕塞缪尔·亨廷顿：《文明的冲突与世界秩序的重建》，周琪等译，新华出版社，2010。
[4] 《论语·为政》。

的实践不断做出新的理论创造,这是马克思主义永葆生机活力的奥妙所在。"[1] 中国边疆学的构建应该是马克思主义的,但不是僵化的、一成不变的马克思主义的,而是在实践的基础上,与各种理论对话,发展的马克思主义的。

(原载《中国边疆史地研究》2016年第3期)

---

[1] 习近平:《在哲学社会科学工作座谈会上的讲话》,人民网(http://politics.people.com.cn/n1/2016/0518/c1024-28361421-3.html),访问时间:2016年7月2日。

立足历代治边理论与实践，推动中国边疆话语体系构建

——《中国边疆史地研究》百期感言

李大龙

2016年第2期是《中国边疆史地研究》正式出版的第100期。虽然杂志刊期（季刊）没有变化，但容量却不断增加，由最初的118页增加到了182页，同时本刊被国内几个评价体系列为核心期刊，并成为国家社会科学基金资助的200家期刊之一。自2001年第1期至今的62期是由我主持编辑的，一晃担任主编已有16年，编辑过程中的喜怒哀乐自然可在闲暇时私下细细品味，不过利用"百期笔谈"的机会将自己的办刊思路和感悟提供给学界，于方兴未艾的中国边疆学研究、日益壮大的学者队伍以及办好该领域内唯一学术理论刊物而言，应该是有益的，故而就刊物定位、重点办刊方向及作者队伍等问题谈些感悟，求教于学界同人。

一 经世致用，为边疆地区的稳定和发展提供智力支撑

回顾60余期的办刊历程，"坚持以马列主义、毛泽东思想、邓小平理论为指导，坚持'双百'方针，提倡不同学术观点之争鸣，为促进中国边疆地区的发展、中国边疆研究学科的发展服务"的办刊方针是我编辑工作恪守的根本原则。因此，举凡与边疆研究有关的文稿都属于《中国边疆史地研究》的选稿范畴，但在选择上则是侧重于历代治边理论和实践、边疆民族政权、边疆地理、海疆，以及边疆学理论（学科建设）等方面的文

稿。据粗略统计，2001年第1期至2016年第1期，《中国边疆史地研究》共刊发文稿982篇，全部与边疆有关，其中属于历代治边思想与实践方面的文稿298篇，占全部用稿的30.3%；边疆民族方面的文稿106篇，占全部用稿的10.8%；边疆地理方面的文稿86篇，占全部用稿的8.8%；海疆方面的文稿69篇，占全部用稿的7%。之所以这几个方面用稿比例较高，一方面是源自《中国边疆史地研究》杂志"为促进中国边疆地区的发展、中国边疆研究学科的发展服务"的办刊方针，另一方面也和我对边疆研究（边疆学），包括历史研究性质的认识有关。

《中国边疆史地研究》的办刊方针是第一任主编马大正先生时期确定下来的。1991年第1期署名边众的《论当前开展中国边疆史地研究的几个问题》中对"边疆"及"边疆史地研究"有如下阐述："'边疆'是指直接与国界关联的地区。开展中国边疆史地研究，不仅可以弘扬中华民族传统的爱国主义精神，同时在提供稳定边疆、建设边疆的科学依据和维护领土完整的历史经验等方面，也具有不可轻视的作用。"也就是说，边疆研究不仅事关国家的领土主权，更事关边疆地区乃至整个国家的稳定和发展，这决定了《中国边疆史地研究》刊发的文稿具有高度政治敏感性且经世致用的特点突出。"边疆"是多民族中国长期发展的结果，边疆地区的历史和现实有着密切的联系。一方面，"边疆"形成和发展的历史是我们今天认识和了解边疆地区现实的基础，当今边疆地区稳定和发展过程中存在的诸多问题都有或多或少历史因素的影响；另一方面，历代王朝或政权多数也是由多个族群构成的，也存在着对边疆和其他族群的治理问题，对其在治理过程中留下的诸多经验和教训进行总结，可以为我们更好地解决边疆地区的现实问题提供借鉴。

2001年之前，《中国边疆史地研究》虽然没有开设以"边政"为题的栏目，但也刊发了很多这方面的文稿，这些文稿为提升刊物的学术质量做出了重大贡献。我本人原供职于《民族研究》编辑部，主要负责民族史方面稿件的审读和编辑，在编辑之余也从事历代治边政策、边疆民族政权历史的研究，《两汉时期的边政与边吏》（黑龙江教育出版社1996年出版、1998年再版）是那一阶段的代表作。对于历史研究的性质，我认为其精髓即是经世致用,因为人们对历史的解读都存在或隐含着现实的需要和目的,概莫能外,尤其在边疆研究(边疆学)上更为突出。所以,担任主编后,笔者继承并发扬了《中国边疆史地研究》为中国边疆地区稳定和发展服务的这一传统,甚至为了突出这一选稿原则一度开设了"边政研究"栏目,目的自然是希望在得到学界同人的更多关注、引领边疆研究发展方向的同时,也为我国边疆地区的稳定和发展提供智力支持。这即是《中国边疆史地研究》中历代治边理论和实践、边疆民族政权、海疆方面的文稿占多数的重要原因,同时也体现着《中国边疆史地研究》的重点选稿方向。

值得高兴的是,幸赖众多学者的大力支持,16年来这么多高水平的文稿能够得以顺利刊出,对此一直心怀感激之情;不过得到学者的回应也说明《中国边疆史地研究》的这一选稿方向对边疆研究的发展方向确实起到了一定的导向作用。从已经刊出的文稿看,选题不仅涉及历朝各代的治边思想与实践,而且也涵盖了边疆政权对边疆地区的治理,蕴含着作者的真知灼见。在获得较高下载率和引用率的同时,其中有些文章也得到《新华文摘》等刊物的转载,并获得了相关政府部门的奖励,取得了较好的社会影响。如崔明德、马晓丽的《对拓跋鲜卑及北朝汉化问题的总体考察》(2012年第1期)2015年获教育部优秀成果二等奖;同年方铁、黄禾雨的《论中原王朝治边的文化软实力》(2013年第2期)获云南省优秀成果一等奖等。

随着"一带一路"倡议的提出,我国边疆地区的稳定和发展迎来了新机遇,但也存在着新的挑战,迫切需要加大边疆基础研究的力度,历代治边思想与实践作为边疆史地研究的核心内容,其咨政的功能迎合了这一需要。在这种情况下,《中国边疆史地研究》会更好地突出"经世致用"的办刊特色,为更多学者展示自己的智慧提供平台,服务于边疆。

二 注重边疆学学科建设,推动中国边疆话语体系构建

边疆,包括陆路边疆和海疆,尽管占到了当今国土面积的60%以上和海疆的全部,且建立"边政学""边疆学"的呼声在20世纪不断出现,但边疆研究依然没有进入"学科"之列,由此带来的一系列问题不仅制约着

边疆研究学科的健康发展，而且更严重的是一定程度上我们在国家、领土、海疆等诸多方面话语权的丧失，这不仅不利于边疆地区的稳定和发展，而且使我们在海洋权益的维护上也处于劣势。进入 21 世纪后，陆路边疆问题依然得到世人关注，多民族国家的历史和现实不仅遇到了分裂势力的歪曲，也遇到了某些国外学派和学者的挑战，而海洋权益的维护则是一个日益突出的新问题。面对这种情况，肆意追捧国外学者对我国边疆历史的所谓"理论解读"，或对其"理论"进行驳斥但难以形成自己的理论体系，成为国内学界的一种常态。李国强《中国海疆史话语体系构建的思考》（2015 年第 4 期）认为"我国海洋权益领域所面临的诸多现实挑战，以及对海疆历史认知上的诸多偏差，凸显中国海疆史话语体系的缺失，深刻体现构建中国海疆史话语体系的紧迫性"，而"理论研究的滞后，不仅造成了学科建设和发展的迟缓，而且与维护我国海洋主权、海洋权益的现实需要不相适应"。这一认识虽然是针对海疆研究而言的，但整个边疆研究领域也存在着相同的问题，迫切需要建构符合我国边疆实际的中国边疆话语体系，而这一话语体系则是边疆学学科的核心内容。

中国边疆话语体系乃至边疆学包括哪些内容，尽管需要学界进一步深入探讨，但《中国边疆史地研究》以 2001 年第 1 期刊发的"面向 21 世纪的中国边疆研究"笔谈专稿为开端，围绕以下几个方面做了重点组稿，目的就是推动中国边疆话语体系的构建。

（一）多民族国家疆域理论研究

多民族国家疆域理论的研究事涉边疆政权的归属问题，是边疆学研究的难点也是薄弱环节。《中国边疆史地研究》自 1991 年第 1 期刊出谭其骧先生的《历史上的中国和中国历代的疆域》后，虽然得到了学界关注，但并没有展开相应讨论。新世纪初期，有关高句丽历史的研究引发了学界对多民族国家疆域理论进行探讨的热潮，《中国边疆史地研究》在其中起到了重要的引领作用。自 2002 年至今，先后刊用相关文稿近 50 篇，其中值得特别提及的是 2005 年第 2 期刊出由于沛先生的《从地理边疆到"利益边疆"——冷战结束以来西方边疆理论的演变》担纲的一组 4 篇专稿，对西方的边疆理论作了全方位探讨，在为学界提供借鉴的同时，其"利益边疆"观点的提出即便是在今天也依然有重要参考价值。2011 年编辑部和陕西师范大学西北民族研究中心（现为西北边疆研究院）合作举办了以"疆域理论"为题的学术会议，11 篇参会论文分别刊发于第三、第四期。可以说，在《中国边疆史地研究》的推动下，多民族国家疆域理论的研究日益得到学者的关注，而 2015 年国家社会科学基金设置的"中国古代的'中国'认同与中华民族形成研究""中国疆域最终奠定的路径与模式研究"等重大招标课题与此也不无关系。我们有理由相信推出符合中国边疆实际的多民族国家疆域理论话语体系为时不远了。

（二）东亚传统政治格局研究

在西方殖民势力进入东亚之前，东亚存在着独特的政治秩序，鸦片战争后不仅这一秩序被殖民体系取代，而且相应的话语权也落入国外学者之手，他们甚至将其和殖民体系进行比附，进而对中国提出的"一带一路"倡议提出质疑。对东亚传统政治秩序的解读，不仅是边疆研究者客观阐述的学术问题，而且也事关国际关系的现实。针对这一情况，《中国边疆史地研究》编辑部在和《抗日战争研究》编辑部等单位合作举办国际专题会议的同时，先后在 2014 年第 2 期和 2015 年第 2 期设置了"藩属与朝贡专题研究"专栏，刊出 10 篇专题文稿，以期推动学界对东亚传统政治秩序的深入研究，早日确立中国学者对东亚传统政治秩序的话语体系。

（三）海疆研究

海疆研究一直是《中国边疆史地研究》重点关注的研究领域，尤其是进入 21 世纪以来，海疆问题凸显，海洋权益的维护迫切需要学界提供智力支撑，对此前述李国强先生文中已经有详细阐述。尽管国内从事海疆研究的学者较少，但《中国边疆史地研究》还是通过积极组稿，除在 2001 年第 2 期、2002 年第 1 期、2014 年第 1 期分别推出了"中国海疆理论及相关问题研究"（5 篇）、"钓鱼岛主权问题研究学术座谈会"（选登文章 6 篇）、"海疆研究专题"（4 篇）等专题栏目之外，还坚持每期都有海疆方面的文稿。从已经刊发的 69 篇文稿看，内容涉及了海洋权益的方方面面。尤其南海诸岛、钓鱼岛以及历史上的中琉关系等，成为学者关注的热点，其中吴辉《从国际法论中日钓鱼岛争端及其解决前景》（2001 年第 1 期）、郭永虎《关于中日钓鱼岛争端中"美国因素"的历史考察》（2005 年第 4 期）、郑海麟《钓鱼岛主权归属的历史与国际法分析》（2011 年第 4 期）等在中国知网的下载量都高达 3500 人次以上，取得了较好的社会效益。如前述李国强文中所言，我们希望"学术界同人潜心努力，科学的中国海疆史话语体系终将构建起来"。

（四）边疆学学科构建

近年来，在中国社会科学院中国边疆研究所、相关高校及有关科研机构的积极推动下，构筑中国边疆学的呼声日益得到学界的认同，《中国边疆史地研究》在其中也发挥着举足轻重的作用。早在 1992 年第 1 期《中国边疆史地研究》就刊出了邢玉林的《中国边疆学及其研究的若干问题》，对中国边疆学学科建设进行探讨，惜未得到学界的积极响应。为了推动学科建设，自 2001 年第 1 期步平的《让中国边疆学具有更强的时代感》发表后，我有意识地注重组织这方面的文稿，先后刊发有关边疆学理论方面的文稿 122 篇，占全部用稿的 12.4%。其中以"边疆学"为题的专稿先后刊发了马大正的《关于构筑中国边疆学的断想》（2003 年第 2 期）、《深化边疆理论研究与推动中国边疆学的构筑》（2007 年第 1 期）、《我与中国边疆学》（2013 年第 4 期），方铁的《论中国边疆学学科建设的若干问题》（2007 年第 2 期），邢广程的《关于中国边疆学研究的几个问题》（2013 年第 4 期），周伟洲的《关于构建中国边疆学的几点思考》（2014 年第 1 期）等，并带动《云南师范大学学报》等刊物设置了"边疆学"栏目，对边疆学学科构建起到了一定的引领作用。如今构建中国边疆学已经成为中国边疆研究所科研工作的中心，如邢广程在上文中所言，我们希望国内学界"着眼于中国边疆所面临的新情况、新因素和新问题，构筑新的边疆研究学科体系，以中国边疆学为基本框架来全面、深入、客观地分析与判断中国边疆安全、稳定和发展问题，维护中国的国家利益，促进中国周边国际环境的根本改善"。

值得说明的是，上述重点组稿方向和传统的边疆史地研究并不矛盾，因为只有立足于历代治边理论与实践的深入探讨，才能推动和实现中国边疆话语体系的构建，因此《中国边疆史地研究》也刊出了很多有关边疆地理、边疆文化、边界、与周边地区关系等方面的文稿。

三 壮大作者队伍，繁荣中国边疆学研究

由于边疆研究的敏感性，文稿的发表存在一定困难，不仅限制了学科的发展，而且也影响到了研究队伍的形成，使得边疆学长期以来依附于史学学科。作为边疆研究领域唯一一个学术理论刊物，《中国边疆史地研究》和一般的史学类学术刊物不同，创刊时间较晚，同时也存在着更为紧迫的作者队伍培育问题。因此在主持编辑工作伊始我即把作者队伍建设放到了关乎刊物存亡的重要位置，并确立了完善选稿机制以壮大作者队伍的基本思路。一是利用约稿机制，巩固和发展高端作者队伍。约稿是保障刊物特色和学术水准的有效途径，不仅可让每期有一个突出的主题，避免刊物的论文集化，而且也可以通过约稿形成相对稳定的高端作者队伍。二是完善审稿和编辑流程，壮大以博士研究生为主的年轻作者队伍。学术水平是《中国边疆史地研究》稿件取舍的唯一标准，但我们对以博士研究生为主的年轻作者则有政策倾斜，向他们提供详细的修改意见促其达到刊发标准的情况也时常出现，因为他们代表着边疆研究的未来和希望，培养和指导他们是《中国边疆史地研究》不能推卸的责任。三是注重少数民族学者的培养，形成多种民族成分的作者队伍。边疆是少数民族主要聚居的地区，多民族的中国是各民族共同创造的，边疆研究离不开少数民族学者的参与，少数民族作者目前已经成为《中国边疆史地研究》作者队伍不可或缺的组成部分。

朱尖、苗威的《中国边疆史地研究现状分析》（2015年第3期）对《中国边疆史地研究》（包括1988年至1990年出版的《中国边疆史地研究导报》）的作者队伍有如下统计分析："共涉及956位作者（独撰与合作发文同等对待，包括1篇编辑部发文），累计1726人次。这表明《中国边疆史地研究》已经拥有了一个规模相对较大的作者群……共涉及278个单位"。可以说，经过20余年的努力，《中国边疆史地研究》由一般期刊到核心期刊，在国内众多史学期刊中逐步确立了自己的位置，作者队伍的不断壮大是最为有效的、可靠的保障。

优秀的学术刊物编辑也应该是合格的研究者，这是从事编辑工作伊始我对自己提出的要求。从 30 余年的编辑实践看，研究为我提供了及时把握学科发展和加强与作者联系的有效途径，是进一步做好编辑工作的基础；而编辑则是我从事研究的动力来源，二者相辅相成。办好《中国边疆史地研究》，为研究者提供展示成果的平台，推动边疆学学科建设，服务于中国边疆地区的稳定和发展，这才是我最终的目的和愿望。

（原载《中国边疆史地研究》2016 年第 2 期）

关于中国边疆学学科建设的几点看法

崔明德

从学术史和学科发展史来看，毫无疑问，中国边疆学将会占有其应有的地位。但从当下来看，中国边疆学又面临着比较尴尬的境地。一方面，学界对边疆学的体系、内涵及特点等诸多问题还缺乏一致认识；另一方面，在国务院学位委员会、教育部多次印发的"学科、专业目录"中，无论是一级学科还是二级学科，迄今都没有"边疆学"的名分。因此，深入研讨边疆学的相关问题仍然很有必要。这里我想重点谈谈中国边疆学的学科建设问题。

关于这一问题，我的基本看法是，中国边疆学既不是某一学科的分支学科，也不是与边疆地区相关的学科研究内容的简单拼盘，而是一门综合性学科。虽然目前学界对中国边疆学的学科功能、研究对象、研究范围、基本内容、理论依据及研究方法等还没有完全形成共识，但边疆学毕竟有着上千年的持续不断的学术积累，研究队伍不断壮大，研究成果比较丰硕，学术水平显著提高，尤其是近年来人文社会科学各学科都从各自角度聚焦边疆学的相关问题。这些足以说明，边疆学目前已基本具备了成为独立学科的条件。

现在一个不争的事实是，现实需求、社会进步和学科发展，都在呼唤尽快构建起边疆学的学科体系。尽管边疆学在"学科、专业目录"中还没有"户口"，但不能坐等，我们应当按照学科自身规律和学界已经形成的一些共识，借鉴国内外其他学科建设的经验，扎扎实实地做好边疆学的基本建设。与其费心费力去争取"名分",不如先把事情做起来。只要对国家、民族和人民有利,一定会得到各方面的支持。我们应当有这点自信。

既然边疆学是一门学科,那么,它应当归属于哪一学科门类呢?目前中国社会科学院研究生院和云南大学在研究生招生目录中,都把边疆学放在历史学门类中。我个人觉得,仅就中国边疆史而言,放在历史学门类非常恰当,但从边疆学来看,放在法学门类更加合适。因为历史学门类下面有考古学、中国史和世界史等3个一级学科,各个二级学科也只是历史学的细化,很难涵盖其他学科。如果把边疆学放在历史学门类,只有边疆历史非常吻合,其他分支学科因关联度不强很难进去。但是,考虑到悠久的边疆历史研究传统和深厚的学术积淀,在边疆学还没有正式"户口"的情况下,作为权宜之计,暂时放在历史学门类也未尝不可,但从长远来看,未必合适。而法学门类中包括法学、政治学、社会学、民族学、马克思主义理论、公安学、国家安全学等7个一级学科,涵盖的范围较广。前面提到,边疆学是一门综合性学科,吸收了多学科的理论与方法,其突出特点是综合性,涵盖面比较宽。如果把边疆学放在法学门类,那么它就与政治学、民族学、社会学、国家安全学等一级学科有着更强的关联度。从操作层面来看,放在历史门类,边疆学下面的分支学科只能与历史有关;放在法学门类,边疆学下面的分支学科可以与政治学(边疆政治)、经济学(边疆经济)、历史学(边疆史)、民族学(边疆民族关系)、社会学(边疆社会治理)、国家安全学(边疆安全)等学科联系起来。

那么,如何建好边疆学学科呢?我认为,当下应在如下几个方面下功夫。

一是凝练学科研究方向。边疆学是一门综合性学科,与历史学、考古学、地理学、政治学、经济学、民族学、生态学、文化人类学、语言学、宗教学、社会学、法学、军事学等很多学科都有密切联系,这些学科的研究成果都有助于边疆学的学科建设和学科发展。当前,应进一步凝练学科方向,重点建好边疆政治、边疆经济、边疆历史、边疆民族、边疆文化、边疆安全等分支学科,在此基础上,不断拓展研究范围,形成完整的学科体系。

二是汇聚学科队伍。学科建设的基础是研究队伍建设。一门学科的发展，研究队伍是最重要的事情。建好边疆学，首先要有一支高水平的研究队伍，培养造就一批学术骨干、学术带头人、学科领军人物和创新团队，为学科建设奠定坚实基础。

三是搭建更多的研究平台。目前在全国高校和科研机构中，带有"边疆"标签的研究平台不少，与边疆学相关的研究机构就更多了，其中中国社会科学院中国边疆研究所、云南大学西南边疆少数民族研究中心和陕西师范大学中国西部边疆研究院等研究平台，是全国较早建立的边疆学研究机构，在国内外学界颇有影响，有的始终起着引领作用。中国社会科学院中国边疆研究所成立于1983年，原称"中国边疆史地研究中心"，是我国边疆研究的重镇。云南大学西南边疆少数民族研究中心成立于2001年，是教育部在全国高校中设置的最早的边疆民族问题人文社会科学重点研究基地，目前已经形成了较强的边疆史地教学研究学科梯队，推出了一批颇有影响的成果。2012年，四川大学与云南大学、西藏大学、新疆大学、国家民委民族理论政策研究室、国务院发展研究中心民族发展研究所等单位联合组建了四川大学中国西部边疆安全与发展协同创新中心。2013年3月，陕西师范大学在原西北民族研究中心（2001年9月建立）基础上组建了陕西师范大学中国西部边疆研究院。2015年，中央民族大学民族学与社会学学院成立了中国边疆学研究中心。这些都是带有"边疆"标签的研究机构。有些研究机构虽然没有挂"边疆"的牌子，但在边疆问题研究方面集聚了一定力量，积累了不少成果，如兰州大学对西北边疆的历史和现实问题的研究、武汉大学牵头的国家领土与海洋权益协同创新中心、复旦大学历史地理所等平台，都对边疆问题有深入研究，都有自己的特色，有些研究领域还处于领先地位。为了更好地建设边疆学学科，还应当建立更多的研究平台，各个平台都应当有自己的优势、自己的特色。众多实力强的研究平台，都会凸显边疆学的地位。

四是搭建更多的合作交流平台。一个学科的发育及成熟，需要多方面的条件支持，合作与交流必不可少，搭建交流平台尤其重要。建立全国性的边疆学学会，办好边疆学刊物，定期召开学术会议，都是非常重要的交流平台。相对而言，办好刊物和举办学术活动这两方面做得不错，但目前还缺全国性的边疆学学会这一学术团体。在办好刊物方面，《中国边疆史地研究》一直走在前面。可以说，《中国边疆史地研究》是目前国内外最具影响力的边疆学方面的学术期刊，已得到学界与社会的广泛认可，对推动边疆学的学科建设和学术繁荣起到了重要作用，边疆学能有今天的局面，《中国边疆史地研究》功不可没。为推动中国边疆学学科建设和发展，中国社会科学院中国边疆研究所又搭建了一个新平台——《中国边疆学》（集刊）。其他一些学术刊物也刊发了大量的边疆学方面的论文。学术会议近年来尤其活跃，中国社会科学院中国边疆研究所和四川大学中国西部边疆安全与发展协同创新中心已经举办了多期中国边疆学论坛，有些高校和科研机构也举办了不少边疆学的相关学术会议。今天我们又在这里举办"新时代中国边疆学学术讨论会"，围绕"中国边疆学学科话语体系建构"等重要问题进行探讨，这些都有助于我国边疆学的学科建设和学科发展。当然，这些还远远不够，还需要更多的单位和更多的学者参与进来，贡献力量，如果能有更多的学术刊物发表更多的高质量论文，能有更多的高校和科研机构举办更多的高层次学术会议，边疆学将会根深叶茂。

五是培养边疆学人才。学科建设的关键在于人才，学科的持续发展关键在于培养出更多的高层次人才。目前中国社会科学院研究生院中国边疆历史系，招收中国史中国边疆史地专业硕士、博士研究生。云南大学历史与档案学院招收"中国边疆学"专业硕士、博士研究生。还有一些高校也开展了边疆学相关的教学活动，也在培养相关方向的研究生。但这些与现实需要相比，与边疆学学科建设与发展的任务要求相比，还有不少差距，这就需要更多的高校和科研机构培养这方面的人才。鉴于目前研究生专业设置的限制，可以在历史学、民族学、政治学、经济学等学科专业中先培养与边疆学相关的研究生，毕业后授予相应学位。目前，较为迫切的工作是组织编写边疆学的基本教材，这既是培养边疆学人才的基础工作，也是边疆学学科建设的题中应有之义。在教材编写方面，客观地说，我们做得很不够，还有很多工作要做，需要我们加倍努力。

六是产出更多的标志性成果。现在关于边疆学方面的成果不少，但水平参差不齐，有的质量很低，至今仍然存在"炒冷饭"现象。这种成果再多，也无助于边疆学的学科建设与发展，反而损害边疆学的学科建设及学术繁荣。建好边疆学学科，需要产出更多的原创性、能够传世的标志性成果，来为边疆学学科大厦添砖加瓦，打好基础。

尽管目前对边疆学的认识还存在一些分歧，但只要经过深入研究和讨论，就会逐步统一思想，提高认识，凝聚共识。我想，只要各方面共同努力，边疆学大厦一定会矗立在学科之林。

（原载《中国边疆史地研究》2018 年第 3 期）

关于中国边疆学学科话语理论体系建构的几点思考

王　欣

一个独立的学科，构建自己的理论体系无疑是至关重要的，对于还在发展中的中国边疆学学科而言更是如此。中国特色、中国风格与中国气派则应是构建新时代中国边疆学学科理论与学科体系的构建目标。在这一思想的指导下，本文主要围绕本学科的话语与理论体系的建构，从基本概念的厘清与界定入手，谈一些不成熟的看法，请大家批评指正。

一　关于"中国"和"中国的边疆"

"中国"以及"中国的边疆"既是中国边疆学研究的对象，也是中国边疆学学科话语体系中的最重要的核心概念，两者密切关联，前者对后者做出规定，后者则依托前者而存在。但是，目前国内外学术界对此却是众说纷纭，[①] 在某种程度上甚至是自说自话，不仅无法展开有效而深入的学术对话，而且不可避免地影响到学术话语与学科理论体系的建构。由于学术立场和国家利益的不同，学界对这两个概念还存在着某些偏见，有的观点甚至存在陷阱，所以需要从历史和现实两个层面上首先加以厘清和界定。

从现实层面上来讲，我们当今所讲的"中国"指的应该而且只能是

[①] 参见赵云田《50年来的中国近代边疆史研究》，《近代史研究》2000年第4期。最近比较集中的谈论可参见葛兆光《什么时代中国要讨论"何为中国"?》，《思想战线》2017年第6期。

"中华人民共和国"（下同），即具有领土、主权和国民等"三要素"的当代民族国家。中国边疆学研究的对象与范围自然是近当代形成和确定并得到国际法公认的"中华人民共和国"疆域，其疆域范围内的各种历史文化遗产以及现实问题无疑应属于中国边疆学研究的具体内容。正因为如此，我们才强调，中国现有的边疆地区"自古以来就是中国领土的一部分"，"是中国神圣而不可分割的领土"。这些论断不仅具有深厚的历史依据，也具有近当代国际公认的法理基础，符合当代国际秩序。对于当代世界各国而言，"国家利益高于一切"都是各国遵循的一个基本原则，我们也不能超越时代，尽管其中存在的某种局限性是不言而喻的。①

从历史层面而言，当代"中国"一方面是从数千年连续不断的前近代历史形态（王朝国家或历史上的中国）中曲折发展而来的，另一方面又是近代民族国家（共和国或当代中国）构建的直接产物。两者之间在形态上虽有明确的承继性，但也具有某种内在的结构性矛盾，进而在直接造就当代中国疆域形态的同时，也带来了所谓的边疆问题。这种结构性矛盾在形式上表现为东西方两种文明体系在历史传统和文化制度等方面的差异和冲突，本质上则是当今国际或族际利益博弈在边疆问题上的反映。由于立场和目标不同，有关边疆学术研究的叙事话语、结构体系乃至结论或评价，不可避免地带有某种政治属性或政治意味，所以边疆研究与学科构建中的家国情怀就显得至关重要。② 对此，我们应有一个清醒的认识。

在前近代现有疆域范围内的波澜壮阔的历史舞台上，各民族在特定的生态环境和历史场景中共同上演了无数分分合合而又相互交融的历史大戏。各民族在共创中华的历史进程中，不仅形成了一个稳定的命运与利益共同体（当代中国）和共有的精神家园（中华民族），而且也奠定了当代"中国"疆域的基本形态。在前近代"内华夏而外夷狄"分布格局下，历史上少数民族在形塑中国边疆基本形态中的地位、作用和贡献甚至更为显著。③

---

① 参见王逸舟《国家利益再思考》，《中国社会科学》2002年第2期。
② 参见李磊等《历史与现实纠葛中的"国家"概念》，《华东师范大学学报》2014年第4期。
③ 参见李大龙《从"天下"到"中国"：多民族国家疆域理论解构》，人民出版社，2015。

至于元、清等少数民族建立的王朝，情况更是如此。可以说，多民族国家的基本格局是中国古代历史上的常态，也是馈赠给近当代的一笔丰厚的历史文化遗产，并内化为凝聚与稳定中国疆域基本形态的强大力量，一直延续至今。就历史传统与当今现实而言，中国从来就不是某个或某些民族的中国，中国的边疆与内地一样，都是中国各民族共有的家园。正因如此，即使有近代以后西方列强不断入侵和蚕食，以及所谓的近代"民族－国家"（Nation-State）理论和国家学说的影响甚至冲击，中国疆域的基本形态依然没有发生根本性变化。这些应当成为构建具有中国特色边疆学的基础和出发点，也是我们避免落入所谓"民族－国家"理论陷阱的自信底蕴所在。

这里引入了"疆域形态"或"边疆形态"的概念，需要首先对此加以界定。按照《现代汉语词典》的定义，"形态"是指"事物的形状或表现"。[①] 在这里可以将其引申为事物的"存在形状"和"发展态势"，具有静态的和动态的双重属性。一方面，前近代中国历史上的疆域和边疆，虽然并没有近现代意义上的严格边界线，在大多数情况下只是一种相对模糊的范围或区域，但是从静态的角度来看，大致形状却是稳定的并一直延续至今，只是从近代以后才由"海棠叶"变成"雄鸡"的模样。另一方面，从动态的角度来看，中国前近代的疆域的具体形状在分裂和统一的形势下又始终是处于发展、变化状态的，原有的疆域随着历史的演进、王朝的更替不断被打破而有所盈缩，但大致仍处在一个相对稳定的形状和范围内。以"疆域形态"或"边疆形态"的概念或话语总结和分析中国历史上边疆形成、演变的规律，也许更符合前近代多民族国家疆域自身发展实际，也是我们在话语层面上构建中国边疆学理论体系的基础和起点之一。

二 关于中国疆域与边疆形态的形成

如前所述，当今中国的疆域与边疆的具体形态虽然受近代以来西方列强不断入侵和蚕食及其所主导国际关系的影响，但更是前近代多民族国家自身长期发展与延续、继承的结果。

[①] 中国社会科学院语言研究所词典编辑室编《现代汉语词典》，商务印书馆，1983，第1289页。

在前近代特别是秦汉以后的中国疆域内，农耕与游牧两大文明体系的互动与博弈一直居于主导地位，并形塑了近代以来中国疆域的基本形态——东起大海，西至葱岭，北抵大漠，南括岭南。在这一相对独立的陆地区域内，尽管自然地理与生态环境复杂，经济类型与生计方式多样，民族与文化形态各异，但大致可归为以农耕为主和以游牧为主的两种文明体系，它们以400毫米与200毫米等降水线之间（农牧交错带）的地带为界，在政治生态上呈现出南部中原王朝与北方游牧汗国长期、持续的互动与博弈。[1] 一方面，在两千多年的和平与战争、统一与分裂、隔阂与交融的历史进程中，这一区域的农耕与游牧两大文明与族群体系中的各个民族，均通过各种方式（如建立政权、和亲、经济贸易等）或形式（如北上、南下、西扩等）参与到这种互动和博弈中，从而为多民族国家疆域形态的形成做出了各自的贡献。另一方面，在此过程中逐渐形成了包括夷夏观（其中既有夷夏之辨也有夷夏之变）、天下观（其中既有"分久必合、合久必分"也有"大一统"）在内的疆域观念与思想，以及基于此的一整套话语体系与政策和制度安排（如因俗而治、朝贡体系、羁縻与藩属制度等），从而在理论上和实践中探索出了一条独具特色的疆域发展道路。[2] 在此形势与基本格局下，前近代多民族国家疆域形态的演变主要集中在北部区域。中国特色边疆学理论与学科体系的建构自然应以此为基础加以展开。

在通常情况下，边疆总是相对于中心而存在的，没有中心也就没有所谓的边疆。在前近代相对独立的这一区域内，农耕和游牧两大文明体系在发展过程中所形成的各种政权无疑均有各自的政治和统治中心，而400毫米与200毫米等降水线之间所形成的自然农牧交错带既是双方共同的也是相对的大致边疆（或接合部）。在两大文明体系对峙与对抗的状态下，这一区域是双方共同的边疆，而在大一统状态下，即游牧政权南下和农耕政权北上并实现一统的情况下，双方这一所谓的边疆就会被打破，而由此造

---

[1] 事实上，这条农牧交错带在前近代的疆域范围内不仅具有划分南北，也具有区分东西的意义。

[2] 参见李大龙《从"天下"到"中国"：多民族国家疆域理论解构》，人民出版社，2015。

成的持续不断的民族融合则进一步消解这种边疆对于双方的实际意义。事实上，即使包括北方游牧文明体系在内的各民族，也会在入主中原的欲望和有效统治农耕区域需要的驱动下，在农耕区域建立自己的统治中心，进而实现对两大文明区域的有效控制和统治。正因如此，前近代的农耕文明体系中心（即所谓的中原地区）往往便成了双方共同的统治中心，北方游牧文明及其邻近区域也就成为事实上的边疆。这一情况对汉、唐王朝是这样，对元、清等王朝也是如此。这既是前近代中国边疆演变的基本规律之一，也是疆域形态形成的内在原因，并在长达两千年的历史凝聚过程中成为一种稳定而持续的传统，影响和延续至今。①

一般而言，人总是以自我为中心生存、生活着的，民族或族群也是如此。边界或边疆总是相对于中心而存在的，没有中心也就没有边疆，反之亦然。所以，所谓的中心或边疆观念的存在，首先是一个视角和立场问题。在各民族生活的区域内，自然存在各自的生产与生活中心，并在各自的区域内形成与之相应的政治与文明形态，由此而产生相对的边界或边疆。但是在前近代多民族活动的这一区域内，在两千多年的历史演进中，各民族经过长期持续的交往、交流和融合，不断地打破这些所谓的边界，并在大一统的政治状态下形成共同的中心和边疆，其疆域或边疆的形态由此基本形成。在不同的历史时期，主导实现大一统的民族，在其所建政权的统治方式、政治制度与经济文化生活当中自然在不同程度上注入了其自己的民族传统，并借助统治机器和思想教化，使之成为其所统治的各民族共同尊奉的准则，其所建立的大一统政权由此自然或多或少地带有其自己的"民族特征"或"民族属性"。如果说，清朝带有所谓的"满洲属性（因素）"的话，那么元朝无疑就带有显著的"蒙古属性"，北魏则带有"鲜卑属性"，而汉、唐、明等王朝则带有"华夏属性"或"汉族属性"。历史上或当今的"汉族"原本就是各个时期以华夏文化为核心的多民族融

---

① 中国前近代疆域形态的形成是多种因素共同作用的结果，其中中华文化的多元性与包容性则是中华民族多元一体格局的形成与共有精神家园建设的文化基础，进一步凝聚和稳定了多民族国家的疆域形态。参见周伟洲《中华文化与中华民族共有精神家园的建设》，《民族研究》2008年第4期。

合体，在不同的历史情境具有不同的含义。随着各族所建王朝的更迭，包括疆域形态在内的这些所谓"民族特征"或"民族属性"中的一部分或大部分，往往会作为历史遗产为后世各民族所继承乃至发扬，构成多民族国家发展中的有机组成部分。为了刻意去除所谓的"汉族中心论"，强调某些王朝的"民族因素"，不仅在逻辑上存在明显的悖论，更与多民族国家发展演变的历史事实和规律不符。

事实上，中国疆域在前近代大一统局面形成前，通常首先都是农耕文明区和游牧文明区的局部统一，再由其中的一方实现最终的一统。游牧民族和农耕民族主导下的大一统，其统治方式尽管有一定的差异，但统治中心和疆域形态却大致是相似的，即以农耕文明区为中心，统治或控制农耕与游牧两大区域。在大一统状态下，中原农耕文明区既可以是农业民族所主导王朝的统治中心，也往往或最终是游牧民族所主导王朝的统治中心，而无关大一统王朝统治者的民族属性。中原农耕文明区之所以成为各大一统王朝的统治中心，可能主要是由于这一区域庞大的人口数量、稳定的生活状态、成熟的政治体制和深厚的文化积淀。从人类文明发展的长时段角度来看，农耕文明所具有的定居生活方式，为各种文明形态的发展提供了相对稳定和连续的社会环境，促进了商业文明的繁荣、经济财富的积累，及多民族文化的传承、交流与交融，并直接导致了生产力与生产方式的变革，进而催生了近代资本主义。对于前近代中国历史发展的进程而言，情况也大致如此（至于中国历史上何以没有产生资本主义，则是另外一个话题，此处暂且不论）。无论是农耕民族还是游牧民族所建立的大一统王朝，最终将统治中心确定在农耕区域；对于前者而言，游牧区域自然是边疆，而对后者而言，原本作为自身中心的游牧区域也随着自己最终入主中原而完成从中心到边疆的转换。易言之，在大一统状态下，游牧区域始终是该王朝的北部边疆。可以说，前近代中国疆域发展的基本规律就是以农耕文明区为统治中心，整合南部农耕与北部游牧两大文明区，由此也就确立了大一统状态下的疆域格局和边疆形态。[①] 所谓"天下大势，分久必合，合

---

① 参见王文光《"大一统"中国发展史与中国边疆民族发展的"多元一统"》，《中国边疆史地研究》2015年第4期。

久必分",是所谓的"天下"和"天下观"下的思想自信。尽管在这种观念的指导下,中心与边疆转换、轮回的历史大剧不断上演,但前近代多民族国家的疆域形态却在这种转换、轮回中得以形塑、凝聚,最终趋于稳定并延续至今,成为各民族共同的历史文化遗产。其中王朝的正统性,成为在思想上和区域上确定统治中心,凝聚疆域形态的主要内在动力。①

需要强调指出的是,当今学术界所谓的"内亚""内陆欧亚"或所谓"亚洲腹地"等话语,是伴随着近代以来人类生产力的发展、工业文明的兴起、西方所主导资本主义和殖民主义的全球扩张所导致的人类知识体系的拓展而产生的,具有鲜明的时代特点。由此而出现的这些所谓的学术话语、研究视角与理论体系,不仅带有浓厚的西方文明背景,而且不可避免地打上了殖民主义的烙印。用这些话语和理论研究乃至解构多民族国家疆域发展的历史是否适合我们姑且不论,脱离乃至无视其自身发展规律的现象则是存在的。特别是在我们自身的研究薄弱、规律总结不够,相关理论、话语体系的建构尚未完成与完备的情况下,我们缺乏展开平等的学术对话前提。这才是造成我们当今学术界和思想界有关边疆、民族的认识混乱,西方主导的某些理论和话语体系在国内一定范围内仍然受到追捧的根本原因。②

三 余论

边疆和领土事关民族与国家核心利益,原本就带有强烈的政治性,古今中外,概莫能外。虽然说学术无国界,但是学者有祖国,学术有立场。当今西方有关中国边疆和民族研究的各种学说和理论,虽然在话语叙述、理论体系、研究方法、研究视角和学术视阈等方面具有很高的借鉴价值和意义,但是即使抛弃其背后可能存在的政治考量不谈,其学术背景和文化立场无疑是存在的。"所有历史都是思想史",在某种意义上或即指此。对此,我们首先应有一个清醒的认识。当代中国的疆域和边疆是从历史上发展、演变而来的,与历史上的疆域和边疆存在着千丝万缕的联系。构建新时代中国特色的边疆学学科应当以我为主,在充分吸收人类各种文明成

---

① 参见杨念群《诠释"正统性"才是理解清朝历史的关键》,《读书》2015 年第 12 期。
② 参见王欣《中国边疆学构建面临的几点理论挑战》,《思想战线》2014 年第 3 期。

果，尊重自身历史和传统的基础上，凝练并提出自己的话语和话语体系；从维护国家核心利益的立场出发，科学总结中国疆域发展和形成规律，多层面、多维度地提炼出并建构自己的一套成熟的边疆理论体系，才能平等地与国际学术界展开对话。①

"一切历史都是当代史"，这一方面说明一切学术都将随着时代的发展而发展，并在不同的时代面对新的问题并形成与之相应的学术话语、视角和理论体系，体现着时代的进步；另一方面其实也在提醒我们，所有学术理论的发展都是特定时代情境下的产物，其研究理论、视角与方法都不可避免地带有时代的烙印和局限性。这就要求我们在讨论和构建中国边疆学学科理论的时候，一方面必须正确认识、借鉴和吸收当今国内外的一切相关研究成果；另一方面，则应当回到中国边疆发展与形成的历史情境中，用符合当时历史情境的话语去理解过去，建构符合自身历史实际与规律的话语和理论体系，并以之阐释中国边疆的现在，而不是简单照搬西方的某些理论甚至以此曲解多民族国家疆域演进的历史事实。②

明乎此，当代中国边疆学学科话语与理论体系的建构似乎可以（但不限于）从以下几个方面展开。

1. 在前近代中国历史的语境中凝练出有关疆域和边疆的本土化话语。

2. 厘定本土话语表述的基本概念并使之系统化，进而厘清其与当代话语之间的区别与联系。

3. 以系统化的本土话语阐明前近代中国疆域与边疆形态发展的基本规律，并分析其近代转型的复杂历程。

4. 在此基础上，从思想、制度、实践等层面上建构符合中国历史传统与现实状况，并具有自身特色的边疆学学科体系。

毋庸讳言，近代西方列强的入侵打断了前近代中国历史某种循环发展的进程，造成了"千年未有之变局"，其不断的蚕食也在局部改变了中国疆域的某些形态。西方资本主义世界所倡导的"民族－国家"理论及其所主导的国际秩序也不断地对东方社会传统的"大一统"天下观和所谓的

---

① 参见马大正《中国疆域的形成与发展》，《中国边疆史地研究》2004年第3期。
② 参见周伟洲《论中国与西方之中国边疆研究》，《民族研究》2015年第1期。

"前近代东亚秩序"（姑且如此称谓）形成挑战，甚至大部分近当代学科体系、学术话语、研究方法与学术规范都是由西方学术界主导和引领的。但这些不应成为妄自菲薄、盲目跟风，甚至比附、攀附西方学术风潮乃至借以自重、自大的理由。相对于鲜活而丰富的实践活动而言，某些理论往往显得很苍白。事实上，近代以来中国虽然历经各种曲折和苦难，但仍然顽强地应对了各种十分严峻的挑战，保存着较为完整的基本疆域形态，其中的经验是值得认真总结的。经过改革开放40年，中国已完全摆脱经济上的贫困落后状态，综合国力不断增强，在全面建成小康社会的新时代的形势下，中国边疆学的学科建设也应树立"五个自信"，在边疆发展历史文化遗产的基础上，科学借鉴人类文明发展的各种优秀成果，通过构建具有中国特色、中国风格和中国气派的中国边疆学学科理论与话语体系，向全世界介绍和分享中国发展经验，为构建人类命运共同体做出自己的贡献。

（原载《中国边疆史地研究》2018年第3期）

建构中国特色的中国边疆学话语体系[*]

苗 威

党的十九大报告提出"加快构建中国特色哲学社会科学"[①]的指导思想，为我国哲学社会科学指明了发展方向，建构具有中国特色的学科体系、学术体系和话语体系成为哲学社会科学的研究热点。而中国边疆学作为新兴学科，加强三种体系的构建，是新时代赋予边疆学人的使命，也是厚积千年的中国边疆研究薄发的关键所在。对于中国边疆学而言，三种体系同等重要；但是，话语作为传输知识、表达思想的媒介，其系统与科学性的建构具有特殊的价值和意义，正如习近平总书记所强调的："发挥我国哲学社会科学作用，要注意加强话语体系建设。"[②] 打造具有中国特色、中国风格、中国气派的中国边疆学话语体系，是中国边疆学完成学科建设的必要条件，是中国边疆学的学术能够合理、完整而有效表达的必要条件，同时是巩固和发展马克思主义在意识形态领域的指导地位、增强话语权和维护国家文化安全的必然要求，是增强国家文化软实力、国际影响力和推动中华文化走向世界的必然要求。[③] 由于"边疆"连接此疆与彼界的

---

[*] 本文系国家社科基金专项（17VGB005）阶段性成果。
[①] 习近平：《决胜全面建成小康社会 夺取新时代中国特色社会主义伟大胜利——在中国共产党第十九次全国代表大会上的报告》，人民出版社，2017，第41页。
[②] 习近平：《在哲学社会科学工作座谈会上的讲话》，http://www.xinhuanet.com/2016-05/18/c_1118891128.htm，访问时间：2018年4月10日。
[③] 参见朱继东、李艳艳《打造中国哲学社会科学学术话语体系必须防止的几种倾向》，《红旗文稿》2012年第21期。

固有特色，话语体系所表达的边疆思想的严谨、合理与科学至关重要。

一　中国边疆话语体系的学科条件

经历千年积累，百年探索，三十年创新，中国边疆研究已经基本完成学科层面的建构。学界普遍认为，汇集某一门类知识的平台，即是学科。有关于中国边疆的知识汇聚在一起，由同一个平台所承载，便形成了有明确定位和鲜明特色的中国边疆学。中国边疆学纵向的学科体系布局合理、发散整合的情况良好：中国边疆历史、中国边疆政治、中国边疆经济、中国边疆地理、中国边疆民族等二级学科，每个二级学科之下有若干三级学科。研究方法多样，历史与现实结合，基础与应用结合，[①] 同时在学科体系的框架内，与知识的创新、传授、研究等有关的学科建设活动开展得丰富多彩。中国边疆所涵盖的区域广阔，东北、西北、东南、西南各边疆地区分别形成了具有地域特色的教育与研究，特殊性与共性交织，构成了现阶段中国边疆学繁荣的学科建设状况。中国边疆的学科、学科体系、学科建设的现实情况以及学理层面，鲜明地透视出话语体系的重要性。一方面，话语是表达边疆思想与传递边疆知识的媒介，没有科学、成熟的话语体系，学科便失去了成立与存在的前提；另一方面，中国边疆学的理论价值和应用价值，主要是通过话语体系来体现与表达的。同时，成熟的学科要求构建科学、合理的话语体系，以表现其对现实具有指导作用、对未来具有预测作用、对跨边疆的域外具有可交流性。所以，学科建设的根本就是话语体系建设，"话语没有特色，学科难言价值；话语体系没有形成，学科体系难言影响"。[②] 中国边疆学发展至今，构建适应边疆属性、符合中国边疆特点的话语体系具有重要意义。

中国边疆学的学术体系是中国边疆学知识（特别是有关边疆沿革的知识）、理论以及实践的系统化，是中国边疆学领域专门认识活动的产物，是中国边疆文明发展的结晶，承载和映现了中国边疆的历史和现实。通常

[①] 参见马大正《关于中国边疆学构筑的学术思考》，《中国边疆史地研究》2016年第2期。
[②] 参见张桂林《逻辑要义、历史努力与认知前提：建构中国特色政治学话语体系》，《政治学研究》2017年第5期。

认为，学术体系包含学术观点、学术思想、学术成果、学术人物、学术方法、学术评价、学术影响、学术传承、学术风气等方面，是学术能力和学术水准的集中体现，其系统化的过程大体是基于资料、始于问题、链以逻辑。新时期的中国边疆学研究应坚守千年传承，既了解"内"，更了解"外"，少一些瞻前顾后、欲言还休，多一些问题意识、中国认识、实践方法。在一度"失语"的学术体系中嘹亮发声，不能因为今天有所顾忌而带来的失语，造成明天无可挽回的"失忆"。中国特色的边疆学正处于建设的关键时期，面对各种机遇与责任、问题与压力，中国边疆学学者应当有所作为，适时完善中国特色的边疆学三个体系，学习边疆，研究边疆，并以学术戍守边疆，进而实现人类命运共同体的良性互动与健康发展。

近40年来，在以中国社会科学院中国边疆研究所（原称中国边疆史地研究中心）为核心的边疆研究学者的共同努力下，中国边疆学在学科目标的提炼、学科结构的打造、学科框架的搭建、研究平台的推出等方面取得了重大突破，在研究人员的培养、学术成果的积累等方面取得了可喜成果。但是，应该看到，中国边疆学话语体系相对较弱，尤其是某一学术体系与邻国的学术体系相交叉、叠合时，往往自缄其口，造成话语断裂、缺失甚至失语。正是由于中国特色的话语体系和话语创新相对滞后，中国边疆学的学科价值也才更加突显。

尽管具备深厚的积淀与传统，但从学科层面而言，中国边疆学尚处于建设的过程之中，仍然属于新兴的学科，有许多环节需要完善与丰富。"三个体系"的建设都有待加强，而话语体系作为其中最显性的组成与核心表达，具有更多的实践意义，因而需要更为充分的建构。正如习近平总书记所指出的，"哲学社会科学发展战略还不十分明确，学科体系、学术体系、话语体系建设水平总体不高，学术原创能力还不强"[1]，新兴的、具备重要实践指导指向的中国边疆学，尤其"要注意加强话语体系建设"[2]。

---

[1] 习近平：《在哲学社会科学工作座谈会上的讲话》，http://www.xinhuanet.com/politics/2016-05/18/c_1118891128.htm，访问时间：2018年4月10日。

[2] 习近平：《在哲学社会科学工作座谈会上的讲话》，http://www.xinhuanet.com/politics/2016-05/18/c_1118891128.htm，访问时间：2018年4月10日。

努力构建中国边疆学话语体系是时代的使命。

二 中国边疆话语体系的历史基础

话语体系是学科存在的基础。学科的价值取决于话语体系的科学性、合理性以及指导实践的能力。因而，建构既可以通古今之变，又能够充分解释现实、预测未来的话语体系，着力打造其跨文化交流的能力，是中国边疆学存在以及发展的必要条件。中国边疆学作为尚在建设中的新兴学科，无论是学理，还是话语体系都处于探索与完善阶段，然而，由于具备坚实的基础，中国边疆话语体系日趋完善而成熟，中国边疆学建构完成已经是"破茧"可期。

首先，建构中国边疆话语体系的基础是充分的文献依据。汉字是世界最悠久的文字之一，更是当今世界唯一不曾间断地通行的古老文字，从成熟的文字甲骨文算起，至少已经有3000年的历史。[1] 因此，中华文明与中国历史在汉字的承载与书写中源远流长，具有持久的延续性与强大的生命力。而中国边疆的盈缩丰瘠、发展嬗变也得到了相对完整的记述，相关话语体系的构建有史可依。

有关中国边疆的文字记载非常丰富，举凡经、史、子、集，从先秦诸子到历代史家，都有着力不同的记述，为我们追溯中国边疆的发展轨迹提供了丰富的史料，也造就了中国边疆悠久厚重、史迹清晰、环环相扣、彼此印证的特点。

早在传说时代，中国就有关于边疆的记述。据《大戴礼记·五帝德》载，舜时天下格局稳定："南抚交阯、大教，鲜支、渠廋、氐、羌，北山戎、发、息慎，东长、鸟夷、羽民。"以"南""北""东"部边疆所居住的人群为载述对象，清晰勾勒了当时的边疆范围。周朝建立后，关注地

---

[1] 唐兰认为，"汉字有一万年的历史"（《古文字学导论》，上海古籍出版社，2016）。陈五云认为，半坡、姜寨等遗址陶器上排列有序的符号（距今有6000～7000年）、大汶口文化陶器上的象形符号（距今4500～5000年），从记事与文化传播的角度来看，与文字已有关联（《汉字的起源和形成》，《上海师范大学学报》1996年第3期）。鲁毅认为，汉字的发生远在夏以前，至少在四五千年前，文字已经非常发达（《汉字——中华文明的历史丰碑》，《光明日报》2007年4月6日第9版）。

域，强调管土，据《左传》昭公九年条载，武王克商之后宣称："蒲姑、商奄，吾东土也；巴、濮、楚、邓，吾南土也；肃慎、燕、亳，吾北土也。"以东北边疆为例，"息慎"即"肃慎"，分布于不咸山（今长白山）的东北；"发"也称作"北发"，是东北地区的貊人，居于肃慎之南，大体是在辽东地区，北与肃慎相连接；山戎的分布区在辽西，即今西辽河、大凌河流域。① 按照五服的观念，天下之民从"地之中"开始，对应政治影响和文化辐射的递减，依次列居，对此《国语》《禹贡》以及其他经史之中都有体现。四边之民皆在服内，所居之地是谓今天的"边疆"。

自秦汉始，王朝统一模式以及与之伴生的儒家政治秩序，体现在文献修订上，呈现出"内诸夏外夷狄"的文本结构。在汉初所开创的中国正史中，对边疆的书写形成范式。《史记》专门为边疆民族与政治势力列传，分别有《大宛列传》《西南夷列传》《匈奴列传》《东越列传》《南越列传》《朝鲜列传》；《汉书》则为《西南夷两粤朝鲜传》《匈奴传》《西域传》；《三国志》始有《乌丸鲜卑东夷传》；《后汉书》次第列有东夷、南蛮西南夷、西羌、西域、匈奴、鲜卑乌桓诸传。至唐修八史，一以贯之地严四夷之限，皆有四夷传。"袭冠带以辨诸华，限要荒以殊遐裔，区分中外，其来尚矣。九夷八狄，被青野而亘玄方；七戎六蛮，绵西宇而横南极。"② 是谓四夷居于要服与荒服之内。追至元代史官修宋、辽、金三史时，将前代正史中的"四夷传""夷狄传"等有关域外记载的列传名称，改以"外国传"，"并从内容与结构上有意识地区分出不同性质的周边"，③ 无论是四夷、部族，还是外国与属国的组合范式，中国正史中的边疆或边民，都得到了系统记载与书写，为我们今天的历史解释提供了基本的依据。

其次，围绕边疆以及边疆管理，古代中国已经积淀了相对系统的理论。从历史上来看，中国的边疆并不是固定的区域，而是随着中原王朝的盛衰以及史家视域的伸展有所变动，所以，在研究"中国边疆"的过程

---

① 参见刘子敏《肃慎族源、地望辨》，韩国暻园大学校亚细亚文化研究所编《亚细亚文化研究》2000 年第 4 期。
② 《晋书》卷 97《四夷列传》。
③ 钱云：《从"四夷"到"外国"：正史周边叙事的模式演变》，《复旦学报》2017 年第 1 期。

中，不能固守条约体系以来所形成的"边界"，而应该历史地看待边疆，而先贤对于政权之"边"早有阐述。

较早的认知相对朴素，比如"天下观"即源于先民的生存体验，最初所谓的"天"是具体而非抽象的概念，表达了人站立于天地之间仰头所见的穹庐；与其对应的是处于天之下，俯视可见的生栖之"地"，是以形成了"天下"的早期意识。上古无国界，"天"以及与天有关的"天子""天下"就成为理解传统中华文明的关键词。① 而"天圆地方"的空间秩序也是鸿蒙初辟时"天下观"的预设性框架，随着人类认识的发展，"天下"成为"以文化之"的制度世界。② 《诗经·小雅·谷风之什·北山》所谓"溥天之下，莫非王土，率土之滨，莫非王臣"，是先秦天下秩序最为清晰的表达。因而可以理解为，"天"的边缘是最初朦胧的边疆。天下观在中国的影响非常深远。

一方面，为拓展与控制天下，商时有"内外服"制，利用这个由内到外的发散状态，天子把"天下"拓展到了数千里之外。在此基础上，至周时，在天下之内，以都城所在为中心，按距离远近，五百里一服，将"天下"逐级分层，是为甸服、侯服、绥服、要服以及荒服等五服，最远的即为边疆。③ 从性质上讲，"西周的五服制是周朝对国内诸侯及边疆民族方国所规定的朝贡制度"。④ 《国语·周语上》祭公谋父所说先王之"五服"制："邦内甸服，邦外侯服，侯、卫宾服，蛮、夷要服，戎、狄荒服。甸服者祭，侯服者祀，宾服者享，要服者贡，荒服者王。日祭、月祀、时享、岁贡、终王，先王之训也。"据此可知，五类服将不同地域、不同层次的诸侯以及方国纳入西周的朝贡体系中，从而确立了西周对"天下"的国族、周边邦族的管理方法。被纳入要服、荒服的东、南边疆的蛮夷，西、北边疆的戎狄，向西周履行朝贡以及朝见侍王义务。边疆邦族不仅在

---

① 参见韩东育《东亚世界的"落差"与"权力"——从"华夷秩序"到"条约体系"》，《经济社会史评论》2016年第2期。
② 李宪堂：《"天下观"的逻辑起点与历史生成》，《学术月刊》2012年第10期。
③ 参见李大龙《西汉藩属制度（奉职贡）的形成与实践》，《青海民族大学学报》2017年第1期。
④ 马大正主编《中国边疆经略史》，中州古籍出版社，2000，第24页。

政治上以朝贡方式表达对西周的臣服，同时，也在宗教文化方面，以献祭、献役的方式表达对周的认同。① 五服制是东亚世界秩序的早期范式，是古代中国涉及边疆的重要理论，推动了东亚区域内众多政权的演变和族群凝聚，进而成为古代东亚世界处理政治势力间关系的通用法则。另一方面，天子所统领的"夷""夏"，是"天下"最有效的核心力量。夏是指在中原地区形成的华夏族以及由其发展而来的汉族。尽管我国历史上很多民族都有具体的名称，但是夷仍然是华夏族之外的其他族群的泛称。② 夏与华早在甲骨文中就已经出现，其所指分别是地理上的华山和大夏；作为先秦各代的政治核心区，华夏与"四方""四夷"相对；又以处于"中"而转化为"中华""中夏"。③ 因而，夏夷之别，在于文野而非血统。但从地域上来讲，夏居于中，而夷列于边，夷为边疆地区的代名词。夷夏观对于中国疆域形成的影响很大，促成了中国核心中原地区的一统；④ 同时，也为边疆民族提供了一个良好的发展思路，即以夷变夏。在历史上，不乏由地处边疆的夷人突破"夷夏"之防，向中原发展的案例，比如契丹、女真以及满族。所以夷夏之间的互动与凝聚，也是中原与边疆一体化的表现。

特别值得关注的是，萌生于三代，明确于东周的"大一统"观念，落到实处时，其目标直指"天下"，而天子被赋予了最具备"统"的资质与完成天意的政治权威。所谓"一统"，包含两层含义，即"时空上的'一'和政治上的'统'"。⑤《春秋公羊传·隐公元年》条载："何言乎王正月。大一统也。"《春秋公羊传注疏》有言："统者，始也，总系之辞。夫王者，始受命改制，布政施教于天下，自公侯至于庶人，自山川至于草

---

① 参见张利军《五服制视角下西周王朝治边策略与国家认同》，《东北师范大学学报》2017年第6期。
② 《礼记·王制》载："中国戎夷，五方之民，皆有性也，不可推移。东方曰夷，被发文身，有不火食者矣。南方曰蛮，雕题交趾，有不火食者矣。西方曰戎，被发衣皮，有不粒食者矣。北方曰狄，衣羽毛穴居，有不粒食者矣。"
③ 参见韩东育《东亚世界的"落差"与"权力"——从"华夷秩序"到"条约体系"》，《经济社会史评论》2016年第2期。
④ 参见李大龙《传统夷夏观与中国疆域的形成》，《中国边疆史地研究》2004年第1期。
⑤ 韩东育：《东亚世界的"落差"与"权力"——从"华夷秩序"到"条约体系"》，《经济社会史评论》2016年第2期。

木昆虫，莫不一一系于正月，故云政教之始。"可见，大一统强调的是王的绝对权威和天下政令的统一。《春秋集传详说·纲领》云："春秋大一统之义，内京师而外诸夏，内中国而外吴楚，尊王抑霸，讨贼扶善，以存天理而遏乱源。"很明显，京师居于核心地带，而诸夏则居于其外，最外层是蛮夷之风的吴楚，或可理解为边疆。至汉朝时，"大一统"成为天下大治的核心理论。

中国传统的边疆学理论为现代的边疆学提供了深厚的学养。我们应该基于传统的认识体系，聚焦实践，发现并解决现实边疆的真问题。

整体而言，历史时期内，有关中国边疆的文献资料与传统的疆域理论，皆为我们现实思考中国边疆学话语体系，提供了有力的支持。

三 中国边疆学话语体系的探索与实践

与中国悠久的历史相伴随而存在的知识积淀，为边疆学的建构奠定了厚重的基础。从历史的角度看，由于中国地域广阔，在政治一体化、民族共同体的"天下"格局内，中国边疆话语首先在政治层面出现，并贯穿成体系。如上文所述，最早关于"边"的记载见于舜所抚育的四方之民，周武王所称的四方边土。随之，在研究层面出现，形成多套解释体系。自近代以来，基于对边疆历史的反思、解决边疆现实问题的需要等因素，中国边疆研究出现了三次学术高潮，形成了"点"与"面"既自成一体，同时又前后接续延承的学术范式。[1] 综合而言，近30年来中国边疆学的话语创新表现在三个方面。

一是边界话语。条约体系形成以来，东亚的传统格局逐渐解体，民族国家围绕"边界"来建构自己的历史认识体系，进而对被边界所切割的古史形成截然不同的差异性认识，这种反差极强的认识成为影响邻国关系的鸿沟，甚至是龃龉的导火线。对于跨界历史，改革开放之初，谭其骧用以鸭绿江、图们江为界的中朝国界为例，指出："历史上的高丽最早全在鸭绿江以北，有相当长一个时期是在鸭绿江、图们江南北的，后来又发展为

---

[1] 参见李国强《开启中国边疆学学科建设新征程》，《中国边疆史地研究》2018年第1期。

全在鸭绿江以南……当它建都鸭绿江北岸今天的集安县境内，疆域跨有鸭绿江两岸时，我们把它的全境都作为当时中国的疆域处理。但是等到5世纪时它把首都搬到了平壤以后，就不能再把它看作中国境内的少数民族政权了，就得把它作为邻国处理。不仅它鸭绿江以南的领土，就是它的鸭绿江以北辽水以东的领土，也得作为邻国的领土。"① 即以今天国界作为核心判断，都城所在地的位置决定了古代政权的历史归属。这一说法始于1981年，在其后十余年内影响着中国学界对跨界历史的认识。然而"迁都"说不断遭到质疑，世界史学者在反思中认为，"要尊重历史与疆域存在着双向继承的客观事实，而不采取排他独占的立场"。② 随之，对于跨越边界的历史出现"一史两用"的认识，③ 并被热议。④ 以静态的近现代以来所形成的边界衡量动态的历史发展，相较于之前边疆研究一度乏语、边疆史"被"外国史的情况，这一话语看似是一种改变，但是由于存在重大逻辑缺陷以及认识偏差，并没有消除边界双方的话语矛盾与冲突。从中国与周边的良性交往与交流、化解争端以及构建人类命运共同体等角度，需要更科学、踏实、稳健的话语体系。

二是治理话语。中国向来关注边疆的开发和边疆问题的解决，历史上的"边疆"话语和"边政"概念对今天"边疆治理"概念的形成产生了深刻影响。⑤ 随着边疆治理概念被提出、界定和普遍应用，边疆治理研究逐渐成为一个专门的研究领域。近年来，"边疆治理"话语被正式提出，

---

① 谭其骧：《历史上的中国和中国历代疆域》，《中国边疆史地研究》1991年第1期。
② 徐德源：《关于朝鲜半岛早期史研究经受误导的反思》，《全国首届高句丽学术研讨会论文集》，1999，第184~195页。
③ 参见姜孟山《高句丽史的归属问题》，《东疆学刊》1999年第4期。
④ 参见张碧波《关于历史上民族归属与疆域问题的再思考——兼评"一史两用"史观》，《中国边疆史地研究》2000年第2期；孙进己《国史范围的确定》，李国强、李宗勋主编《高句丽史新研究》，延边大学出版社，2006；朴灿奎《浅谈高句丽历史归属研究的几个问题——兼谈古代跨境民族与政权历史归属标准问题》，马大正、金熙政主编《高句丽渤海历史问题研究论文集》，延边大学出版社，2004；朴文一《关于在历史上"中"与"外"的划分问题之初见》，厉声、朴文一主编《高句丽历史问题研究论文集》，延边大学出版社，2005。
⑤ 参见孙保全、赵健彬《"边疆治理"概念的形成与发展》，《广西民族大学学报》2017年第3期。

研究成果众多,并逐渐系统化。① 党的十八大以来,我国提出了一系列治理边疆的新理论和新战略。党的十九大为我国新时代背景下的边疆治理提出了新思路、新理念和新方式,为我国边疆治理体系和治理能力现代化,以及边疆地区的安全、稳定和发展提供了政治遵循。中国边疆地区与其他地区一样,主要矛盾是人民日益增长的美好生活需要和不平衡、不充分的发展之间的矛盾。中国要着力加快边疆发展,确保边疆巩固、边境安全;坚决打击暴力恐怖活动、民族分裂活动和宗教极端活动,有效维护国家安全;坚持"一国两制",维护祖国统一;坚持陆海统筹,加快建设海洋强国。② 中国边疆治理与周边国际环境的良好顺畅密切相关,因而,构建"人类命运共同体"应该从中国边疆稳定与周边和睦开始。周边国际环境对中国非常重要,直接影响着中国的崛起和发展。中国边疆治理的话语体系有效整合了相关的思路与做法、力量,直接指向了边疆的现实问题。

三是利益话语。利益边疆是美国等西方国家从维护自身利益的需要出发,用以描述和分析国家的新边疆形态,以及制定地区或全球战略时经常使用的概念和思维。③ 这里的"边疆"不是单纯的自然地理的疆界,而是国际关系体系中的边疆。边疆和边界从传统的、有形的地理疆域拓展到无形的利益边疆,导致"边疆"问题已经不是理论问题,而是实践问题。④ 国家利益的延伸和扩展,使原本与首都相距遥远的边疆事务越来越紧密地与国家利益联系在一起,边疆的概念随之扩展,在我国也出现了对边疆的新认识。⑤ 它超越了传统领土边疆的范畴,是全球化时代突显出来的概念,而非传统的安全概念。诸如疾病、毒品、生物、资源、信息和恐怖主义

---

① 参见李朝辉《2016 年中国边疆治理研究述评》,《云南行政学院学报》2017 年第 5 期。代表作有周平《中国的边疆与边疆治理》,《政治学研究》2008 年第 2 期;陈霖《中国边疆治理研究》,云南人民出版社,2011;吴楚克《中国边疆政治学》,中央民族大学出版社,2003;何跃《冷战后中国西南边疆的安全困境与安全治理》,《云南师范大学学报》2007 年第 5 期;孙勇编著《维护西藏地区社会稳定对策研究》,西藏人民出版社,2015。
② 参见邢广程《新时代中国边疆治理的新思路》,《边界与海洋研究》2018 年第 2 期。
③ 参见周平《中国应该有自己的利益边疆》,《探索与争鸣》2014 年第 5 期。
④ 参见于沛《从地理边疆到"利益边疆"——冷战结束以来西方边疆理论的演变》,《中国边疆史地研究》2005 年第 2 期。
⑤ 参见邢军《特纳的边疆学说及其对我国沿边地缘政治经济研究的启示》,《社会科学战线》2006 年第 6 期。

等，都涉及利益。① 所以，这一新理论、新思路、新概念，需要持续关注，以应对国际跨领土边疆带来的利益"邻居"。

四是安全话语。党的十九大报告指出："加快边疆发展，确保边疆巩固、边境安全。"边疆安全是国家安全的重要组成部分，安全既包括传统安全，同时也包括非传统安全。边疆的安全与稳定是国家政治稳定的重要内容。它与边疆治理有一脉相承的地方，近年来研究成果较多，② 构成了一个相对系统的话语体系。

各种围绕中国边疆所建构起来的话语体系，分别存在一定的合理性，同时在话语的内部结构与逻辑上，也存在需要解决的问题。因而，我们需要建构更全面、更科学、更具有指导作用以及包容性的话语体系，以适应中国边疆学的时代需求。

四　中国边疆学话语体系的特征

中国边疆学发展至今天，形成了自己的话语体系特征。

首先，具有传统性与继承性。中国历史悠久，所以中国边疆与欧美以及其他国家相比，最大的不同在于，传统的厚度与继承的体量都远胜于其他国家。因而，以中国边疆的历史与现状为研究对象的中国边疆学与历史学的关系至为密切。一方面，历史脉络的梳理和史事的考证从来是历史学的研究内容；另一方面，现状从来不能脱离历史而存在，尤其是现实问题的出现往往与历史密切相关。因此，"历史学的理论和历史学的研究方法是中国边疆学赖以生存的基础"。③ 当代边界研究受益于对边界变化进行解释的历史分析，既可以避免将理想的边疆状态与历史实际相混淆，也会让人们理解民族国家不仅对领土具有主权，事实上，也在意识形态的建构中拥有"自主性"。在自主的同时最大限度地尊重历史，保持传统，是边疆学话语体系构建的任务之一。

---

① 参见马大正《当代中国边疆研究（1949—2014）》，中国社会科学出版社，2016，第493页。
② 参见万秀丽、牛媛媛《国家安全视野下西部边疆治理研究》，《实事求是》2018年第1期；郭才华《论我国边疆的安全问题——以新疆地区文化援疆为视角》，《知与行》2017年第11期。
③ 马大正：《关于中国边疆学构筑的学术思考》，《中国边疆史地研究》2016年第2期。

其次，中国边疆话语体系的建构遭到挑战。对疆域作整体考察时可知，人类对于边缘的审视与经营往往着力更多，原因之一在于，此边所接壤的是彼边。边疆虽然远离"中心"，但却是国家和地区间文化、政治、民族碰撞最为直接的区域。边疆既有"传统的友谊"，也有现实的龃龉。自近代以来，围绕边疆区域，中国与邻国的认识体系有所叠合，各方历史系统交叉而且冲突，这既因为在围绕历史事实进行争论与解构，进而建立新的话语体系的过程中各方"受到自身的国家、民族、阶级、性别等身份认同与社会现实的影响"，[1] 同时也因为被静止的现实边界切割的历史，被刻舟求剑式的逻辑所解构。由于边疆的地缘属性，它具备核心以及其他区域所不具备的敏感性，因而，边疆学具有鲜明的现实指导作用。无论是边疆治理，还是边疆安全、边疆利益，话语的科学、适用、连贯而且完整，具有重要意义与深远影响。

再次，边疆话语体系具有重要的平衡作用。边疆所承载的信息是丰富的，在利用相关信息进行解读的过程中，如果过于偏重现实，也就是说有意无意地减少历史分析，毫无疑问会弱化历史记忆，掩盖边疆地区在文明初期被经营的模样以及政治势力最初开发"边疆"区域的历程，进而强化在当今的边界划定后，边疆成为边疆、国家各自守边自持的现实在历史上的"合法"性。民族国家理想的疆域往往与事实有很大的差距，而一旦掩盖了历史发展历程，边疆所连接的两国，它们和平相处的心态可能会在事实与欲望的冲击下失衡，进而导致边疆这一蓄水池波澜顿起，从这个意义上说，边疆在民族国家的历史与现实之间，起着巨大的平衡作用。

综上，中国边疆是中国统一多民族国家长期发展的产物，由于地域广阔，此疆之内的政治、自然、社会状况，同边界之外的毗邻势力既有差异，也有联系。"中国边疆"拥有丰富的内涵，从学科的角度看，尚处于建构的过程之中，属于"新兴"；从研究的角度看，历经千年积累，百年探索，三十年创新，[2] 可谓"悠久"。有机承载了"古"与"新"这一悖论性命题的中国边疆学，具备哲学社会科学所要求的"立足中国、借鉴国

---

[1] 王明珂：《从中原到边疆：对典范中国史的反思》，《文化纵横》2015年第4期。
[2] 参见马大正《当代中国边疆研究（1949—2014）》，中国社会科学出版社，2016。

外，挖掘历史、把握当代，关怀人类、面向未来"[①] 的各个层面，其学科意义与价值已经充分体现。话语体系只有通过充分的凝练与完善，才能满足中国边疆学建构的紧迫需求，凸显中国边疆学的实践价值。

推进中国边疆学研究，当前的关键要务是扎实建构中国边疆学话语体系，清醒认识到当代话语体系的偏颇会肢解传统中国的边疆。特别要弱化学术之外的力量对于话语体系建构的干预，建立与周边国家的边疆话语体系平等、平和的学术对话机制。毫无疑问，从空间的角度看，边疆是一个现实的隔离带，但从历史的长线看，也是两个邻接政权交融互动的平台。两者将楚河汉界划定，各守其边的过程，无一例外都经历了政治与文明的反复推拉。现实的"边界"是邻国彼此认可的界线，却无法规避文明与历史被切割的事实，由此带来围绕学术体系的不睦与纷争。因此，中国边疆学的科学建构，对于维护边疆话语体系的完整具有重大意义。

（原载《中国边疆史地研究》2018 年第 3 期）

[①] 习近平：《加快构建中国特色哲学社会科学》，人民网（http://theory.people.com.cn/n1/2018/0103/c416126-29743631.html），访问时间：2018 年 4 月 6 日。

"中国边疆"的内涵及其特征[*]

李大龙

中国边疆研究在近代以来就是学界关注的焦点，近年来随着中国边疆问题的凸显，"中国边疆"日益得到社会各界的广泛关注。依据"中国知网"的统计，[①] 自 2000 年始，题目中含有"边疆"二字的论文年度保持在 3 位数的水平，2015 年突破千篇大关，为 1045 篇。2016 年略有所回落，为 925 篇，2017 年为 917 篇，2018 年已经有了 145 篇。这从一个侧面显示边疆研究日益得到学界重视。而与此相伴，构建"中国边疆学"的呼声也由此日益高涨，但是随着民族学、政治学、法学、国际关系问题研究、社会学、哲学等诸多学科学者积极参与中国边疆研究，"中国边疆"的内涵及其特征却成为分歧越来越大的问题。应该说，对"中国边疆"内涵及其特征的认定，不仅是构建中国边疆学话语体系需要明确的基本问题，也是解决我国边疆稳定和发展乃至"一带一路"倡议所面临的诸多国际关系问题首先要明确的关键性理论问题。因此，笔者从古籍中"边疆"一词的使用入手，试图梳理不同时期该词具有的内涵与特征，进而针对中国边疆学建构中的"中国边疆"含义的界定提出自己粗浅的认识，以求正于有志于此的学界同人。

---

[*] 本文为中国社会科学院长城学者资助项目"政权建构与族群凝聚"阶段性成果。
[①] 2018 年 3 月 30 日的统计。

一

"边疆"一词,一般认为首见于《左传》,多次出现,如"欲阙剪我公室,倾覆我社稷,帅我蟊贼,以来荡摇我边疆"。① 在《左传》中"边疆"一词的含义是用于指称疆域的外围地区,和现代用法大体相同。在"正史"中该词的出现则相对较晚,首见于晋人修撰的《三国志·蜀书·诸葛亮传》中:"当此之时,亮之素志,进欲龙骧虎视,苞括四海,退欲跨陵边疆,震荡宇内。"继之在记录晋朝历史的《晋书》中"边疆"一词多次出现,如该书卷121《李寿载记》有:"代李玘屯涪,每应期朝觐,常自陈边疆寇警,不可旷镇,故得不朝。"其后延至清代,"边疆"一词频繁出现在所谓"正史"之中。

值得关注的是,秦汉虽然是开创中国历史上"大一统"的王朝,但在有关秦汉时期的史书中笔者没有查到使用"边疆"一词的例证。虽然没有"边疆"一词出现,但有"边境""边徼""边地""边郡"等含义相近的词汇。

《汉书·宣帝纪》有:"朕既不德,不能附远,是以边境屯戍未息。今复饬兵重屯,久劳百姓,非所以绥天下也。"

《汉书·匈奴传》有:"周秦以来,匈奴暴桀,寇侵边境,汉兴,尤被其害。"

《汉书·食货志》有:"明年,天子始出巡郡国……于是上北出萧关,从数万骑行猎新秦中,以勒边兵而归。新秦中或千里无亭徼,于是诛北地太守以下,而令民得畜边县,官假马母,三岁而归,及息什一,以除告缗,用充入新秦中。"其下引注:"晋灼曰:'徼,塞也。'臣瓒曰:'既无亭候,又不徼循,无御边之备,故诛北地太守。'"又有:"令命家田三辅公田,又教边郡及居延城。"

《汉书·晁错传》有:"臣闻汉兴以来,胡虏数入边地,小入则小利,大入则大利。"

---

① 《春秋左传注疏》卷27,四库全书本。

从上述具体使用实例分析，所谓的"边疆""边境"乃至"边徼""边地""边郡"多是指王朝直接管辖区域，如郡县的外围地区，这应该是初期"边疆"一词的基本含义。这种情况一直沿用到明代，并没有太大变化。

至清代，从《清实录》检索到的对"边疆"一词的使用情况看，尽管在康熙二十八年（1689）清朝与俄罗斯签订了具有近现代主权国家意义的边界条约——《尼布楚条约》，清朝也由王朝国家开始转变为近现代主权国家，疆域具有了明确的"边界"，但"边疆"的内涵似乎依然不是明确的。"边疆之地，民夷杂处"① 是乾隆皇帝对"边疆"给出的特征描述，"民夷杂处"是界定"边疆"的重要标准；而"云贵四川等处，俱系边疆，殊为紧要"②"热河、察哈尔均属边疆要地"③"巩边疆而固藩服"④ 等对"边疆"一词的使用似乎印证了这一用法。但是，"谕吏部、兵部，狭西幅员辽阔，边疆重地，防御宜周"，⑤ 则将传统被视为中原腹心之地的"狭（陕）西"也称为了"边疆"，因此似乎"民夷杂处"并不是清朝界定"边疆"的唯一标准。考虑到"狭（陕）西"在康熙时期并非是清朝直接统治或尚未巩固统治的区域，其"边疆"一词的使用还是延续了传统的用法，也是指称王朝直接管辖区域的外沿。也就是说，清朝的"边疆"似乎具有两重含义：既强调"民夷杂处"的"藩部"区域是"边疆"，又强调处于直接统治区域的外围地区，也称为"边疆"，该"边疆"具有动态的特征。

民国时期，尽管中国和西方世界认识体系逐渐实现了接轨，但"边疆"依然是一个含义有待明确却依然普遍使用的词汇。时任蒙藏委员会委员长的黄慕松对"边疆"的界定虽然较为明确，但同时具有不确定性。黄慕松认为"边疆"的基本含义是指接近邻国的地区，"普通多指四周接近邻国之地域"，即"远离中原，既接强邻，又与内地情形稍有差别之领土"，但"地带、气候、民族、语文、政俗诸端，均与中原同，则虽在极

---

① 《清高宗实录》卷83，乾隆三年十二月甲午。
② 《清圣祖实录》卷241，康熙四十九年二月丁亥。
③ 《清德宗实录》卷432，光绪二十四年十月丁酉。
④ 《清德宗实录》卷592，光绪三十四年五月丁未。
⑤ 《清圣祖实录》卷38，康熙十一年四月癸巳。

边而不视之为边疆,如闽粤诸省是。否则虽不在边徼,亦可视为边疆,如青康诸省是"。他进而认为"我国之边疆,自当以蒙古、西藏、新疆、西康为主,察、绥、宁、青等省次之",而"东三省、云南、两广及沿海诸省,虽处边疆、民情风俗,一如中原,法令规章,普遍使用,已无特殊行政区域之性质,故不能与边疆同视"。① 黄慕松的认识既兼顾了"临近邻国",同时也强调了"文化"的差异,"国界"并非其界定边疆的唯一标准,而应该是延续了清朝的用法。但是,在民国相关政策条文中,对"边疆"的界定不仅没有明确,而且也是存在明显差别的。民国三十三年(1944)教育部颁布的《边疆学生待遇办法》有对"边疆学生的界定":"本办法所称边疆学生,谓蒙古西藏及其他语言文化具有特殊性质地方而其家庭居住于原籍者之学生。"② 其"边疆"所指是蒙古、西藏及其他在"语言文化"方面与中原不同的区域。同年召开的"边疆教育委员会第三届大会"对"边疆教育"则做出了明确规定:"所谓边疆教育,系指蒙藏及其他语文文化具有特殊性质之地方,即西藏、新疆、西康、青海、宁夏、绥远及甘肃、云南、广西等省一部分地方而言,其中情形复杂较难着手者,为西藏、新疆二地。"③ 此"边疆"与"边疆学生的界定"相比存在着较大差异。由此可知,民国政府对"边疆"的含义也没有达到统一的程度。

中华人民共和国成立以来,"边疆"往往和"民族"连用,依然经常见诸各种政府报告和政策文件之中,但笔者没有查到正式的权威性解释,只是在下述两个政策文本中查到了对"边疆"的大致阐述。

《全国国土规划纲要(2016—2030年)》是对我国国土的规划,其中对我国的国土面积有如下阐述:"我国的国土包括陆地国土和海洋国土,其中陆地国土面积960万平方公里,根据《联合国海洋法公约》有关规定和我国主张,管辖海域面积约300万平方公里。"尽管没有明确"边疆"的范围,但其后却将革命老区、民族地区、边疆地区和贫困地区统称为

---

① 黄慕松:《我国边政问题——五月三四两日在本处电台之讲词》,《广播周报》1936年第86期。
② 《行政院关于待遇边疆学生规则指令》,中国第二历史档案馆藏,卷宗号:一四一·184。
③ 《陈部长谓今后边教政策将视地方需要创设学校》,《时事新报》民国三十一年十二月十八日,中国第二历史档案馆藏,卷宗号:五·12469。

"特殊地区"进行阐述。"边疆地区"对应的表述是:"推进边境城市和重点开发开放试验区等建设,支持新疆建成向西开放的重要窗口、西藏建成面向南亚开放的重要通道、云南建成面向南亚东南亚的辐射中心、广西建成面向东盟的国际大通道;支持黑龙江、吉林、辽宁、内蒙古建成向北开放的重要窗口和东北亚区域合作的中心枢纽;加快建设面向东北亚的长吉图开发开放先导区。"① 据此,似乎新疆、西藏、云南、广西、黑龙江、吉林、辽宁、内蒙古是其划定的"边疆"范围。

国务院颁布的《兴边富民行动"十三五"规划》中虽然没有对"边疆"的认定,但有对"边境地区"的解释:"本规划实施范围为我国陆地边境地区,包括内蒙古、辽宁、吉林、黑龙江、广西、云南、西藏、甘肃、新疆等9个省区的140个陆地边境县(市、区、旗)和新疆生产建设兵团的58个边境团场(以下统称边境县)。参照'十二五'期间做法,海南省6个民族自治县继续比照享受兴边富民行动相关政策。"② 将其和《全国国土规划纲要(2016—2030年)》中的表述进行对比,差别是多了一个甘肃省,因此似乎其所谓的"边境地区"应该是等同于"边疆地区"。

如果上述分析准确,那么出现在国家正式公布的规划中的陆路"边疆地区"最大指称范围似乎是指有国界线的9省区,也就是说"边疆地区"是和"国界线"密切联系在一起的,有国界线的地区才能称为"边疆地区"。

综上,尽管"边疆"一词出现得很早,但从"边疆"一词的具体使用情况看,却是存在着一定差异,不过将直接管辖疆域的外缘地区视为"边疆"是大体一致的用法。清代"民夷杂处"界定"边疆"的标准应该是"文化差异"形成的直接源头,而这一认识受到民族国家理论的影响并在民国时期被强化,成为"边疆"认定的重要标准之一,即所谓的"文化边疆"。当今社会对"边疆"的界定有两个明显的特征,一是和"国界"密

---

① 《国务院关于印发全国国土规划纲要(2016—2030年)的通知》,中华人民共和国中央人民政府网站(http://www.gov.cn/zhengce/content/2017-02/04/content_5165309.htm),访问时间:2018年4月8日。
② 《国务院办公厅关于印发兴边富民行动"十三五"规划的通知》,中华人民共和国中央人民政府网站(http://www.gov.cn/zhengce/content/2017-06/06/content_5200277.htm),访问时间:2018年4月8日。

切联系在一起；一是在"边疆"之外又有了一个"民族地区"的概念。

二

应该说，"边疆"含义的含混乃至矛盾也并没有影响到官方和学者乃至国民对该词的使用，"边疆"一词频繁出现在史书和当今的话语之中即是很好的说明。不过，民国时期也曾经出现过对"边疆"的内涵和特征进行的讨论，希望做出明确界定，其原因即是民国时期"边政学"的出现。

民国时期，日本侵略中国所带来的边疆危机、国家存亡的危机，将国内学界对"边疆"的关注提到了一个史无前例的高度，"边政学"就是在这种需要下出现的。① 林恩显先生在《边政通论》中认为："边政，或许可以说是边疆政治的简称，系指边疆地区之区域性的治理而言的。然则何谓边疆？其意义、范围均有待我们加以探讨。"② 林先生的认识可谓一语中的，点出了"边疆"含义的明确需求与研究的不断深入，尤其是与学科发展的关系。

近代以来尤其是1931年日本侵占我国东三省，进而发动全面侵华战争之后，在国家危亡的背景下边疆研究得到了社会各界的高度重视，诸多有关边疆研究的机构和刊物应运而生。而随着"边政学"的提出，黄奋生、吴文藻、杨成志、朱家骅、李安宅等也先后对"边疆"的含义给出了自己的界定，其中吴文藻在《边政学发凡》中对"边疆"的界定具有一定代表性："东南诸省，以海为界，本是国界，而并不被视为边疆，反之甘青川康，地居腹心，而反被称为边疆。这明明不是指国界上的边疆，而是指文化上的边疆。""文化上的边疆，系指国内许多语言、风俗、信仰以及生活方式不同的民族言，所以亦是民族上的边疆。""文化一词，本含有耕作的意思。中国传统文化是农业文化，所以凡生产技术尚未达到农耕阶段者，统称之为边疆。"③ 吴文藻先生和前述民国政府官员的界定似乎并没有本质

---

① 有关民国时期的边政与"边政学"，参见汪洪亮《民国时期的边政与边政学》，人民出版社，2014。
② 林恩显：《边政通论》，华泰书局，1988，第1页。
③ 吴文藻：《边政学发凡》，《边政公论》1942年第5~6期。

差别，也认识到了时人心目中的"边疆"并非完全是依据"国界"界定的，而是按照"文化"差异进行界定的，一定意义上还是属于"文化边疆"。

因为民国政府缺乏对"边疆"含义的明确界定，所以学者和国人的认识出现差异也是正常的。华西大学边疆研究所对这种状况给出了答案："故国人之谈边疆者，多系指文化上之边疆，非指国界上之边疆。如东南各省以海为界，本即国界而吾人均不视为边疆；川甘康青地在腹心，反称之为边疆，诚以农耕牧畜之不同，乃正统文化与附从文化之所以分也。因此我国之西南西北在文化与国界双重意识之下，其可称为边疆之区域，殊为广大。"① 由此看，民国时期对"边疆"的界定受到了清代的影响，虽然多数学者意识到了有"国界"的地方才能视为"边疆"，但"文化"的差异依然是划分"边疆"的重要标志，这也使得对"边疆"的界定具有了"国界"与"文化"的双重标准。

民国时期由"边政学"引出的对"边疆"含义的讨论随着国民政府败退台湾而结束，但是这一问题却依然是目前困扰新中国边疆研究的基本问题。"一带一路"倡议提出及其具体实施以来，不同学科学者纷纷撰文对"边疆"加以界定，导致分歧愈加明显。

综合目前已有的成果，"中国边疆"是一个地理概念或称之为"地理空间"，是历史发展而来的，是靠近国界线的领土，这是众多学者相对一致的认识，但在对其范围做进一步的具体阐述上则存在一定差异，大体可以归纳为以下数种。

（1）中国边疆包括陆疆和海疆。或认为"陆疆是指沿国界内侧有一定宽度的地区，必须具备下述条件的地区才可称之为陆疆地区，即一要有与邻国相接的国界线，二要有自然、历史、文化诸多方面的自身特点"。"海疆可以包括两大部分：一是大陆海岸线至领海基线之间的海域，这是国家的内海，其法律地位与领土完全相同；二是领海基线以外的国家管辖海域与岛域。"② 或认为"边疆通常是指重要政权之腹心地区的外围区域。如中

---

① 《华西大学边疆研究专页》，中国第二历史档案馆藏，卷宗号：五·12361。
② 马大正：《"中国边疆通史"丛书总序》，《中国边疆经略史》，中州古籍出版社，2000，第1、2页。

原王朝视华夏地区的外缘为边疆，认为华夏文明从腹地向外部辐射，因此边疆的外缘或向外部延伸。边疆王朝与边疆政权也有自己的边疆，其边疆观与中原王朝的不尽相同。古代边疆若①划分较难确定，中原王朝的边疆经历了逐渐形成并趋稳定的演变过程。将疆域、边疆两者相比，'疆域'主要是指王朝与政权管辖的区域范围，'边疆'则是指统治地区之腹地的外缘部分，并看重由'边疆'所衍生的复杂关系"。② 从持有这种观点的学者之学术背景看，持有这种认识的多数学者的研究范围属于中国边疆史地研究领域，因此也可以视这种观点为中国边疆史地研究学者的一般看法。

（2）边疆是"国家疆土远离统治中心的边缘部分"，但进一步的阐释则认为"边疆概念是由多种因素、多层缘由所组成的概念，国家疆土由陆、海、空、底土所组成，边疆概念的形成既包括了地理因素、行政因素、政治因素、国防因素在内，也包括了地缘政治学、社会学、民族学、历史学、军事学的学科理论交叉形成的综合概念"。③ 该说法是在陆疆、海疆基础上又增加了"空疆""底土边疆"两项内容。对此种观点进行系统阐述的学者是昆明陆军学院的郑汕先生，而其《中国边疆学概论》也有军事院校教师的贡献，因此可以视其为代表着军事学背景学者的看法。

（3）从"民族国家"视阈出发，认为"边疆"是"构建起来的"。"从字面上看，'边疆'一词所指的是国家领土或版图上的边缘性的部分，是国家一个特殊的区域。然而实际上并不是任何一个国家都会把领土的边缘性部分认定为边疆的，即使有边疆的国家，其边疆范围的大小也各不相同。事实上的边疆及边疆概念的形成，固然以客观的地缘性因素为基础，但还要受人们对国家的边缘性区域的认识所制约。从这个意义上说边疆是客观因素与主观因素相结合的产物，是构建起来的。真正意义上的边疆概念是在特定的社会历史文化环境中生成的，蕴涵着丰富的民族文化内涵。"④ 持有这种观点的学者一般认同"边疆不仅是一种客观的地理空间，

---

① 原文如此。——编者注
② 方铁：《论中国的历史疆域与边疆》，《玉溪师范学院学报》2016 年第 5 期。
③ 郑汕：《中国边疆学概论》，云南人民出版社，2012，第 4 页。
④ 周平：《我国边疆概念的历史演变》，《云南行政学院学报》2008 年第 4 期。

也是根据国家治理需要而被建构起来的产物",①或认为"边疆是国家以及国家之间的多重力量建构的产物",并认为"从建构论的路径解析边疆建构的过程和结果,不仅有助于深入理解边疆所存在的诸多矛盾的根源和制定有针对性的治理策略,而且有利于准确把握国际政治矛盾和区域性冲突的形成机理"。②目前来看,持有这种看法的学者多有政治学的学科背景。

（4）"边疆"是多种形态的。"边疆是多维的、立体的、多形态的,不仅指中国的边疆,也指古今中外所有的边疆；不仅包含陆疆、海疆、空疆等形态,也包含高边疆、底土边疆、利益边疆、战略边疆等形态。古今中外各种边疆的特征,都在对立统一关系中呈现出来。""'边疆'由'边'和'疆'二字组合而成,这两个字与西文词一样具有完整意义。其中,'边',指物体的外缘,及空间或时间的临界境况；'疆',表示用弓来标志步以丈量土地,可引申出止境、边界、疆域等意义。如果我们抛开各种边疆形态的差别,仅从'边疆'这一概念的内涵和外延来看,不论是陆疆、海疆、空疆等'硬边疆',还是利益边疆、文化边疆、高边疆等'软边疆',在其本性上就蕴含着复杂的对立统一关系,包括中与边、内与外、远与近、静与动、刚与柔、强与弱、新与旧、我与他、主与客等对立统一关系。"③这种观点似乎是将古今中外不同时期的"边疆"混杂在一起进行哲学分析而得出的结论,是笔者见到的最新发表的观点,既有对"中国边疆"内涵哲学的思辨,也有从国际关系视角的分析。

应该说,与民国时期"边政学"引出的对"中国边疆"做出界定的讨论比较,尽管有关"中国边疆"内涵的讨论似乎又回到了"原点",但讨论的广度和深度从上述概要介绍中可以看出不可同日而语了。主要表现在以下几个方面。

（1）讨论的焦点从关注"文化"转向了关注"国界"。对"国界"给予充分关注是当代学者分析"中国边疆"内涵最大的共同点。尽管依然存

---

① 孙保全：《中国民族国家构建与边疆形态的转型》,《思想战线》2016 年第 2 期。
② 何明：《边疆特征论》,《广西民族大学学报》2016 年第 1 期。
③ 罗中枢：《论边疆的特征》,《新疆师范大学学报》2018 年第 3 期。

在着从"文化"视角讨论"边疆"的专论,①但其主旨是当代的"边疆治理",并非严格意义上对"中国边疆"含义的讨论,且似乎也并没有像民国时期那样引起边疆研究学者的更多关注。

（2）由于学科背景的差异,学者观察"中国边疆"的视角不同,应用的理论各异,认识虽然存在一定差异,但总体上是围绕"国家主权"展开,且存在紧密的内在联系,"中国边疆"由"陆疆"和"海疆"构成似乎是诸多认识得以形成的基础。

（3）对"边疆"含义的界定有泛化的态势。如果说"文化上的边疆"之说是基于"边疆"与"内地"存在的"文化"差异所导致,而"海疆""空疆""底土边疆"的讨论和"国界"还有密切联系的话,那么"利益边疆"②"战略边疆"及扩大化后的"文化边疆"的讨论则远远脱离了"国界",似乎和我们传统的"边疆研究"出现了脱节。如此,"利益边疆""战略边疆"等,是否还是"中国边疆学"的构成要件,则是值得进一步探讨的重要问题。

三

仔细分析"边疆"一词的使用及学者们的讨论,笔者认为"边疆"含义的界定是"中国边疆学"学科建设的基础,参考"边疆"在其他话语体系之下尤其是在西方国家的使用情况是必要的,但也要充分认识到我们探讨的"边疆"是"中国边疆",有着不同于西方国家"边疆"的特征。一方面,"中国边疆"已经有数千年的发展历史;另一方面,中国学界和源自西方的"民族国家"话语体系对接也才只有百余年,完全按照"民族国家"理论来界定"中国边疆"不仅是不科学的,似乎也难以准确阐述"中国边疆"形成和发展的历史。基于此,在"中国边疆"的内涵及其特征的探讨上,笔者认为以下几个方面是应该给予充分关注的。

---

① 参见关凯《反思"边疆"概念：文化想象的政治意涵》,《学术月刊》2013年6月号。
② "利益边疆"最早出现在西方的边疆理论中,参见沛《从地理边疆到"利益边疆"——冷战结束以来西方边疆理论的演变》,《中国边疆史地研究》2005年第2期;而国内学者则由杨成最早提出,参见杨成《利益边疆：国家主权的发展性内涵》,《现代国际关系》2003年第11期。

（1）政治属性是"边疆"得以形成的第一要件，或称之为决定性因素。目前将"边疆"视为"地理概念"似乎是较普遍的认识，但笔者认为这种认识不利于准确认识"边疆"和阐述"边疆"。"边疆"作为一个区域范围自然具有"地理概念"的属性，但该属性并不是该区域构成"边疆"的要件或关键性因素，因为只有这一区域和某一政权发生从属关系，该区域成为其"疆域"的"边"之后，才能被称为"边疆"。也就是说，"边疆"作为一个纯粹的地理区域是一直存在的，但离开了所属政权的"疆域"，就不再属于该政权疆域的"边"，其作为"边疆"的属性应该是不存在了。因此，从理论上讲，任何政权，不管是传统王朝还是近现代主权国家，其疆域都是有"边"的，即存在"边疆"，只是其形态不同，或没有作为特殊区域给予区别对待而已。故而，说"并非所有的国家都会将其疆域的某个区域界定为边疆"①无疑是准确的，但认为"并不是所有的国家都有边疆"的说法则未必正确，值得进一步斟酌。

（2）"主权国家"理论较"民族国家"理论更适合阐述多民族中国尤其是"中国边疆"的形成与发展。"主权国家"是当今世界的基本单位，世界上的绝大多数国家和地区并不是"民族国家"理论主张的"民族国家"而是"多民族国家"。比1648年出现的《威斯特伐利亚和约》将欧洲带入主权国家状态稍晚，康熙二十八年（1689）清朝也通过和俄罗斯签订《尼布楚条约》而由传统的王朝国家开始向主权国家转变，清朝末期的"宪政"改革及清帝逊位于中华民国也是以构建主权国家特色的"国民国家"为目标的："由袁世凯以全权组织临时共和政府，与民军协商统一办法。总期人民安堵，海宇乂安，仍合满、汉、蒙、回、藏五族完全领土为一大中华民国"。②而"民族国家"理论在近代传入中国之后，尽管以孙中山为首的政治家试图以梁启超首倡的"中华民族"为号召来整合中华各民族，但时至今日我国依然是包括56个民族在内的多民族国家。而更有意思的是，主权国家理论强调的构成主权国家的三大要素：领土、人民和政府，与中国传统的"天下观"中的"天下"（领土）、"华夷"（人民）和

---

① 周平：《如何认识我国的边疆》，《理论与改革》2018年第1期。
② 《清宣统政纪》卷70，宣统三年十二月戊午。

"皇权"（政府）形成了对应，从而使"主权国家"理论不仅适合阐述当代"中国边疆"，而且也可以溯源中国由传统王朝国家向主权国家演变的整个历史轨迹。①

（3）"边疆"是动态的，会随着国家实力的强弱和国际环境的变化而改变，"中国边疆"的长期发展过程更体现了这一点。"边疆又是一个历史概念，它是随着统一多民族国家的形成和发展而逐渐形成和固定下来的。"② 这应该是国内学界的普遍认识，只是这一认识是针对当前我国的"边疆"而言的，并没有涵盖我国历史上的所有"边疆"形态。既然"边疆"是属于政权的，而中国历史上除"二十五史"所记载的王朝之外，还存在着众多政权。这些王朝或政权既然有自己的"疆域"，当然也有各自的"边疆"。一方面，当前我国的"边疆"是这些王朝或政权"疆域"融合之后形成的结果，既可以用"历史"来形容，同时也体现着"动态"性；另一方面，王朝或政权的"疆域"并不是静止的，随着王朝或政权实力的消长而盈缩，甚至被其他王朝或政权兼并，其"边疆"也由之出现变动。因此，"中国边疆"既是"历史概念"也是"动态概念"，其中既需要关注统一王朝的"边疆"，也需要关注分裂王朝乃至割据政权的"边疆"，而更重要的是在"中国边疆"形成与发展的阐述中给予这些王朝或政权一个准确客观的评价。尤其需要指出的是，在长达数千年的历史发展中，受到传统"天下观"的影响，中国传统王朝的"疆域"在《尼布楚条约》签订后才有了明确的"国界线"，但之前的"疆域"多是由"直接管辖"和"藩属"两大区域构成。③ 对此，应该区别对待。

（4）"陆疆"和"海疆"是构成今天"中国边疆"的两大基本要素。领土主权是一个国家存在的基础，如前所述，"陆地国土面积960万平方公里"和"根据《联合国海洋法公约》有关规定和我国主张，管辖海域面积约300万平方公里"构成了我国的疆域。尽管在界定"边疆"的范围上

---

① 对中国疆域从王朝国家向主权国家转变的阐述，参见李大龙《从"天下"到"中国"：多民族国家疆域理论解构》，人民出版社，2015。
② 马大正：《"中国边疆通史"丛书总序》，《中国边疆经略史》，第2页。
③ 有关藩属的讨论，参见李大龙《汉唐藩属体制研究》，中国社会科学出版社，2006。

还存在不同的认识,但"中国边疆"包括了"陆地边疆"和"海疆"则基本是学界共识。对于目前"中国边疆"范围的界定,笔者倾向于认同上述第一种观点所说标准,并认为前述《兴边富民行动"十三五"规划》中"边境地区"的范围基本上符合今日"中国边疆"中"陆疆"的划定。至于"空疆""底土边疆"则已经包含在其中了,似乎没有必要再单独列出来进行特别阐述。

(5)"边疆"具有地缘优势,既是军事防御的前沿,也是连接两个乃至多个国家的纽带。具有"国界线"是今日"边疆"有别于其他地方的显著特点,这决定了一方面"边疆"是国家为保障疆域完整而进行军事防御的重点地区,另一方面也是相邻国家间互通有无,进行政治经济文化交流的便利场所,当前我国众多沿边口岸的设置即是纽带作用的极好体现。"边疆"的军事防御功能在以往的研究中给予了充分关照,纽带作用没有得到应有的重视,在古代反而是作为军事防御功能的补充来利用的,"边疆"作用在古今的差异更应该得到研究者的关注。

(6)"边疆"不能脱离"疆域"而存在,将其泛化也不利于对"中国边疆"的研究。"文化上的边疆"的提法是基于"中国边疆"特殊的人文特点而出现的,与"中国边疆"历史和现实特殊的人文分布特点密切相关。"内诸夏而外夷狄","天子有道,守在四夷"[①] 是中国历史上一种理想的边疆治理状态,如前述,"中国边疆"特殊的人文特点吸引了民国时期希望构建"边政学"的诸多官员和学者的目光,并在"民族国家"理论影响下"边疆"和"民族"实现了对接,只是其关注的目的并不是划分"边疆",而是希望实现"边疆"与"内地"的一体化,即"根据边地人民之特殊环境,切实谋边地人民知识之增高,生活之改善,国族意识之养成,生产技能之增进,及体育卫生之严格训练",进而实现"国父民族平等之遗教,由教育力量力图大中华民族各部分,语言、文化及意志之融合与统一"。[②] 如果说"文化上的边疆"的提法还是立足于"中国边疆"的人文特点,并没有脱离"中国边疆",那么"利益边疆""高边疆"乃至

---

① 《晋书》卷56《江统传》。
② 《抗战以来之边疆教育》,中国第二历史档案馆藏,卷宗号:五·12414。

"战略边疆"等提法虽然出发点和目的是有益的,但笔者认为这些提法在一定程度上脱离了"中国边疆"这一主体,更多是立足于"中国国家"的整体而言的。在经济全球化、科技高速发展的今天,中国的国家利益已经延伸到了国家的疆域之外,需要得到有效保护,这是"利益边疆""高边疆""战略边疆"等一系列概念得以提出的现实背景。但是,"边疆"作为政权疆域的组成部分,是与"国家主权"紧密联系在一起的,具有强烈的"独占"性特点,而"利益边疆""高边疆""战略边疆"等尽管存在"边疆"二字,但严格讲与"国家疆域"已经出现了脱节。尤其是"利益边疆""战略边疆",尽管词汇的构成存在着"边疆"二字,但"利益""战略"依附的主体准确说是"国家"而非我们讨论的"中国边疆"之"边疆"。同时,"利益边疆"所讨论之"利益",着眼点延伸到国家疆域之外的"国家利益",其具体情况往往是和其他国家的"利益"纠缠在一起的。一方面这种"利益"难以用一个明确的非我即彼的"界限"进行区分,另一方面用"利益边疆"来称呼不仅不利于"国家利益"的有效保护,反而更有可能激化矛盾,并给世人留下一个"肆意殖民"的恶劣印象,其最终结果很可能会适得其反,反而是对"国家利益"的极大伤害。因此,"边疆"含义如此泛化,无益于"中国边疆学"学科的建构,也不利于"中国边疆"的稳定和发展,是否是中国边疆学构成的要件值得进一步斟酌。

(原载《中国边疆史地研究》2018年第3期)

中国边疆研究的内涵和特征刍议[*]

张 云

一

边疆是和腹里、内地相对而言的，从一般意义上讲，每个国家都会有自己的内地和边疆，所有国家的边疆地区可能会存在某种共性特征，这些因素决定了边疆研究从理论上到方法上存在某些共通、可资借鉴的地方。但是，各国的边疆存在较大的差异性，不仅不同国家的边疆"名"的界定和"实"的内涵存在较大的区别，各自边疆地区的状况也往往显著不同，而且边疆与内地的关系，乃至相应的边疆认知、边疆政策、边疆理论等都会存在较大的差异。

我们可以将这些概括为三个不同。首先是古今不同。边疆与所属于的国家一样，各国情况差异比较大，都是在历史发展过程中逐渐形成的，从而具有一定的历史继承性，同时也存在古今的不同。所谓古今不同又包含两个层次。一是在古代国家概念下的边疆是比较松散的或者变化不居的，而近代民族国家形成后，由于国家的含义发生了本质上的改变，边疆便与古代国家的边疆存在巨大的差异，清晰和基本稳定的边界和相对固定的边疆就是必须面对的问题。二是在古代历史的不同时期，古代国家统一与分

---

[*] 本文为国家社会科学基金（2017年度）重大招标项目"中国古代北方游牧民族与中原农耕民族交融史研究"（项目批准号：17ZDA176）子课题成果。

裂、大统一与小统一的差别，使每个时期的边疆存在各不相同的状况，不能一概论之。其次是中外的不同。从一般意义上讲，世界各国对边疆的定义和解读存在某种相近或者相同的地方，近代以来中国学习借鉴西方思想文化，也包括边疆理论与研究方法。随着当代中国进一步对外开放和国际交流的日益密切，这种接受外来影响的可能性还在增大，但是中外在此问题上存在着较大的不同。历史上中国大一统时期特别是强盛时期与国外同时期一些地区所建立的帝国、王朝之间存在着差异，从而引起对边疆认知的不同。诸如汉、唐、元、清时期，中国都曾作为世界文明中心和区域强大国家，在各方面对亚洲，乃至更大范围的世界产生过重要影响，那时的边疆概念和国外错综复杂的各个国家的边疆概念必然存在较大差异。近代国家的形成是伴随着西方发达国家对绝大多数欠发达国家的殖民侵略开始的，也伴随着欠发达国家和地区反对帝国主义和殖民主义的斗争不断发展的，帝国主义国家和被殖民国家的边疆呈现出迥然不同的状态，同时也形成两种截然不同，乃至相反的边疆观和边疆研究理论。例如，清朝从鼎盛时期转向衰落，遭受英帝国殖民侵略的中国与殖民侵略者英国之间，两者的边疆观念、边疆研究、边疆理论不可能有多少共同之处，这是客观事实。今天的中国也与世界上大大小小的国家在边疆的理解上存在不同。比如，像城市国家新加坡、国中之国梵蒂冈，欧洲领土面积相对较小的比利时、卢森堡、瑞士等，都比较独特，它们有无或者是否也要定义边疆？欧洲各个国家的内地和边疆，乃至美国、日本、澳大利亚等众多国家的内地与边疆，同样和中国存在很大的不同；而世界各国之间的边疆概念也因领土面积大小、滨海靠山等区位差异、国力强弱的不同等而不同。可以说，世界各国边疆的差异性在某种意义上是大于共同性的，这种状况决定了各国的边疆研究从理论到方法，从学理到应用都会迥然不同，可以学习借鉴却绝对不能邯郸学步、照抄照搬，中国的边疆研究如果套用西方的理论、方法和经验、模式来开展，那从开始就陷入了误区。再次，有关边疆的理论和现实政策实践的不同。简单地说，近代国家的形成主要是在西方主导和冲击下发生的，相关理论和政策无不打上了殖民扩张实践与相应思想的烙印，所谓的边疆和边疆研究同样如此，这些思想和理论也主要是为西方的利益服务的，而不是为世界边疆研究做公益。一个国家的边疆思想和理论，还与其国家的实力和文化观念存在密切的关系，当年大英帝国鼎盛时期提出的一系列理论不可能今天在退居英伦诸岛条件下的英国继续坚持并继续贯彻应用；而当前美国以"自由航行"为借口挑战中国在南海的主权，任意在别的国家海疆耀武扬威，随意挑战其他国家的海洋权益，也是与美国超级大国的地位和强大的海上力量相呼应的。与此同时，边疆研究还与对象国所传承的文化理念、所推行的边疆政策有关，睦邻政策与以邻为壑的政策就有天渊之别。

边疆研究是一门非常具有现实意义的学问，直接服从和服务于各自国家的利益。当年英、法、日、俄、德、美、意等投入巨大财力和人力研究中国边疆，到中国边疆地区考察、传教、探险、游历，这些在传播思想和文化方面发挥过一定的作用，但主要是为占领或者掠夺中国边疆地区服务的。当年日本帝国主义为了征服中国，不惜血本研究中国北方民族如何南下征服中原地区，研究中国蒙古、满族历史，制造"满蒙非中国"说。今天美国的"新疆工程"、涉藏研究，乃至所谓的"新清史"研究，绝对不能说他们只是纯学术的研究从而和他们的前辈存在本质的不同。此外，值得注意的还有，在国际学术界，特别是在西方学术界也存在理论背离实践的情况，他们所提出的许多理论事实上和他们国家的政策实践是完全脱节的，更多的是用来"指导"非西方或者非发达国家的实践，其中相当一部分是用来否定、影响甚至插手其他国家边疆政策的。在国际藏学界就不乏这样的例子，一些西方学者熟悉藏文、熟悉汉文、熟悉中国藏区情况，也懂得研究方法，但是无论是对中国西藏地方历史研究还是现实的研究，就怎么也得不出客观的结论，因为他们戴着有色眼镜看中国历史、看中国现实。他们关于中国边疆研究的一个重要目的就是希望搞"西藏独立""新疆独立""蒙古独立"，希望中国彻底分裂或者变弱，至少减缓复兴的步伐。他们以及和他们持近似立场与观点的这些学者所提出的边疆研究理论，与包括中国在内的大多数发展中国家的实际相去更远；再加上我们的一些研究者不明就里，对西方理论生吞活剥地照搬袭用，对诸如中国边疆历史和现状缺乏透彻的了解与深刻把握，采取削足适履的做法进行"研究",其结论不科学是肯定难免的。还存在个别学者无原则吹捧西方理论,又无原则贬低中国的研究的情形,挟洋自重;还有自身对边疆情况缺乏扎实的实地调研和深入的分析,纸上谈兵,理论脱离实际的情况。这些直接影响到其成果的科学性和学术上的创新。

二

中国的边疆研究存在许多不同于外国,特别是不同于西方主要大国的自身特点,概括起来有以下几个主要方面值得关注。

第一,中国是世界上唯一一个文明延续不断的国家,中国的边疆内涵和概念有悠久的历史、完整的系统和丰富的内容,能够从发展和变化的角度进行系统分析和贯通性研究。这与文明多次中断、疆域变化不居,以及近代才出现的众多国家存在巨大差异。两河流域(美索不达米亚)的古巴比伦、古埃及、古印度、中国这世界四大文明古国,除中国之外都历经沧桑之变,没有保持文明的基本特征和连绵传承。而近代以来相继兴起的大国,诸如法国、英国、德国、俄罗斯、美国等,都是在近代化过程中迅速崛起的强国,在争霸与扩张中建立起现代文明的,它们都和中国存在较大的差异。因此,中国传统的边疆研究具有较大的优势和独特的价值。由于中国有一个相对稳定的地理区域和相对稳定的人群,传了内涵丰富却又共性特征鲜明的历史文化,其历史发展的完整性很值得深入研究,包括从边疆视角进行系统和深入的理论研究,以便为人类文明史提供独特的案例,从而展现其独有的价值。所以,梁启超在《论中国学术思想变迁之大势》中首次使用"中华民族"一词时说道:"立于五洲中之最大洲而为其洲之最大国者,谁乎?我中华也。人口居全地球三分之一者,谁乎?我中华也。四千余年之历史未尝一中断者,谁乎?我中华也。"[①] 既是自信宣示,也是客观事实。

第二,从秦汉以来古代中国建立了一个以中原地区为核心,以农牧两套管理系统相互吸收补充的集权管理体制,保证了古代国家能够在分分合

---

① 梁启超:《论中国学术思想变迁之大势》,《饮冰室文集》之七,中华书局,1989,第1页。

合的复杂历史条件下不断向前发展，保持追求大一统的制度不断完善。而历代政权对边疆地区采取了世代沿袭与不断发展完善的管理体制，在顺应内地由乱到治、由分到合不断发展的历史大势的同时，也继承了对边疆地区治理不断深化与升华的优良传统，实现了内地到边疆的行政体制统一和管理制度完善。从秦汉统一到隋唐统一，从元朝统一再到清朝统一，中间都经过政权分立、社会动荡和民族大迁徙、大融合，旧体制在瓦解中重构，新的更大统一的能量在积累，各族人民经济上相互依赖，文化上相互吸收，制度上相互容纳，心理认同不断在社会整合中次第增强。历代统治者都以中华正统自居，大多由统治者官修的"二十五史"，记录着中国各民族人民共同携手走过的历史足迹。

第三，在古代中国漫长的历史发展过程中，形成了一套系统的治国理政思想、理论和文化。儒家思想长期占据主导或统治地位，同时佛教、道教及各个宗教的有益部分也被吸纳进来，它们逐渐形成上自朝廷，下至百姓，从内地到边疆，不断深入人心的社会基本共识和近似的价值判断，诸如大一统的政治观念、和而不同的包容思想等。《孟子·离娄下》载，孟子说："舜生于诸冯，迁于负夏，卒于鸣条，东夷之人也。文王生于岐周，卒于毕郢，西夷之人也。地之相去也，千有余里；世之相后也，千有余岁。得志行乎中国，若合符节，先圣后圣，其揆一也。"是华夏先祖也是"夷人"，谁有资格做夷夏之辨？显然夷夏无差也。那么，各自分立的诸国又该如何看待呢？《墨子·兼爱》载，墨子说："视人之国，若视其国；视人之家，若视其家；视人之身，若视其身。"尽管夷夏之辨的观点在漫长的历史过程中若隐若现，始终存在，但是占主流的则是华夷一体的思想。唐代学者程晏说得很清楚："四夷之民长有重译而至，慕中华之仁义忠信，虽身出异域，能驰心于华，吾不谓之夷矣。中国之民长有倔强王化，忘弃仁义忠信，虽身出于华，反窜心于夷，吾不谓之华矣。窜心于夷，非国家之窜尔也，自窜心于恶也。岂止华其名谓之华，夷其名谓之夷邪？华其名有夷其心者，夷其名有华其心者。是知弃仁义忠信于中国者，即为中国之夷矣。不待四夷之侵我也，有悖命中国，专倨不王，弃彼仁义忠信，则不可与人伦齿，岂不为中国之夷乎？四夷内向，乐我仁义忠信，愿为人伦齿者，岂不为四夷之华乎？记吾言者，夷其名尚不为夷矣，华其名反不如夷其名者也。"① 不仅大一统王朝有这些思想和观念，以及相应的政策制度，分治政权也同样有大一统的目标追求；不仅中原地区以汉族统治者为主建立的王朝有这些思想，边疆地域以某一个或几个民族联合建立的政权同样有这些思想和理念，而且这些思想和理念相互借鉴、相互影响，直接影响到古代中国各个朝代和区域政权的边疆政策和边疆治理。这些思想和理念既实现了古代国家和王朝的政治统一，又有效地保护和传承了边疆地区的生产生活方式、民族语言文化和风俗习惯，有效化解了矛盾，增加了源源不断的内在动力和发展活力。被大家经常引述的唐太宗李世民的诸多名言，如"王者视四海如一家，封域之内，皆朕赤子，朕一一推心置其腹中，奈何宿卫之士亦加猜忌乎！"② 又如"夷狄亦人耳，其情与中夏不殊。人主患德泽不加，不必猜忌异类。盖德泽洽，则四夷可使如一家；猜忌多，则骨肉不免为仇敌"，③ 以及"自古皆贵中华，贱夷狄，朕独爱之如一，故其种落皆依朕如父母"，④ 即代表了统一时期很多开明君主的心声，他的"天可汗"名号的获得正是这种思想的必然产物。

第四，古代中国有一套不断得到丰富充实、发展完善的安边、守边和治边政策与制度，诸如汉代的都护制度、唐代以后的"守在四夷""羁縻"政策、十六国时期的"胡汉分治"、元明以后的土司制度等，都与古代及近代西方的边疆政策存在本质上的差异，也与中国周边邻国的古代传统政策存在不同。《礼记·王制》中有大家十分熟悉的内容："凡居民材，必因天地寒暖燥湿，广谷大川异制，民生其间者异俗，刚柔轻重迟速异齐，五味异和，器械异制，衣服异宜。"解决的办法是什么呢？"修其教，不易其俗；齐其政，不易其宜。""中国戎夷，五方之民，皆有性也，不可推移。东方曰夷，被发文身，有不火食者矣。南方曰蛮，雕题交趾，有不火食者

---

① 《全唐文》卷821程晏《内夷檄》。
② 《资治通鉴》卷192，武德九年九月。
③ 《资治通鉴》卷197，贞观十八年十二月。
④ 《资治通鉴》卷198，太宗贞观二十一年五月。

矣。西方曰戎，被发衣皮，有不粒食者矣。北方曰狄，衣羽毛穴居，有不粒食者矣。中国、夷、蛮、戎、狄，皆有安居、和味、宜服、利用、备器。五方之民，言语不通，嗜欲不同。"应对之策是"达其志，通其欲：东方曰寄，南方曰象，西方曰狄鞮，北方曰译"。这种观念一直延续不断，清初思想家王夫之也说道："要而论之，天下之大，田赋之多，人民之众，固不可以一切之法治之也。有王者起，酌腹里边方、山泽肥瘠、民人众寡、风俗淳顽，因其故俗之便，使民自陈之，邑之贤士大夫酌之，良有司裁之，公卿决之，天子制之，可以行之数百年而不敝。而不可合南北、齐山泽、均刚柔、一利钝，一概强天下以同而自谓均平。"[1] 这是中国文化传统影响的结果，也是儒家治国理念的产物，还是古代中国作为一个多民族统一大国的客观要求。

第五，近代中国遭受外国殖民侵略，边疆地区首当其冲，全国各民族掀起反抗帝国主义入侵，共同保卫边疆，共御外侮的伟大运动；中国学术界从挽救国家民族命运出发，关注边疆、研究边疆，中国的边疆研究出现新的高潮。为了抵御外国列强策动和支持民族分裂活动，中华民族构建进入一个新的发展阶段。中国的边疆研究有着强烈的家国情怀和责任担当，许多学者走出书斋，深入到边疆地区开展实地调研，记录现状、发现问题、提出对策，同时积极呼吁构建统一的中华民族，以抵御外来侵略和民族分裂活动。即使在今天中国边疆地区，边界问题依然面临种种难题需要破解，中国的边疆研究没有理由高谈阔论、自娱自乐，甚至把研究当作一种消遣或者自我标榜的工具。

第六，古代中国既有优良的史学传统，与此相适应，也留下大量记载边疆自然地理、历史文化、风俗习惯，展现边疆政治制度，反映边疆事件，记录边疆人物及边疆与内地关系的档案文献、历史资料和小说笔记，既包括汉文资料，也包括各民族文字资料，为边疆研究提供了坚实的史料依据。中国的边疆研究有世界上多数国家不可比拟的优势，在借鉴前人和国外研究方法与成果的基础上，业已取得突出的成就。当前应该增强自信

---

[1] 王夫之：《读通鉴论》卷16。

心，建构中国自己的边疆研究理论和话语体系恰逢其时，中国边疆研究者应该胸怀宽阔、担负使命。

三

中国的边疆研究还有许多问题需要厘清思路、考辨是非、确立原则，我个人理解主要包括以下几点。

（1）历史上的中国和中国疆域的界定。

研究中国边疆首先应该界定什么是历史上的中国和中国历史上的疆域，如果大家对此存在分歧或者较大争议，那么边疆的概念就无从确定，相关的研究也就很难达成基本共识。比如，很多外国研究者将古代中国并存的不同政权的关系说成是国际关系，在他们眼里不仅元朝、清朝不属于中国，历史上边疆地区存在的吐蕃王朝、突厥汗国、回鹘汗国、辽朝、金朝、西夏等均被视为外国。同样在中国学术界也存在许多值得关注的看法，例如仅仅将中原王朝等同于中国，否定历史上各民族政权同属中国的史实，甚至将汉族建立的王朝等同于中国，否定少数民族对中国历史的贡献。这些错误的观点背离历史客观实际，也有害于中国各民族团结的现实，如此定义边疆地区肯定会得出完全不同的结论。

中国学术界有关历史上的中国和中国历代疆域有很多有价值的研究成果，其中谭其骧先生根据其主编《中国历史地图集》[①]的研究成果而形成的《历史上的中国和中国历代疆域》[②]一文，提出了比较系统的创新理论观点，集中反映了中国学术界在这一领域的最新成就。这也是认识和理解历史上的中国和中国历史疆域，以及开展中国边疆研究的重要理论出发点。中国是统一多民族国家，中国的历史和文化是由中国各民族共同缔造的，各民族形成发展的历史都是中国历史的组成部分，中国历史上存在过大的统一，也存在过分裂时期，有以汉族为主建立的政权，有以少数民族为主建立的政权，它们同样都是中国历史的组成部分，这是1840年以来近代中国形成的基础。在这一理论指导下探讨中国的边疆历史和边疆政策，

---

① 谭其骧主编《中国历史地图集》，中国地图出版社，1982。
② 谭其骧：《历史上的中国和中国历代疆域》，《中国边疆史地研究》1991年第1期。

才会更加贴近中国的历史和实际。不然不仅不能说明像宋、辽、金、夏等众多王朝为什么都属于中国，而且不能说明吐蕃王朝、突厥汗国和回纥汗国为什么属于中国历史，甚至也会在元朝、清朝是中国历史一部分这样的常识问题上犯糊涂。用这样的错误认识定义中国边疆、研究中国边疆，难以得出正确结论是可想而知的。

（2）统一王朝时期的疆域观与分治时期疆域观的异同。

中国历史上有大统一、局部统一，有小分裂、大分裂，分裂时期与统一时期的疆域观显然不同，大统一和大分裂时期的疆域观会存在较大差异，甚至大统一与小分裂，小统一与大分裂，以及小统一与小分裂时期的疆域观都会存在一定的区别。对这些大大小小的中国古代政权，以及分分合合时期的边疆观念认真加以梳理，发现其特点，找到其规律，对于中国的边疆研究都是十分有意义的事情。事实上，无论是在中国的传统理念中，还是当代认知中，都有既承认和尊重多样，又追求统一的特征，多元一体格局理论就是基于这样的历史和现实，在近当代中国继承发展的产物。江统《徙戎论》中的观点并非没有道理，只是没有抓住根本，不仅无法实现，而且不符合民族交往融合的潮流，因此并未被晋惠帝采纳。其所阐发的所谓《春秋》之义——"内诸夏而外夷狄"，是在古代民族大交流时期出现的保守和消极的观点，而大一统王朝统治者多数以华夷一体为己任，坚定摈弃华夷之辨的狭隘观点，从而展现出夷夏一体的疆域观。雍正皇帝在《大义觉迷录》中回击曾静的华夷之辨时说道："盖从来华夷之说，乃在晋宋六朝偏安之时，彼此地丑德齐，莫能相尚，是以北人诋南为岛夷，南人指北为索虏，在当日之人，不务修德行仁，而徒事口舌相讥，已为至卑至陋之见。今逆贼等于天下一统，华夷一家之时，而妄判中外，谬生忿戾，岂非逆天悖理，无父无君，蜂蚁不若之异类乎？"[①] 可以概括为，分治有华夷，统一唯中华。

（3）中原政权的疆域观和边疆地区政权疆域观的异同。

中原地区的历代王朝有其一脉相承并不断发展变化的边疆观念，儒家

[①] （清）雍正皇帝：《大义觉迷录》，中国城市出版社，1999，第3页。

思想是其主导，正统的官方思想是其核心，学术界关注也相对较多。但是，这是中国古代疆域观、边疆研究的一个部分，而不是全部，在中国历史上边疆地区存在过大大小小很多政权，这些政权都有自己的疆土意识和疆域观念，主要保存在各少数民族文字资料之中，或者没有很好地保存下来。对这一部分内容的研究也应该引起重视，并且与传统中原地区的边疆观和边疆研究结合起来进行考察，辨析源流，考证是非，对深化中国的边疆研究将大有裨益。

（4）农业地区政权和北部草原游牧地区政权疆域观的异同。

中国古代中原地区的农业文明和北方草原游牧文明的相互碰撞、交往和融合，有力地推动了中华文明的发展进步。传承农业文明的中原地区政权和北方地区草原游牧政权，因为经济生活方式的不同，对疆域的认识和界定既有同的方面，也有异的部分，有冲突的地方，也有沟通的内容。通过分裂时期的对立和大统一时期的整合，疆域的内容不断充实，丰富了边疆概念的多重内涵。丝路贸易、茶马互市、和亲通贡等方式，都是解决两种政权矛盾的成功措施和制度，也是连接双方关系的有效通道。汉朝与匈奴，唐朝与突厥、吐蕃的农牧经济冲突，在元朝大一统时期初步得到缓解，在清朝统一之后二者的化解工作方基本完成。这种经济上的互动交流，也影响到疆域观念上的碰撞、交流。

（5）中国疆域研究的不同层次划分问题。

中国的边疆因为幅员辽阔，经济生产生活方式多样，政治管理体制也有差异。在大一统王朝时期，中央政府在不同地区采取了不同的管理政策和相应制度，比如清朝在蒙古地区设立库伦办事大臣，在新疆设立伊犁将军，而在西藏地方实施驻藏大臣制度，这些制度之间有同有异。在中央设立理藩院来管理蒙藏等边疆地区事务，在西藏设立驻藏大臣（其地位又随着朝廷对地方政治体制的调整而发生变化），西藏地方与锡金、不丹等又在一定时期保持着藩属关系。这些在边疆研究中都需要既划分层次和类型，探讨共性特点与一般规律，又具体问题具体分析，明确不同类型的个体特征。

(6) 边疆研究的学科属性和方法问题。

中国的边疆研究涉及多个学科，涉及国家政治、边疆政策，涉及军事、外交、国防，涉及自然地理环境、气候特点、自然资源，涉及边疆地区经济和社会，自然也涉及边疆地区历史沿革、历史地理、重大事件、重要人物、宗教文化、风俗习惯等等。边疆学的研究既是多个学科在边疆地区研究中的反映，也体现出具有特殊区域特征与丰富内涵、不同于内地研究的方法和宗旨的诸多特点。边疆地区的多语言、多民族、多宗教、多经济生活方式，跨文化、跨国家、跨社会形态等特征，具有高度的复杂性、敏感性和特殊性。这就要求边疆研究更应该懂得政策，掌握多种语言，掌握研究方法，懂得国家外交政策，了解当地自然环境和历史变迁、民族文化心理和宗教风俗特征。中国的边疆研究是多学科的综合研究，我们要继承、借鉴各学科研究的方法和经验，也要掌握多学科知识和跨学科研究的方法，交互使用多语言文献资料，重视实地调查。

对于中国的边疆研究来说，处理好理论创新和实证研究的关系也极为重要。近代以来各色边疆理论形成并传入中国，以及近几十年改革开放中我们对西方边疆理论的学习借鉴，开阔了中国边疆研究者的眼界，使我们学习到一些有益经验；但是我们也深切感受到西方理论在应用到中国历史和现实中时的不足和局限，同时也深切感受到中国边疆理论研究的薄弱，以及加强中国边疆理论研究和规律探索的责任的重大。

中国历史悠久漫长、历史上政权形态多种多样、思想文化内涵丰富、区域差别大、民族及语言众多、文化形态多样，以及中国边疆周边国家状态复杂，决定了在中国的边疆研究中得出任何高度概括的理论不容易，做到准确以至于完美无缺更难。应该有更多学科和领域的学者关注中国边疆理论研究，借鉴国外边疆研究理论、思想和方法，立足中国政治文化传统实际和史料基础，从中国漫长的历史时期和复杂丰富的现象中，梳理和总结出中国边疆研究的一般性、规律性的特点，建构中国边疆研究的话语体系。我们至少在中国边疆研究领域不人云亦云，或者不用中国的史实给西方学者的理论做注脚，不必通过引证西方的理论来证明自己的学识和见解，在探索路上给自己壮胆。中国的边疆研究还面临着对历代王朝和各地政权各项重大政策、制度、事件、人物进行深入和系统研究的问题，这些研究以及相关的专题研究和个案史实考证，都与边疆理论的研究息息相关、相辅相成。中国的边疆研究已经取得了一些可喜的成就，[①] 已经为理论创新奠定了扎实的基础，但要再接再厉，更上层楼，还有着广阔的发展空间。

当前中国的国际国内形势发生了前所未有的巨大变化，随着中国经济成为世界第二大经济体，中国的经济、军事、科技和综合实力及文化软实力的进一步增强，中华民族越来越接近世界舞台的中心，越来越接近中华民族伟大复兴的目标。党的十八大以来全面深化改革的推进，以及"一带一路"倡议的提出和实施，为中国的边疆研究提供了难得历史机遇，为边疆研究的重大理论创新创造了良好的条件，中国的边疆研究应该向纵深推进，迈上一个更高台阶。

中国的边疆研究应该充分继承历史上中国边疆研究，特别是近代以来边疆研究的优良传统，发挥传统优势，传承民族文化。中国不断走向世界舞台中心，必须产生与中国国际地位相适应的边疆研究理论。在国际形势依然复杂的背景下，在边疆研究领域如何提出新的战略、新的措施加以应对？中国的睦邻、安邻、富邻政策对当代边疆研究将产生哪些影响？中国的"共商、共建、共享"的全球治理理念，特别是"一带一路"倡议、"孟中印缅经济走廊""南亚大通道"等，对于中国边疆研究，特别是中国西南边疆研究产生怎样的影响？构建人类命运共同体理念的提出，既是中国传统理念的当代延伸，也与中国现实发展需要密切相关，更反映了中国维护人类共同利益的责任担当。也就是在追求本国利益时兼顾他国合理关切，在谋求本国发展中促进各国共同发展，它包

---

① 近20多年来出版了一系列研究成果，如吕一燃《中国北部边疆史研究》，黑龙江教育出版社，1991；马大正主编《中国古代边疆政策研究》，中国社会科学出版社，1990；马大正主编《中国边疆经略史》，中州古籍出版社，2003；周伟洲主编《英国、俄国与中国西藏》，中国藏学出版社，2000；赵云田《中国边疆民族管理机构沿革史》，中国社会科学出版社，1993；赵云田《中国治边机构史》，中国藏学出版社，2002；林荣贵主编《中国古代疆域史》，黑龙江教育出版社，2007；方铁《边疆民族史新探》，知识产权出版社，2013；李大龙《汉唐藩属体制研究》，中国社会科学出版社，2006；厉声等著《中国历代边事边政通论》，黑龙江教育出版社，2015，等等。

含了相互依存的国际权力观、共同利益观、可持续发展观和全球治理观。中国的边疆研究无论是理论、历史还是现实实践，都应该在新的起点上迈上一个更高的台阶。

（原载《中国边疆史地研究》2018 年第 3 期）

对"中国边疆研究"概念的认识与界定
——兼谈"中国边疆学"学术体系之建构

李鸿宾

一 "边疆"之成为关注的对象

从学术角度开始关注中国边疆并给予主动而有针对性的研究，应始于清朝对中原周边如蒙古、新疆、青藏、云贵等内陆边鄙的开拓之时。以往的研究多将其视为西方势力东渐进入中国范围之后引发的边疆危机的上升所致。在这个认识范畴内，19世纪中叶以后，中国在遭受西方的冲击下走向了一条与传统王朝（通常被冠以"封建王朝"之称谓[①]）迥然有别的道路，[②] 即人们熟知的中国遭受封建主义、帝国主义和殖民主义的压迫与侵略，同时也不断掀起革命浪潮并最终推翻帝制走向共和的近代道路。[③] "边疆"成为其中一个特定而重要的认知，正是作为中国遭受帝国主义和殖民

[①] 有关中国历史上"封建王朝"专词的辩驳性讨论，可参见冯天瑜《史学术语"封建"误植考辨》，《学术月刊》2005年第3期。

[②] 这主要是费正清等人的观点。参见 Teng and Fairbank, *China's Response to the West: A Documentary Survey, 1839–1923*, Cambridge: Harvard University Press, 1954；〔美〕柯文著、林同奇译《在中国发现历史：中国中心观在美国的兴起》，社会科学文献出版社，2017，第115~167页；杨念群《美国中国学研究的范式转变与中国史研究的现实处境》，黄宗智主编《中国研究的范式问题讨论》，社会科学文献出版社，2003，第289~314页。

[③] 参见胡绳《从鸦片战争到五四运动》，人民出版社，1981。

主义势力蚕食之首当其冲的角色而形成的,[1] 它是"革命"范式认识的逻辑衍伸。郭丽萍的研究则将其推进至清朝的扩展式举措之中,正是它,才引起人们的警觉性思考和观察。[2] 这个说法不管作者是否意识到,它是建立在以大一统为诉求的清朝周边拓展的框架之上的。而清朝的这个举措蕴含的意义,与传统中华王朝具有明显的差异,反而与西方的扩展性殖民帝国具有相近之处,[3] 所以在欧立德看来,中华王朝只有到了清朝才具有帝国的性质。[4] 尽管中外学界对包括清朝在内的中华王朝存有诸多不同的观点和角度不同的考察,但将"边疆"这一自觉性的认识置放在清朝而非明朝或宋朝的场域之内,至少具有复合型王朝国家地缘性的事实基础和意识形态的依据。为何这么说呢?

清朝以前的历朝历代,对"边疆"的关注,集中体现在司马迁《史记》"四夷传"开其端、20世纪初期《清史稿》"土司·藩部·属国"殿其后的所谓"正史"的系列编纂之中。这一系列对边疆的关注,是从王朝的中心朝向周边外围所做的伸展性观察。"边疆"在这个视野里所呈现的意义就在于活跃其地的人群及其组织。由于记载者所代表的中原汉人自认为文化优胜且文明久远,他们就依据这个尺度去揣摩和评价周边各地的其他人群,于是"蛮夷戎狄"就成为与汉人对应的称谓而被置于华夏文明"熏陶"和"教化"的客体地位,进而被形塑了中原"文明"与周边"野蛮"非对称的差序之格局,其边缘化的角色随着非汉系群体成为"教化"的对象而固定化了。这就是中原(汉人)与边疆(非汉人或胡系群体)二元格局的本质属性。[5] 在这里,"边疆"首先意味着那些需要被"教化"

---

[1] 参见马大正、刘逊《二十世纪的中国边疆研究:一门发展中的边缘学科的演进历程》,黑龙江教育出版社,1997,第26~28页。

[2] 郭丽萍:《绝域与绝学:清代中叶西北史地学研究》,生活·读书·新知三联书店,2007。

[3] 参见姚大力《"新清史"之争背后的民族主义——可以从"新清史"学习什么》,葛兆光等著《殊方未远:古代中国的疆域、民族与认同》,中华书局,2017,第300~323页。

[4] 参见〔美〕欧立德《传统中国是一个帝国吗?》,《读书》2014年第1期。

[5] 参见李鸿宾《中原与北部地区的共生关系——从长城谈起》,《民族史研究》第7辑,民族出版社,2007,第61~79页;《王朝国家体系的构建与变更——以隋唐为例》,孙家洲、刘后滨主编《汉唐盛世的历史解读——汉唐盛世学术研讨会论文集》,中国人民大学出版社,2009,第165~175页;鲁西奇《中国历史的空间结构》,广西师范大学出版社,2014,第180~198页。

和"驯养"的"四夷",它因承载着这些人群的活动而具有了价值和意义;"边疆"与"四夷"相互配套成为中原王朝的主导性观念并上升为意识形态的重要构成内容。这就是所谓的"地缘性的事实基础"。

与此对应的是,清朝在中国王朝序列的演进之中,倘若从国体和政体的构造上考察,它所具有的独特之处将它与其他王朝很清楚地区别开来:作为国家性质展现的国体,清朝核心权力的主宰者是东北地区的满洲(族)贵族集团,这一点与秦汉唐宋这些源自中原汉人的集团颇有差异,它虽吸收汉、蒙古等其他族群的精英进入统治机构,但这些人并非属于核心的主宰者,而是辅助的依从者(蒙古贵族与清朝宗室的关系更为密切一些)。在经营国家、行使权力的过程中,亦形成了"满中心、汉辅佐"的主辅性的政体架构。虽然有清260多年汉化或中原主体化的进程持续不停,然而直到清末推行"新政"之时,皇族政权的主宰仍延续了"满洲"的老套路。[1] 这亦为革命党人"驱除鞑虏,恢复中华"的口号提供了靶子;虽然最终采纳"五族共和"模式开拓了民国,但清朝满族贵族集团"异质性"的特征,始终未能消解。这表明,清朝的国体与政体,的确在中华王朝的演进中起到了一个独特却足以支撑一种类型的作用。用姚大力教授的概括,它是与"外儒内法的专制君主官僚制"对应的"内亚边疆帝国的国家建构模式",其目标是在一统化王朝国家的框架内追求相对自主的生存和发展的机会,而前者目标则是采用汉文化以覆盖全部的国家版图。[2] 这两种类型帝国之差异的核心,就是人群与地域构成的不同。传统中原王朝大体建立在汉人及其活动的农耕地带,儒家学说成为意识形态的中心表述;内亚边疆帝国则包括周边非汉人群体及其草原游牧等多种生计并与农耕相结合,其思想意识虽以儒学为宗旨构建,但包含的意义则更加广泛。易言之,前者的"单一"与后者的"复合"是这两种类型的根本区别。这

---

[1] 参见余英时《戊戌政变今读》,《二十一世纪》1998年2月号(总第45期)。
[2] 参见姚大力《中国历史上的两种国家建构模式》,原载清华国学院编《全球史中的文化中国》,北京大学出版社,2014,此据氏著《追寻"我们"的根源:中国历史上的民族与国家意识》,三联书店,2018,第141~160页;同氏著《不再说"汉化"的旧故事》,葛兆光等著《殊方未远:古代中国的疆域、民族与认同》,中华书局,2016,第287~299页。

种复合型帝国以往曾有魏特夫"渗透性"和"征服性"王朝话语的概括,① 争议虽然不断,但就其观察这类王朝的基本特质而言,无疑是敏锐的。正是在这种复合型王朝的场景下,"边疆"被赋予了中原王朝核心之四周的人群以更大规模步入王朝控属的意涵,千里异域的广阔疆土亦随着"外族"的"编户齐民"而置身于王朝的版图之内;相比之下,中原传统的汉人为主的王朝,其"边疆"的承载,无论是异质性族群还是差异化的地域,均无法与之颉颃。这就是所谓的复合型王朝的"事实基础和意识形态"的依据。

然而正是在康熙、雍正、乾隆诸朝经营并将古典帝国建构臻至完善之际,西方势力的介入将其民族国家的观念带入并对清帝国的持续构成了威胁。中国从此进入这两个迥然有别的国体与政体的冲突、交织、碰撞而又融合的博弈之中。民族国家公民的主人翁的权利、疆域的固定与明确的划分、国家在其间享有的法权治理与国际承认和尊重的主权,② 这些在王朝帝国时代晦暗不明、真假难辨的要素经过现代性的转换逐渐变得清晰以至于成为神圣不可侵犯的对象。这种转换将传统"疆域"的性质改造得荡然无存,"中国边疆学(研究)"亦因此注入了新的、鲜活的内容。这种新旧的冲突与变更,恰好贯穿于清朝的兴废之间。虽然1912年以后民族国家建构的道路仍旧持续,但新旧转替蕴藏的价值特别是其意义的凸显,足以证明清代内亚复合型帝国在形塑中华国家的现代转型中和为未来开辟道路中所发挥的作用之重要和功能之完备。③ 可以这么说,"中国边疆学"之所以引人注目,除了古典时期所谓"外儒内法的专制君主官僚制"王朝与"内亚边疆帝国"的相互交织与轮替的作用之外,民族国家的建构也为其注入了与此前迥然有别的新型国家的要素,从而使其具备了现代性特征,"边

---

① 〔美〕魏特夫著,唐统天等译《中国社会史——辽(907—1125):总论》,王承礼主编《辽金契丹女真译文集》(第1集),吉林文史出版社,1990,第1~95页。
② 参见〔英〕安东尼·吉登斯著,胡宗泽等译《民族-国家与暴力》,生活·读书·新知三联书店,1998,第1~6、140~147、253~265、305~344页;宁骚《民族与国家:民族关系与民族政策的国际比较》,北京大学出版社,1995,第251~317页。
③ 参见汪晖《现代中国思想的兴起》上卷第2部《帝国与国家》,生活·读书·新知三联书店,2008,第590~603、821~829页。

疆"的话语就是在古典的自述与现今的对话之中逐步成型的。基于此,笔者就"中国边疆学"的概念和学科体系等问题略谈以下几点想法。

二 "中国边疆学"的概念与本质

"中国边疆学"的概念由内涵与外延组成。若加分析,大体有这么几个步骤。

首先,本文讨论的"边疆学"是在中国王朝时代与民族国家的共和时代的范畴之内,即1949年以前,上溯至先秦。为什么这样规范呢?"边疆"一词的前提应是地理疆域,人类群居之时虽有地理范围的观念,但不是本文"边疆"的含义;只有人群建立组织并依托高度成熟的政治体展开活动之时,[①] 即人群被严密地组织在特定地区和共同维系生产活动的架构之内,地域的观念才具有"疆界"的属性,疆域、疆界的边缘地带抑或"边疆"的观念才因此而萌生。就此而言,"边疆"是国家、王朝这类政治体直接衍化出来的产物。

其次,"中国边疆学"分作王朝与民族国家两个阶段,这是就其时间而言的。从空间角度考量,1911年以前的"边疆"是王朝国家地域的外层组织,它是王朝内外双重结构的组成要素之一;1911年以后的"边疆"则体现为国家整体的一个构成,它与内层(中原内地)没有轻重缓急之别,只有地理空间的远近含义。整体性而非内外有别的同构,是民族国家的特质。不论是人群还是地域,都处在同一的均质化范围内,这至少在理念上如此。这样的观念与王朝国家完全不同,差异之存在,是国家政治体的性质发生了变化:此前的王朝分作内外二重并赋予其价值之判断,此后的民族国家则消除了这个差别。正如吉登斯所说,"现代'社会'是立存于民族 - 国家体系中的民族 - 国家,而传统国家,即我称之为'阶级分化的社会',在其内部特征及其相互之间的外部关系方面,均与现代社会有着非

[①] 张光直曾说,中国古代国家的形成靠的是政治措施和程序运作,国家的本质是政治的。参见氏著《从商周青铜器谈文明与国家的起源》,《中国青铜时代》,生活·读书·新知三联书店,1999,第480~483页。

常本质的区别"。①

最后，鉴于以上两项条件，我对"中国边疆学"概念的定义是：以研究中国历史上边疆问题而形成的专门学问，它以王朝至民国阶段中国边缘地带的人群之间的活动、人群与地理环境的关系及相邻问题为研讨的内容，并由这些内容构建而成。

那么，"中国边疆学"概念的本质是什么呢？

"边疆"是疆域的构成部分。"疆域"又是什么？如前所述，疆域是人群活动依托的空间场所，②这个"人群"是在国家这类政治体包裹下的人群，他们被政治体所框限，他们活动的这个特定的空间场域也受制于此。③这表明，是国家政治体而不是人群决定了"疆域"的存在。如果没有国家，人群同样需要活动场所，但那属于人群生活的物质空间，为他们的生存所需，就像动物依靠特定的空间为自己生存和活动提供保障那样，这种空间属于它们生物性的领地，由此萌生的是"领地"意识。走向组织建设的人群活动所依凭的空间被国家政治体所圈定，它就被纳入国家的统辖之内，于是原本生物性的自然空间（领地）就被国家的政治性空间所取代。当国家这类政治体将它的统治权置于这一特定的空间场域之时，这个空间就变成了所谓的"疆域"（或国土）。④问题是，古典时期的王朝国家普遍具有向周边不断开拓以增进其统治权的意图和趋向（中国向以"溥天之下，莫非王土；率土之滨，莫非王臣"的观念表达），⑤当它向周边伸展扩大王朝帝国统辖范围的时候，空间的内缘和外缘的观念随之而产生，"边

---

① 〔英〕安东尼·吉登斯著，胡宗泽等译《民族-国家与暴力》，第2页。
② 疆域与族群是国家构建的两个核心要素，参见〔英〕亚当·库珀、杰西卡·库珀编《社会科学百科全书》，上海译文出版社，1989，第756页。
③ 参见李鸿宾《疆域·空间：唐朝权力博弈的场所》，《民族史研究》第13辑，中央民族大学出版社，2017，第20～36页。
④ 参见〔美〕欧文·拉铁摩尔著，牛咄咄译《历史的疆域》，张世明等主编《空间、法律与学术话语：西方边疆理论经典文献》，黑龙江教育出版社，2014，第353～380页。
⑤ 这方面的讨论甚多，仅以秦汉与罗马帝国为例，可参见〔德〕穆启乐、〔德〕闵道安主编，李荣庆等译《构想帝国：古代中国与古罗马比较研究》，复旦大学出版社，2013；〔奥〕沃尔特·施德尔主编，李平译《罗马与中国：比较视野下的古代世界帝国》，江苏人民出版社，2018。内有多文讨论中西帝国发展的路径等问题。

疆"亦成为具体的行为过程了。① 如此看来,"边疆"是国家拓展的结果(或产物),它表明的是国家政治体权益在空间布局上的维系,体现的是对"权益"的追求。

在这一方面,又可分成王朝国家与民族国家两个不同的阶段。前者的权益主要体现在王朝属辖之下的内外两个层面,即上文所谓中原内层的核心区与四周外围的辅助区。因王朝是由特定的统治集团以占据特定地区(通常作为核心根据地)为方式展开的武力夺权,它以点带面地实现对全部地区的占领进而实施管理,② 所以在全国的布局上它便以中原农耕地带为王朝安身立命的根基,周边外围则构成了其进一步强盛的条件。③ 二者之轻重缓急,从唐太宗君臣"中国百姓,天下根本;四夷之人,犹于枝叶"的议论中清晰地呈现出来,"深根固本"成为历朝建国之基础。④ 在这一维度之上,古典王朝对周边地区的兴趣更多地集中在对那些人群的控制上面。换言之,王朝国家之对边疆发生兴趣,重在人群,将他们控制住并施加统治权,是王朝拓展的直接目标。然而这些人群多被政治组织(譬如部落联盟、政权或王朝等)所包裹,对他们的控制实际上就表现为对他们所在的政治体的征服。这至少成为历代中原王朝拓边的主要动因。周边地带的广阔领土正是在这些被政权包裹的人群统合进入王朝框架的博弈过程中蜕变为"边疆"的。就此而言,古典王朝的边疆地带因人群而纳入,应是其基本趋势,然而周边人群与王朝关系的疏密不等则决定了"边疆"地域的模糊性和不确定性,这是我们理解王朝国家疆域尤其边缘地域的特质所在。

---

① 这方面的研究同样很多,可参见许倬云《我者与他者:中国历史上的内外分际》,生活·读书·新知三联书店,2010;同氏著《华夏论述:一个复杂共同体的变化》,远见天下文化出版股份有限公司,2015。
② 参见毛汉光《中古核心区核心集团之转移——陈寅恪先生"关陇"理论之拓展》,氏著《中国中古政治史论》,上海书店出版社,2002,第1~28页。
③ 参见许倬云《传统中国社会经济史的若干特性(代序)》,氏著《求古编》,新星出版社,2006,第1~14页;李大龙《汉唐藩属体制研究》序论,中国社会科学出版社,2006,第1~18页。
④ (唐)吴兢撰、谢保成集校《贞观政要集校》卷9《议安边第三十六》,中华书局,2003,第503页。

步入民族国家之后，情况发生了深刻的变化。如果说王朝国家对人群控制的欲望成为其利益追求的核心，大于对疆土的追求，那么民族国家关注的核心利益则重在疆土而非人群（并非绝对）。当然这里有一个不断转轨的过程，不妨这样表述：民族国家对周边的追求，从对人群的控制逐渐转移到对土地为主的资源的攫取上面，"边疆"由此被注入了新的内涵和价值。究其本源，土地作为资源的观念遽尔萌生，它对国家建设的重要性日渐凸显，进而超越人群成为国家追寻的首要目标。为什么要转变呢？归根到底，是人群的大量增加导致人地关系的紧张，地域的宽阔被人群的无限制增长所抵消，土地作为资源从丰富变为紧缩，价值因此而飙升，这就是"权益""利益"出现的根本所在。另一因素是政治体性质转变的刺激。较之王朝国家，民族国家对边疆的认识，无论是那些人群还是他们活动的地域，都是被作为国家政体均质化整体建构的组成要素来看待的，这就剔除了王朝时期内含的边缘、外层辅助的要素。我们不能说王朝国家没有这样的诉求，[1] 事实上，古典时代众多且前后有别的王朝并非铁板一块，中国的历朝历代对此也有各自的需求并呈现显著的差异，但一体化、均衡化、均质化作为民族国家的根本诉求且诉求臻至最大化，导致边疆（人群、地域）的边鄙属性丧失，则是古典王朝不具备的，也并非古典王朝的刻意追求。这也表明，在民族国家的意识里，"边疆"的传统意义已不复存在了。民族国家之所以大张旗鼓地鼓吹边疆的意义，除了弥补王朝国家"漠视"边疆所造成的空缺之外，更重要的还是"边疆"内含的资源价值，于是，"权益""利益"的追求，再次成为本文对之界定的验证。

三 "中国边疆学"学术体系构建之要点

明了"中国边疆学"的概念和本质属性之后，我再就其学术体系之构建谈两点想法。首先这一体系的重要性必须阐明。如同沃勒斯坦所说，学者的使命就在于明辨其所研究对象的真实性，从研究中推导出一般原理，

---

[1] 如汪晖就说，"在地位稳固之后，清朝采取了一系列的措施促使内部关系的同质化或权力集中趋势"，它的许多举措与民族国家的建构有重叠性。参见氏著《现代中国思想的兴起》上卷第 2 部《帝国与国家》，生活·读书·新知三联书店，2008，第 616 页。

并将这些原理最终加以特别的应用。① 出于对"中国边疆学"大量史事澄清的需要，对其承载的古今细节进行学理式概括的重要性不言而喻，而其前提则是概念的明确界定。正是这些构成了本文撰写的基本动机。但就其学科体系而言，需要学人之间彼此的不断摸索和讨论，绝非一朝一夕所能成型；由于自己理解得有限，考虑得不周，我这里不做系统或全面性梳理，仅就自己的看法申述如下。

第一，"中国边疆学"思考的范式。

"中国边疆学"的学术体系，思考范式的定位应当是重要内容。何以如此？这个体系之能建立，是当今的社会场域给予我们的。换言之，我们考虑这个问题的意识之萌生，是在当下而非过去。对历史问题的思考通常从现实出发，它是人类思考当下问题的逻辑延伸，克罗齐的那句"一切历史都是当代史"的表述从这个角度讲有其道理；然而一旦涉及"历史"，它所具有的那个远离当下的特有时空场景也不能被随意地割断或强行地曲解，这就是悖论。如何调节二者的关系是包括"中国边疆学"在内的历史学科要解决的问题。假若不做学理层面的切割、澄清和分辨，就会古今混淆、中外不分，错乱丛生甚至谬误百出。假如我们讨论的这个"边疆"不做刻意的时空规范，就会落在当今国家政治体观念的解释框架之内。② 因为它是人们熟悉的套路，人们的观察自觉不自觉地陷入其中。这套体系是17世纪中叶《威斯特伐利亚条约》签订以来逐渐形成和规范的，它由欧洲传布到世界，中国于清朝中叶以后不断受其制约，从王朝帝国以中华民族之建构为标识步入民族国家的行列。它以主权清晰、地域分明和公民群体组合而成为国家的构成要素，特点是权责分明，不留下"任何"模糊地带。③ 依托于此形成的边疆学学术体系亦需要内涵明确、外延精准并易于人们的讨论和研究，这是很自然的。中国古代的王朝国家，它的统辖权既

---

① 参见〔美〕伊曼纽尔·沃勒斯坦著《现代世界体系》第一卷，罗荣渠等译，高等教育出版社，1998，第9页。
② 华勒斯坦（沃勒斯坦）也曾说，如果不做清楚的界定，人们常常将当下的规范和框架加入以前时代的讨论之中，从而出现古今混淆、前后不清之现象。见氏著《开放社会科学》，刘锋译，生活·读书·新知三联书店，1998，第18~19页。
③ 参见汪晖《现代中国思想的兴起》上卷第2部《帝国与国家》，第609~736页。

明确又模糊、地域和人群的构成内外有别、内层相对固定外层变化无常等特性，使它与民族国家之间差异明显，甚至迥然有别。

这表明，"中国边疆学"的话语与它研究的对象至少有两个判然有别的套路。我们若不加分别而采纳熟悉的思考方式进行讨论，就有可能分割和肢解我们不熟悉而又存在的那个套路及其所呈现的历史事实。所以对套路的认识和澄清，应当是讨论"中国边疆学"学术体系的逻辑前提和重要内容。事实上，如果能够从认识论的层面做清醒的分辨，① 这种不同的套路非但不是阻碍，反而有助于我们从历史和逻辑两个维度去考察那个与我们所处时代完全不同的边疆和人群活动的特性。就此而言，本文开头涉及的中国边疆历史的阶段划分，大体可做如下考量：就时期而言，中国边疆学可分为前后两个阶段。以 1911 年为界，前期是王朝国家的边疆学，后期是民族国家的边疆学。前后两个时期的沿承接续并非由一个具体年代所能决定，它有一个渐变的转化过程；② 从王朝边疆学向民族国家边疆学的转变，应始于清初随着统治力的扩展而进行的政治和学术的考察和研讨，西方势力东渐干扰并影响清朝的运作则进一步强化了中国边疆学的拓展，这一体系于 1911 年前后成型。王朝时期边疆的模糊与"互为"（即夹处相邻王朝之间的地带归属不定）的特性，决定了边疆学的属性模糊，这一时段的"边疆学"可谓"自在"的边疆学；到了民族国家时段，"边疆学"成为人们关注的重心并予以刻意地强化，它便进入了"自觉"的阶段。两个阶段，无论是边疆自身的事实，还是人们的判定，差异明显，迥然有别，思考的范式自应不同；如何区别对待由此衍生的范式转换，应是理解"中

---

① 这方面的另一种表述就是"问题意识"是否强烈，其中值得我们留意的一个例子是孔飞力对中国现代国家起源的研究。他从读史中萌发的知识关怀出发，通过构建"有意义的问题"而展开的中国现代性的追索（参见译者导言，第 33 页），刻画了现代嬗替传统这一源自中国内部的动力，这充分体现在他的《中国现代国家的起源》（陈谦、陈之宏译，生活·读书·新知三联书店，2013）一书中。

② 这种转化是包裹在中国的国体与政体的转型中的，史学家更倾向于将它置于传统与现代的讨论框架之下，典型者如〔美〕费正清、赖肖尔撰述的《中国：传统与变迁》（陈仲丹等译，江苏人民出版社，1992）。另可参见〔美〕王国斌著，李伯重、连玲玲译：《转变的中国：历史变迁与欧洲经验的局限》，江苏人民出版社，2010，第 77 ~ 149 页。

国边疆学"学科必备的观察手段。①

第二,"中国边疆学"体系的学术(科)支撑。

考虑到这一体系形成与确立的学理依据,"历史学是基础,历史地理学、考古学、民族学、人类学、社会学、地缘政治学等是支撑"这样的表述,应当是比较妥当的处理方法。为什么呢?边疆学的概念及其包含的内容多是历史发展与演变塑造的,即使今日的"边疆"也是历史发展的结果,若要以此为研究并构建体系,边疆的"历史"毫无疑问是钻探的中心,以此为研究方法和特质的学科,非历史学莫属。它从(广义)文献的角度为学者提供考察边疆的具体情节,以文献揭橥的史实为人们讨论边疆提供证据,这正是其他学科据以研讨边疆学的立论基础。

历史地理学讨论边疆所发挥的作用,表现在"边疆"问题的地域化形象被清晰展现。边疆的本质是特定的地理范围,但它成为讨论对象的基础则是活动其上的特定人群,这里的人群活动又是通过国家政权的建设而显现出来。于是作为历史地理学的核心——人地关系亦成为"中国边疆学"讨论的对象。作为专门性的研究,历史地理学被赋予的角色非文献记载、历史研究所能替代,它成为"中国边疆学"内容的价值就表现在这里。

考古学旨在通过对特定地区的文物遗存予以钻探和挖掘,揭示历史遗留的某个(些)物证的相貌,并与文献记载对应,进而弥补文献所缺,提供更多的史实。它所揭橥的相貌更有真实性,因为那个相貌没有后人的添加补充或加工遮掩,是原貌的"真正"呈现。相比之下,文献传承需要后人不断补缀甚至修改,其中很可能增加了后人自己的意见和述说,后人不经意之间不同程度地丢失了原貌。考古学提供现场真实的功能,堪属独一无二。

民族学与人类学这两门学科研究的对象是人群,这些人群生活在特定环境和场景之中,因积累了不同文化而形成了此一群体与彼一群体的差别。这些文化导致的差异的人群被冠以专有名称而彼此区隔,就是所谓不同的族群或族群共同体。边疆地区的人群正是这些异质性人群集中活跃的

---

① 对范式转换的学理性思考,当以黄宗智、杜赞奇、周锡瑞等人的研究为突出,这集中体现在黄宗智主编的《中国研究的范式问题讨论》一书中。

地带，民族学、人类学的介入势所必然。

如果说民族学、人类学多关注人群的活动与文化内涵的话，社会学则对人群活动的场域及其活动的框架、方式等外在的东西更感兴趣。人群自身固然重要，但他们的活动方式、依托的环境同样是了解人类特性不可或缺的尺度。人的结群所依托的组织结构伴随人群的活动而生长，国家、王朝这类组织架构的出现，是人群活动上升到新高度的表现。所谓人类从"野蛮"走向"文明"的路程，政权组织的建构是重要的标志。"中国边疆学"研究的起点就是国家政权组织的出现，正是它才使"边疆"具有意义；部落以前时代人地关系的舒缓并没有迫使人们一定要依托"边疆"而行事，虽然他们同样具有领土意识。对这些供人类活动的空间场域和组织架构进行专门性的研究，社会学有其系统而规范的方式和特长，采用这种学科的研究方法，对边疆学的促进作用不可小觑。

地缘政治学讨论的核心，包括了政权建设的地理依托及其展开的活动方式。"中国边疆学"讨论的国家政治体的构成内容，无论是王朝国家还是民族国家，都依凭在特定地域进行运作。然而地缘政治学关注的核心不是这个地区的其他问题，而是它与王朝或国家建构、运行之间形成的密切关系，诸如它提供的条件、它如何以及在什么程度上影响甚至支配着王朝和国家等。就此而言，地缘政治学本质上属于政治学，这个"地缘"也是从政治角度着眼的，它的自然环境、地理条件等因素都是围绕政治体的建构与运作而展开的，指向的是政治而非其他。这构成了该学科之基本特征。

由此，我们对"中国边疆学"学科体系的特点可总结为：以历史学的研究为基础和旨意，结合与其相关的诸门学科做各自特有的专业式分辨和讨论，进而对中国边疆作专题、专门和整体性探索所形成的学术（学科）体系。

（原载《中国边疆史地研究》2018 年第 3 期）

互动与融通：新时代中国边疆史研究的客观要求

田 澍

边疆史是中国传统史学固有的主要内容之一，亦是中国史乃至世界史的主要内容之一。"二十四史"中有关边疆民族的专门记载和近代以来出版的各种边疆史专著，反映着不同时期人们对边疆的认识程度与水平。随着构建新时代中国学术话语权的需要，中国边疆史必须在理性的反思中走互动与融通的研究之路，将中国边疆史研究的"形"与"神"有机地结合起来，在充分继承传统优秀学风的基础上走创新发展之路。

众所周知，边疆是靠近国界的领土，属于国家的边缘地带。在中国古代文献中，常常将"边疆"与"庙堂""朝廷""中枢""内地"相提并论。在世界各国的边疆形成过程中，中国边疆的形成与演变具有自身的特点，有特殊的研究价值。

中国是历史悠久的大国，中国边疆处于不断变化之中。当然，这一变化是相对的，有变的一面，也有不变的一面。所谓"变"，就是指中国的疆域像滚雪球一般，越来越大。所谓"不变"，就是指中国的核心未变。这一核心主要是指中国疆域的核心区域始终未变，具有极强凝聚力的文化统合的理念未变。换言之，中国疆域的"变"是建立在"不变"的基础上的。中国疆域具有鲜明的地理环境，四周有天然屏障，地域辽阔，地形地貌复杂，气候多种多样，"农业区与牧区及农耕民族与游牧民族发展带分野清楚，而又天然地相互依赖，互相补充。同时也表现出不同民族之间，甚至同一民族不同地区之间社会发展的显著不平衡"。① 在中华文化的多元背景下，在保持个性的前提下使各文化和谐相处，中国文化的内核——"和"起着关键作用。在国家层面，"和"又可理解为"大一统"。"大一统"就是以德立国的合法政权要统治多民族的国家，就要有统一的政权、统一的制度、统一的法律、统一的文化等，就要追求和谐稳定，维持长治久安，反对分裂动乱，确保天下太平。在理解边疆与"大一统"关系这一重大问题时，应处理好以下四大关系。

（1）边远与中心的关系。尽管边疆具有边缘性，但中国的边疆并不必然就是边远地区。在早期中国历史中，作为政治中心的都城一般设置在远离边疆的中心区域，位于相对安全的"五服"之中。但随着民族交融的日益加深和巩固边疆的客观需要，都城就不能永远远离边疆。到了15世纪，明成祖从实际出发，以"天子戍边"的极大勇气冲破重重阻力，突破陈腐的观念，将明代的政治中心从南京迁到当时的边疆区域甚至是边防前沿——北平，以便对北部边情迅速做出决策，有效应对来自北方的巨大压力，确保明朝的国防安全。有明一代，北京地处边防前线，位于明朝的边疆地区，多次受到侵扰，但始终没有南迁。明朝统治者以极大的自信迎接挑战，使北京在中国的疆域稳定与开拓、民族交融与发展中起着十分重要的作用。那种简单地将边疆视为远离中心的边远地区的观点是不符合中国历史实际的。同时，边远与中心是相对的，这种相对性绝不是简单的"手脚"与"心脏"的关系，更不是简单的"边缘"与"根本"的关系。在中国传统的国家治理体系中，"边缘"并不意味着无足轻重，可以随意舍弃。而传统的"守在四夷"也是偏颇的，此"守"仅仅是外在形式，真正的"守"在中央而不在边疆。换言之，"固边"的根本在中心而不在边疆，不同时期的边疆危机其实就是中心的一系列失误所造成的。离开中心而仅仅以边疆的视野来谈边疆是认不清边疆问题的。特别需要指出的是，随着民族交融的进一步加深，处于边疆地区的民族不断向中心靠拢，时而成为天下"共主"。例如，曾为边疆民族的蒙古与满洲"自边陲入主中原，以

---

① 费孝通主编《中华民族多元一体格局》，中央民族大学出版社，1999，第114页。

中原为帝国的核心,以汉文化为主轴,以中国为其帝国之重,并自称中国"。① 特别是清朝构筑了空前庞大的王朝,将中国"大一统"国家形态推向了高峰。

（2）特殊与一般的关系。在中国历史演进中,由于区域经济尤其是农牧经济发展的不平衡,边疆地区的发展相对落后,与"中原""内地"在一定历史时期存在差距是正常现象,故在一定时期和特定范围内可以根据不同的风俗和社会发展的水平对其采取特殊的、过渡性的管理方式,使其逐渐融入"大一统"的治理体系之中。但经济落后并不是边疆地区的固有特点,因为"内地"同样有许多地区存在经济落后的现象,故"因俗而治"并不意味着消极应对和放任自流,更不是"不治",而是在尊重其风俗和信仰的前提下以积极的态度加以引导,关注民生,协助其抵御灾害,促进其发展,缩小其与非边疆区域的差别。同时,"因俗而治"的区域绝不是"法外之地",更不是"独立王国","因俗而治"也绝不是消极的无为而治,而是采取适度而有效的"齐政修教"措施,密切其与"内地"的经济联系,传播中华传统文化,加强其国家认同,确保其内部朝着有利于"大一统"的方向发展。当实行特殊管理的区域发展到一定程度后,王朝中央政权推行"改土归流"政策,削弱其特权,与内地实行无差别的一体化管理,有效加强行政控制。特别需要指出的是,随着民族交融的加强,"德政"并不是汉族政权的专利,不论"华夷",有德者有天下,无德者失天下。人们不必一再突出先秦时期乃至后世一些人强调的民族差异和辨别亲疏的狭隘和偏激思想,而是突出中国传统认识中"四海之内皆兄弟""遐迩一体""华夷一家""中外一家""天命无常,惟有德者居之"等积极、平等与包容的思想,充分肯定各民族共创中华的历史贡献,正视民族交融和凝聚的成果,倡导民族平等。例如,朱元璋称帝后对元朝"勘定朔方、抚有中夏和混一南北"的历史贡献给予高度评价,对其顺天应人时的"华夷咸服"、对元朝前期民族交融和多民族国家良好的政治局面予以积极肯定。朱元璋说道:"自古帝王临御天下,中国居内以制夷狄,夷狄居外

---

① 汪荣祖:《明清史丛说》,广西师范大学出版社,2013,第4页。

以奉中国，未闻以夷狄居中国治天下者也。自宋祚倾移，元以北狄入主中国，四海内外，罔不臣服，此岂人力，实乃天授。彼时君明臣良，足以纲维天下。"① 正如马大正所言："汉唐两代致力于完成统一大业，把千余年来中国各地区各民族孕育着的大统一要求变成现实。但是与元代相比，汉唐统一的规模要小得多，元朝虽然只统治了近百年，但蒙古贵族集团'以马上得天下'的元朝疆域空前广大，它的大一统局面得到了中华各民族的承认和肯定。"② 雍正皇帝利用中国传统的观念为清朝的合法性辩护，满洲因德而拥有天下，清朝乃"天下一统，华夷一家"之王朝，故不得以"华夷而有殊视"，亦不得以"华夷而有异心"。他对传统的"华夷观"做了全新的阐释，以充分的自信维护和发展着"大一统"的局面，对那些片面鼓吹民族歧视、煽动民族仇恨和凸显"华夷有别"的言论予以抨击与遏制，对中国的"大一统"理论做出了历史性的推进和最大可能的实践。

（3）动荡与稳定的关系。由于边疆所固有的属性，在一段时期内或在一定程度上存在动荡是正常现象。如何消除动荡，确保稳定，是考核治国者的关键指标之一。在中央政权稳定且统治者头脑清醒之时，统治者必然高度重视边疆问题，明白边疆稳定与国防安全、内地安定、经济发展和政治统治的密切关系，必然统筹边疆与内地的协调发展，并把边疆问题当作头等大事来对待。故在具体的政治行为中，他们能够选派得力可靠的能臣来治边护边，采取积极有效的措施，加强行政管控，确保边疆稳定和天下太平。一旦用人失当，疏于治理，必然行政乖误，酿成大患，引发边疆动荡和战乱，进而威胁中央政权的安全，甚至直接导致王朝的崩溃。传统中国的中央集权随着形势的需要而在不断强化，其目的在于尽可能地消除各种分离势力，强化中央权威，维护国家的统一，使"烽燧不惊，华戎同轨"。③ 与内地相比，边疆的分离势力更为严重，亦更为特殊。如何消弭边疆的分裂因素，是对执政者的最大考验。凡有为之君，必能以高度的警惕性时时关注边疆，对鼓吹分离、破坏稳定、从事分裂等形形色色的势力采

---

① 《明太祖实录》卷 26，吴元年十月丙寅。
② 马大正：《中国边疆研究论稿》，黑龙江教育出版社，2002，第 146 页。
③ 《旧唐书》卷 9《玄宗本纪》。

取各种有效手段，文武并用，多管齐下，在严控中予以铲除，确保边疆的安宁。当然，稳定边疆只是治理边疆的一个主要内容，或者说是边疆发展的一个基本条件。因为稳定边疆的目的是发展边疆，让边疆以主人翁的自觉意识参与"大一统"的建设并平等地共享"大一统"发展的成果。

（4）战争与和平的关系。边疆不是如一些人所谓的"神经末梢"，中央王朝的国防重心在边疆，核心利益在边疆，关注的焦点也在边疆。要实现百姓的安居乐业，要确保国家的长治久安，要创建"大一统"的盛世局面，就必须消除边患，使边疆无战事。而要保证边疆的和平与发展，一方面要确保政治的良性运行，消除内乱的各种根源；另一方面要居安思危，消除外患的各种苗头。如果政治腐败，统治阶级内部纷争不断，政出多门，必将引发边患。一旦内乱迭现，中央王朝自身无法平息，必然无暇顾及边疆，这就使得边疆分离势力成为摧毁中原王朝的致命力量。相对于内地，一些边疆区域是外部势力极易渗透的地方，会对国家安全造成极大的甚至是致命性的威胁。为此，中央王朝要诚心睦邻友好，讲信施义，树立良好的国家形象。只有坚持以和为贵，以文为先，互利互惠，相互补充，才能确保边疆外部环境的相对稳定和安全。同时，要及时掌握边疆信息，对公然破坏边疆安全的外部势力要采取合理适度的防御与自卫，必要时不惜一切代价将其击溃，将外部的威胁和侵扰置于可控范围之内。"边疆息警""边疆宁谧""边疆无事""边疆无虞""边疆安靖"是自古以来人们美好的愿望。一旦"边疆不宁""边疆多事"，则天下不安。而"边疆失守"，则国将不国。故历史上雄才大略之主，必能"慎固边疆""捍御边疆"，将"窥伺""侵扰""骚扰"边疆之势力及时控制，或安抚，或驱赶，或诛灭，确保边疆的和平与安宁。

传统的边疆史研究主要关注的是疆域的演变、边疆政策、治边思想和机构设置等基本问题，并涉及边疆社会生活与文化、边疆开发、边疆战乱等问题。但随着边疆史研究的不断深入，研究仅仅局限在这一固定的研究范式中是远远不够的。由于边疆从来就不是边疆的边疆，故边疆史就不是简单的边疆的边疆史。没有对统治者的治边思想、治边策略、治边决心等进行全面系统的研究，没有对分管人事、财政、军事、外交、监察等官员的治边理念和治边行为等进行全面系统的研究，没有对各级官员的执行力和能动性等进行全面系统的研究，没有对内地与边疆的活动关系进行全面系统的研究，没有对各时期边疆外部势力消长的变化进行全面系统的研究，就不可能对中国边疆历史的演变有正确的理解，不可能对边疆治理的经验教训做出深刻的总结。同时，要突破断代史的束缚，以大视野来认识中国边疆的演变。如对元明清时期的边疆史的研究，一方面要在秦汉以来民族交融的大背景下来审视，另一方面要把三朝联系起来加以系统考察。长期以来，一些研究者将三朝分别对待，简单割裂，任意地贬低明朝的地位，认为明朝在疆域方面前不如元朝，后不如清朝。事实上，明朝是在解决元朝无法有效控制中国核心区域的问题。元朝的疆域之广不可否认，但关键的问题是自身不可能长期而有效地维护靠军事征服所建立的统治秩序，其动荡和分裂是不可避免的。对中国传统的核心区域，元朝并没有找到有效的控制办法，被南方民众带头推翻是不难理解的。明朝建立之后，主要的历史责任就是重建中国核心区域统一的社会秩序，集中精力解决了元朝没有解决也不可能解决的问题，也解决了汉唐宋时期所未能解决的一些问题，做出了自己独有的贡献。如明人于慎行所言：明朝"灵、夏在版图，则宋全盛所无；甘、肃为斥堠，则唐中叶所失；而云南一省为郡县，则汉、唐以来所未有者，亦足补其一二矣"。[①] 特别是经历了洪武、永乐五六十年的探索，明朝较好地找到了治理和稳定所辖之地的办法，为多民族国家的稳定和发展奠定了坚实的基础。如日本学者所言：明成祖将"南京京师体制过渡到北京京师体制之后，明朝彻底完成了国家政权的确立"。[②] 经过明朝将近三百年的治理，中国核心区域的社会空前稳定，使清朝能够在明朝的基础上将主要精力集中在边疆问题上。清朝有效解决了明朝想要解决而未能解决的北方"边患"问题，在元明两朝的基础上使中国的疆域得以拓展和有效治理，使边疆安全形势大为改善，农牧文化的交融进一步加强，奠定了近代中国疆域的基本格局。只有将三朝看成一个连续的整体，才能看清"明承元制""清承明制"的内在逻辑，也才能清晰地认识

---

① 于慎行：《谷山笔麈》卷18《夷考》，中华书局，1984。
② 〔日〕檀上宽：《永乐帝》，王晓峰译，社会科学文献出版社，2015，第242页。

到明朝承先启后的独特作用和三朝各自在不同时期的历史贡献。

要真正提高中国边疆史研究的水平，首先要求研究边疆史的学者必须学会两条腿走路：既要充分了解和深度吸纳通史和断代史研究的新成果，又要从事通史和断代史研究；既要有对某一时段的微观研究，又要有大历史观的眼光；既要有史学的素养，又要有现实的关照；既要有中国情怀，又要有国际视野。所以在中国边疆史研究中，不能仅仅局限在边疆区域史范围来研究边疆史，更不能以静态的、粗放的方式来对待边疆史。那种微观的、就事论事的、被动的研究绝不是中国边疆史研究的常态。中国边疆史不是简单的地方史，也不是简单的区域史，而是以边疆为核心的国家治理体系的演进过程。只有将边疆史与通史和断代史融为一体，走互动与融通相结合的研究之路，才能进一步拓展中国边疆史研究的内涵，深刻认识中国边疆史演变的内在规律和特点，全面总结历代治理边疆的得与失，有效扩大中国边疆史研究的影响力，真正提高中国学者在中国边疆史研究中的话语权。

（原载《中国边疆史地研究》2018 年第 3 期）

"民惟邦本，本固邦宁"
——论边疆研究中的人本主义历史建构*

罗 群 林 曦

以人民为中心的发展思想，体现了党、国家、社会和个人根本利益的高度一致性。习近平总书记在党的十九大报告中指出："人民是历史的创造者，是决定党和国家前途命运的根本力量。必须坚持人民主体地位，坚持立党为公、执政为民，践行全心全意为人民服务的根本宗旨，把党的群众路线贯彻到治国理政全部活动之中，把人民对美好生活的向往作为奋斗目标，依靠人民创造历史伟业。"[①] 这为我们开启了新时代人本主义价值实现的新思维与新篇章。"边疆是历史的产物，属于一定的历史范畴。在不同的历史时代有不同的边疆观，边疆理念与国家经济发展的现实需求相适应，也表现出不同的特点。"[②] 对边疆的认识会随着边疆内涵、外延以及特性的演变而不断增添新的内容，并成为新时代边疆研究与实践发展的重要组成部分。

---

* 本文系国家社科基金一般项目"民国时期云南垦殖与边疆开发研究"（项目编号：17BZS108）、云南省哲学社会科学基地——"滇学研究基地"重点项目（项目编号：JD2016ZD01）阶段性研究成果。"民惟邦本，本固邦宁"出自《尚书·五子之歌》："皇祖有训，民可近不可下，民惟邦本，本固邦宁。"

① 《党的十九大报告辅导读本》，云南人民出版社，2017，第20~21页。
② 于沛：《从地理边疆到"利益边疆"——冷战结束以来西方边疆理论的演变》，《中国边疆史地研究》2005年第2期。

一　国家视域下的边疆与边疆属性

边疆,在中文文献里亦称边地、边邑、边徼、边圉、边塞、边陲等,较早见于《左传·昭公十四年》:"好于边疆,息民五年,而后用师,礼也。"[1] "边"是相对于中心而言的,含有远离中心的"边缘"或"周边"之意;"畺"当无弓字旁时多指"众多田块比邻而界",带弓字旁时"疆"通"强",意即"强大"。"边疆"两个字的组合更多包含了地理和政治上的含义。《新华字典》对边疆的释义为:"1. 边为物体的周围部分;2. 边疆是国家或地区的交界处。"[2]《辞源》中关于"边疆"的释义则是:"边境之地。"[3] 两种解释都强调了边疆概念中的国家视野与地理空间含义。

（1）边疆的地理属性

从字面上看,边疆首先是一个地理概念,更多地表现为远离中央政权所在地的边远地带和特定疆域范围内的边缘性区域,"即在一个相对稳定的空间内,各族群长期活动、交往的广义边界。现代意义上的任何国家之间,都有明确的领土分野,并以确定的国界为标志"。[4] 领土边疆作为国家占据或控制的地理空间范围,体现了国家的地理空间属性,也因此成为国际法公认的主权国家对内行使最高管辖权的地域界限,是国家利益的根基所在和维护国家安全的首要目标。

（2）边疆的政治属性

边疆乃国家的边疆,是国家统治范围内的一个特定区域,更是一个政治概念,反映了国家在边疆地区统治的有效程度。"边疆的形成要以国家政治共同体的建立和国家的统治范围为前提。"[5] 国家边疆不仅包括陆疆、海疆、空疆,也包括"在历史过程中产生并在全球化时代凸显出来的,以

---

[1] 陈戊国点校《四书五经》,岳麓书社,2014,第1106页。
[2] 《新华字典》,商务印书馆,1957,第27页。
[3] 《辞源》,商务印书馆1989年修订版(合订本),第1683页。
[4] 于沛:《从地理边疆到"利益边疆"——冷战结束以来西方边疆理论的演变》,《中国边疆史地研究》2005年第2期。
[5] 周平:《中国边疆治理研究》,经济科学出版社,2011,第2页。

国家利益为核心的,判定主权国家之间或与其他行为主体之间利益划分的界限和范围"下的利益边疆。[①] 国家利益成为国家与边疆关系的核心,边疆得失关乎国家利益,在一定意义上是由国家利益边界而衍生和划分出来的利益空间。[②] 国家要生存和发展,就必须对边疆实施有效治理,即"国家必须运用政权的力量,动员其他社会力量,运用国家和社会的资源,去解决边疆问题"。[③]

(3) 边疆的军事属性

边疆是一个军事概念,是一个国家的国防前沿和国家安全的有机组成部分。边疆安全与国家安全紧密相关。边疆不仅仅是国家对外设防的地理屏障,还是一个蕴含着丰富安全内涵的特殊地域,既是核心区战略安全和军事安全的屏障,也是国家稳定发展的可靠保证,边防则是其军事属性的具体体现。在历史发展的各个时期,边疆所感受到的外部军事环境和军事压力往往成为国家保卫领土完整、捍卫主权独立、防御外敌入侵、维持边疆秩序、增进睦邻友好的直接动因,边疆的军事属性因此具有很强的国防性。

(4) 边疆的经济属性

边疆也是一个经济概念,边疆地区不仅远离中心区,而且大多山高林密、交通阻隔,开发程度较低,在经济区域类型方面与内地不同,在发展水平方面与内地有着较大差距。但另一方面,边疆又意味着山川秀丽、资源丰富,丰富的资源优势与极度匮乏的投资开发形成边疆"富饶的贫困"的巨大反差。此外,由于经济全球化带来了国际利益的交融化,使得国家利益首先表现为经济利益,并开始突破国家的地理疆界向全球拓展,日益在更深、更广的层面上融入世界,使国内外的经济利益更加紧密地联系在一起。"经济边疆是全球化时代突出来的重要形态,它既包括国家经济利益的拓展取向,也存在某种意义上收缩取向。"[④]

[①] 杨成:《利益边疆:国家主权的发展性内涵》,《现代国际关系》2003年第11期。
[②] 参见白利友《国家治理视域中的边疆与边疆治理》,《探索》2015年第6期。
[③] 周平:《中国边疆治理研究》,经济科学出版社,2011,第68页。
[④] 杨成:《利益边疆:国家主权的发展性内涵》,《现代国际关系》2003年第11期。

二 人本主义视域下的边疆与边疆属性

"所谓国土者,必有人民、主权与土地三要件,而三者之中,人民实居其首。无人口固无国土可言,有而太少,亦不过为名义上之领土而已。按人类生存竞争之定律,任何土地之主权皆非绝对之形态,惟有力者得之,守之;非然者或不能得,或得而终不能守。"① 人民作为边疆区域中的主体,"民惟邦本,本固邦宁"。边疆的存在即人民的存在,人民是边疆存在的"终极理由",而其中最核心的部分仍然是边疆各族人民对边疆、对国家的认识与认同。因为对生于斯长于斯的各族人民而言,守家即卫国的历史使命决定了他们是维护国家边疆长治久安的根本和栋梁。"边疆民族,本与汉族同出一源,如何促进大中华民族之团结,如何开辟边地之交通,改进其政治,发展其经济,增加其生产,提高其教育程度及文化水准,现均为中央治边所悉心筹划,而次第予以施行者。"②

(1) 边疆的历史属性

边疆是一个历史概念,边疆的发展经历了一个从历史到现代持续而漫长的发展演变过程,由模糊到逐渐清晰。自中国古代中原王朝确立中央集权大一统局面开始,历朝各代多奉行"天子有道,守在四夷"的治边原则,并非一味强调采用军事手段用兵边陲或出兵徼外。统治者认识到边疆各族是边疆的主体,有其特殊性,应当"临事制宜,略依其俗",③ "修文德以来之,被声教以服之,择信臣以抚之,谨边备以防之,使重译来庭,航海入贡,兹庶得其道也"。④ 内地百姓与边疆人民、腹地与边疆犹如树干与枝叶,"中国百姓,天下根本;四夷之人,犹于枝叶。扰其根本以厚枝叶,而求久安,未之有也。"⑤

(2) 边疆的民族属性

边疆又是一个民族概念,"系指国内许多语言、风俗、信仰,以及生

---

① 张丕介:《垦殖政策》,商务印书馆,1943,第52页。
② 健飞:《推进边政与训练边政人员》,《边政公论》1942年第1卷第1期。
③ 《后汉书》卷87《西羌传》。
④ 《旧唐书》卷199下《北狄传》。
⑤ 《旧唐书》卷62《李大亮传》。

活方式不同的民族而言，所以亦是民族上的边疆"，① 这是在边疆发展的长期历史过程中形成的。但凡在涉及边疆或者民族的各种问题与讨论中，二者往往形影不离，并由此带来这两个概念在解释和理解上的重叠与互构。边疆往往是少数民族世代居住的区域，多民族分布的情况既表现为边疆错综复杂的民族关系，又体现为在边疆各民族发展历程中的互为依托、多元融合，形成你中有我、我中有你的特点。正是边疆各民族连绵不断的经济、文化交流与互动，不但促进了边疆社会的形成与发展，也最终形成中华民族多元一体的格局。在中国历史的发展中，每一个民族都是国家前进的实践主体。"这种民族不特是我国守土卫边的自动战士，且对抗建图存具有三大贡献：（一）我们不大注意的高山峻岭，荒野原林地带，他们竟替国家自辟为安乐窝；（二）开采木材，开发矿产，利用荒地，及树立畜牧……事业，他们已做了我们垦殖的先锋；（三）西南西北的筑路工人与入伍壮丁的征募，他们不知道出了多少人力来推行抗建的伟业。"②

（3）边疆的文化属性

边疆还是一个文化概念，边疆地区具有文化多元的特征，包含了某种相对独立、稳定的生活方式、风俗习惯、信仰、价值观念以及在此基础上伴生的族群意识；与此同时，边疆作为远离国家政治文化中心的边远地区，也包含了边疆的文化意义和内涵。"在文化意义上，边疆是一种隐喻，没有文化的分界，就无所谓边疆的存在。而这种分界的背后其实质是国家内部的文化分类及其等级秩序。"③ 在农业社会，"边疆"普遍被认为缺乏中原文化的熏陶与洗礼，是儒家思想文化所浸染的版图中最为薄弱的部分，被称为"化外"，展现出有别于农耕文明的各族文化形态，故中原王朝以"德泽洽夷"为宗旨，"修德怀柔远夷"。文化边疆不同于政治边疆，是某种文化的影响力所能及的区域。"文化边疆的形成主要……通过物质

---

① 吴文藻：《边政学发凡》，《边政公论》1942年第1卷第5、6期。
② 杨成志：《边政研究导论》，《广东政治》1941年第1卷第1期。
③ 关凯：《反思"边疆"概念：文化想象的政治意涵》，《学术月刊》2013年第6期。

流动、民族之间人员的互访、民族之间官方的交往等方式建构起来的",①而中华文化更是边疆各民族文化相互碰撞、交融和相互适应的结果。

三 边疆研究中的人本主义历史建构——以民国云南边疆开发为中心的讨论

国家作为人类生存与发展的基本政体,是人类为管理自己社会生活而创造的一个政治形式。人民是国家构成的基本要素,几乎所有国家都把其最终的合法性建立在"人民利益"之上。边疆既是国家政治、经济、军事综合铸就的战略边疆、利益边疆,也是人民生活、文化、社会作用下的人文边疆,二者紧密相连,缺一不可。当边疆现象和边疆问题涉及社会生活的方方面面,与国家长治久安和社会进步发展休戚相关时,边疆研究被时代凸显到一个前所未有的位置,"在两千多年的时间里,有一个重要的历史现象:天下未乱边先乱,天下已定边未定。观边疆治乱兴衰,可知国家统一还是分裂,国力强盛还是贫弱,民族和睦还是纷争"。②

边疆研究以边疆为对象,对边疆这一特定区域内的国家疆界、政治、经济、军事、国防等事关国家安全与国家利益的一系列问题进行探讨,也对区域内的民族、宗教、文化、社会生活等展开研究。吴文藻先生在《边政学发凡》中将其概括为"是研究关于边疆民族政治思想、事实、制度及行政的科学"。③"边疆政治就是管理边疆一切边民的事,其最重要任务,就是如何实现边疆各项问题,如何开化边民,如何提高边族文化,如何推行边疆教育,如何开发边疆资源,如何举行边疆调查,如何探讨边疆文化与历史,如何训练边政干部,及如何设立边疆博物馆等等。"④ 而"所谓边疆,非即地理名词,亦指人类社会","研究边疆的途径,是从史地、生物、语言,一直到达人群团体和文化技术的了"。⑤ 但从清末民初直到20

---

① 王文光:《二十五史中的海外民族史志与中国的文化边疆、政治边疆》,《中国边疆史地研究》2014年第2期。
② 费孝通:《致"兴边富民行动"领导小组的一封信》,《民族团结》2000年第3期。
③ 吴文藻:《边政学发凡》,《边政公论》1942年第1卷第5、6期。
④ 杨成志:《边政研究导论》,《广东政治》1941年第1卷第1期。
⑤ 林耀华:《边疆研究的途径》,《边政公论》1943年第2卷第1、2期。

世纪 20 年代,"当时谈实际的边疆问题者,每每注意于'土地'与'主权',而边地民众之如何认识,如何开化,如何组织与训练,均不甚加以重视"。① 尤其在边疆开发与治理的具体过程中,中央与地方、政府与社会、个人与团体对边疆的认识不尽相同,往往存在不同的动机和利益博弈,最终的行为与反应结果也大相径庭,需要研究者加以区分和关注。

(1) 国家利益主导下的云南边疆开发。

元明清时期,中原王朝以强势姿态进入云南地区,运用各种有效手段进行强有力的开发,竭力将边疆纳入与内地相一致的经营模式,不再局限于政治上的"归顺"和作为抵御外部势力入侵的屏障,移民垦殖,开发由内向外,范围不断扩大,使云南成为中央政权的重要经济来源。

至民国时期,随着中国由王朝国家向主权国家的根本性转变,云南边疆亦不再是远离中央的边远地带和区域,而是国家领土和疆域的有机组成部分,有明确的界定范围,国家不仅要捍卫和巩固边疆,更要治理边疆。南京国民政府成立之初,地方割据,中央政治权威弱化,对边疆的控制难以奏效,边疆危机日益加剧,引起国人广泛关注。"边疆问题的重要和边疆建设的迫切,已为举国人士所公认",② 开发边疆更是"今后中国民族一条最光明的道路"。③ 全面抗战爆发后,为使西南各省成为"民族复兴的根据地",④ 国民政府提出"战时必立于前线,开发必趋于边疆"的口号,动员开发民族地区,确保后方安全,利用民族地区的资源支援抗战。⑤"中央政府已将开发边疆同化边民的工作,定为抗战建国的主要部门;行政院因而制定奖励边疆工作人员条例,颁布实施,中央党部与教育部,亦拨专款作推进边疆文化及优待边疆子弟入学之用。"⑥

而要做到这一点,只能依靠云南地方政府来完成相关制度的安排与实

---

① 徐益棠:《十年来中国边疆民族研究之回顾与前瞻》,《边政公论》1942 年第 1 卷第 5、6 期。
② 边政公论社:《发刊词》,《边政公论》1941 年创刊号。
③ 何璟:《开发边疆是中华民族光明的出路》,《新亚细亚》1931 年第 2 卷第 4 期。
④ 《教会将在成都设办事处》,《田家半月报》1939 年第 6 卷第 19 期。
⑤ 秦和平:《基督教在西南民族地区的传播史》,四川民族出版社,2003,第 56 页。
⑥ 江应樑:《开边已至实行时期》,《正义报·边疆周刊》1943 年 10 月 23 日第四版。

施,"故对于边务之一切措施,不能不就地方特殊情形因缘为制,以期抚绥边民倾心内附,然后徐图开发,用以巩固国防"。① 因此,这样的边疆开发与治理主要是从中央的角度,强调自上而下地执行政策和中央对边疆的控制与管理,往往会忽视边疆视域下的地方政府与社会团体、个人对于自身的认知与定位,因而使边疆开发与治理的过程与结果会与中央政策相抵牾。

(2) 地方利益制衡下的云南边疆开发。

"边疆问题是省政问题,其实还是整个国家问题。"② 民国时期,地处中国西南边陲的云南,或因国防之需要,或因经济建设之需求,从中央到地方,各界目光聚焦于此,为云南地区的全面开发提出一系列边疆开发政策与方案。"云南为一边僻之省区,过去在政治、经济、文化诸方面,均不能与内地并肩前进。"③ 但另一方面,云南不仅是云南人的云南、政府的云南,乃"中国之云南也",④ "要保中国,先保西南;要保西南,先保云南;要保云南,先保滇边"。⑤ 在中央政府重塑并整合政治权威、开发边疆经济的同时,云南地方政府也致力于"新云南"现代化建设,致力于整顿财税,稳固金融;清丈耕地,征集田赋;建仓购粮,积谷存粮;注重教育,培养人才;兴办实业,发展交通,"寓改进于开发,寓国防于建设",⑥ 借生产开发以繁荣边疆,福利边民。

但是边疆开发需要大量人力、物力等的支持,非云南一省之力所能完成,而全面抗战的爆发,为云南开发提供了一个大好机遇,原来存在的资本与交通方面的问题,都在此时得到了很大程度的解决,"以前要研究边疆而边疆不易来;要开发边省富源,而资本缺乏。现在沿海的人才财力都已被迫流向边地,正是建设西南边疆千载难遇的机会,希望举

---

① 喻宗泽等编纂:《云南行政纪实》第2编,《边务——土司制度》,1943年,第1页。
② 社论:《云南的边疆问题》,《云南日报》1946年10月14日。
③ 陆崇仁:《边疆行政人员手册》,林文勋主编《民国时期云南边疆开发方案汇编》,云南人民出版社,2013,第5页。
④ 唐璆:《救云南以救中国》,《筹滇》(第1号),1908年5月15日。
⑤ 陈碧笙:《滇边经营论》,林文勋主编:《民国时期云南边疆开发方案汇编》,第447页。
⑥ 林文勋主编《民国时期云南边疆开发方案汇编》,第523页。

国上下，切莫错过"。①

云南地方实力派（龙云）在掌控云南地方政治时，亦不断调整与蒋介石中央政府的关系，一方面表现出顺应国民政府中央要求或时代趋势，另一方面则根据本省现实或自身认知而自行其是，与国民政府中央形成了复杂的博弈；既表现了对中央权威的认同，又对中央权威有一种防范、抵触心理，地方意识与政治区域意识加强。② 1938年，行政院拟定开发云南的意见，但"其意义在于间接维系及加强抗战之军运、直接生产及运济抗战之军需及建立国防之永久资源，而不在于谋地方之福利已也"。③ 在边疆开发问题上，中央政府虽然有心进行指导和规划，并提出开发要求，但在抗战压力下，国民政府无力为开发边疆提供资金，便无法实现真正的控制，只能听任云南省自行其是。

（3）边疆民众视野下的基层诉求。

从中央到地方政府，开发边疆、建设经济目标统一，而政策落实到这些真正"生于斯、长于斯"的边疆基层社会民众时，则会遇到诸多阻碍。边疆民众思考问题一般不会上升到国家命运与民族大义层面，而是从实实在在的得失与利益出发。云南省政府作为边疆开发与治理的实际操作者，亦站在民族国家、政府利益的制高点来思考开发问题。当边疆的实际传统与习惯和开发目标相抵触时，省政府则会利用行政权力来进行控制，要求地方与社会让步，使国家与地方权力进一步下渗。

针对民国时土司的改制问题，云南地方政府认为："在此国防建设薄弱时期，土司既为一般边民所信服，尚须赖其号召团结，共御外辱，似难速为废除，转贻鞭长莫及之忧。至于设官分治，原与土司制度系属两事。"④ 云南边区各土司采取的多是"软"抵制的策略，即在容许国家政权

---

① 凌民复：《建设西南边疆的重要》，《西南边疆》1938年第2期。
② 参见段金生《地方意识与地方政治：政治区域化场景下的边疆治理——以南京国民政府时期的云南为中心》，《中国边疆史地研究》2014年第1期。
③ 行政院致内政部函《云南开发之意见》（1938年7月1日），中国第二历史档案馆编《民国时期边疆档案资料汇编·云南广西综合卷》（第18卷），社会科学文献出版社，2014，第253页。
④ 喻宗泽等编纂《云南行政纪实》第2编，《边务——土司制度》，1943，第1页。

势力进入的同时,却不放弃既有权益,并且对政府政令也多是阳奉阴违。例如,在早已改流的澜沧县,全境"可谓已为各土司与里目粮目等准土司所分割盘据(距)。县政府大小政事,皆须经其手承转,县府不能直接及于人民",县长"远不及一乡镇长或区长,不过省政府的传递人而矣,对各方鞭长莫及"。① 在国家、地方、土司的博弈过程中,"国民政府虽居强势、主动地位,但受到多方力量的牵制,有废除土司之心,却无废除土司之力,而各土司虽处于弱势一方,但却能紧紧抓住前者的弱点予以反击,在斗争中略处于上风,体现了自下而上的特点"。②

又如开蒙垦殖局的设立,"系属商办合股公司性质,但依其职责与业务各规定,似为该省一种经营事业而兼理垦区行政之机关",③ 兼具公司与行政机关性质,既加强了政府对经济资源的控制,又使行政进一步下渗到基层社会与地方经济中。在筹备垦殖局之初,"须知政府不惜人力财力,成立开蒙垦殖局,完全欲为人民振兴水利,免除水患",④ 地主对此持支持态度,以为兴修水利有利于发展,但当垦殖局要大规模低价收购土地甚至无偿将土地转化为公有时,触动地主与农民利益,平时荒芜的土地"在无人要求利用之时,大抵均若无主之地,若一旦计划利用,无一不为有主土地",⑤ 这激化了政府与普通民众之间的矛盾。地主周伯斋多次托人说情,希望不要收购周家土地,未果。于是煽动农民闹事,不配合土地收购工作,不配合土地清查、丈量核实。周还指使时任乡长的杜安定,指派警牙,持枪到各路口,拦截威吓到开蒙垦殖局做工的农民,不许参加垦殖工作。⑥

---

① 周光倬:《滇缅南段未定界调查报告书》,第39、40页。转引自洪崇文《民国时期云南边疆管理机构的重组》,《云南民族学院学报》1999年第2期。
② 罗群:《云南土司制度发展与嬗变的制度分析》,《中国边疆史地研究》2013年第1期。
③ 行政院致内政部函:《云南开发之意见》(1938年7月1日),中国第二历史档案馆编《民国时期边疆档案资料汇编·云南广西综合卷》(第18卷),第274页。
④ 云南省档案馆藏:《云南省政府龙云主席亲笔起草的有关开蒙垦殖的政府布告》(1937年2月18日),王希群等《云南开(远)蒙(自)垦殖重要史料》,《北京林业大学学报》2011年第2期。
⑤ 邹序儒:《战时边疆移垦事业》,《西南边疆》1938年第3期。
⑥ 参见杨文波《兴办开蒙农田水利垦殖事业纪要》,中国人民政治协商会议云南省委员会文史资料研究委员会编《云南文史资料选辑》第16辑,云南人民出版社,1986,第161~194页。

除了反对和阻挠收购土地外，地主还公开上诉。蒙自绅士闵从斋等人联名向省政府投诉，反映垦殖局收买土地时"违章病民"，将2万亩耕地当作荒地，无价没收；其他收购的土地地价太低。同时通过《云南日报》披露，引起社会关注。① 龙云令建设厅水利局局长庄永华实地调查，组织垦殖局、地主、佃农、自耕农代表召开调查咨询会，其结果是认为垦殖局不存在违章，驳斥了地主的投诉。②

地主绅士的诉求既不能满足，普通农民更是无力自保。在兴建长桥、大屯地区的水库时，有大片土地用来蓄水，垦殖局"沿岸低田低地则决定收买，以作蓄水之用。即以有清丈执照者为根据，倘无执照，即归公有"。③ 大屯海农民本不愿意出卖土地，加之地价太低，便联名向蒙自县县长恳请免予收买。④ 县政府呈请云南省经济委员会，决定大屯海土地暂不收买。水利工程兴修后，导致大屯海低洼土地年年遭水灾，地主和农民叫苦不迭，只能再次向蒙自县县长呈报，并强烈要求收买土地和补偿损失。⑤ 而开远、蒙自两县政府的态度，一方面不得不照省政府命令办事，为垦殖局招募民工、监督工事、辅助其他事项；另一方面也有意维护地方利益，甚至包庇绅民对垦殖工作的阻挠，以彰显县政府的地位与作用。大屯海民众在申诉过程中，经由乡、区再传达到县政府，县政府亦指责"该垦殖局上不能体政府德意，下不恤人民疾苦，只知谋利竟不惜以邻为壑，其每年所获之谷不过一千余石，而减损大屯海底谷9000余石之巨，此非利己殃民而何"。⑥

---

① 参见李增耀、龙玉存《云南开蒙垦殖局与云南蚕业新村公司史实》，云南人民出版社，2012，第170页。
② 参见《草坝田地违章病民及该局长申辩各节一案情形祈鉴核转呈由》（1939年1月14日），李增耀、龙玉存《云南开蒙垦殖局与云南蚕业新村公司史实》，第171页。
③ 经字第285号：《云南全省经济委员会训令》（1939年7月21日），李增耀、龙玉存《云南开蒙垦殖局与云南蚕业新村公司史实》，第174页。
④ 参见《为生活维持迫切陈词恳请》（1939年8月10日），李增耀、龙玉存《云南开蒙垦殖局与云南蚕业新村公司史实》，第175页。
⑤ 参见《呈报大屯民众代表后文祥等呈诉大屯海水灾详情一案由》（1941年11月30日），李增耀、龙玉存《云南开蒙垦殖局与云南蚕业新村公司史实》，第180页。
⑥ 《呈报大屯民众代表后文祥等呈诉大屯海水灾详情一案由》（1941年11月30日），李增耀、龙玉存《云南开蒙垦殖局与云南蚕业新村公司史实》，第180页。

四 余论

综上讨论，我们以民国时期云南边疆开发为中心，对边疆研究中的人本主义历史建构提出以下初步认识。

第一，边疆作为国家的地理边疆、政治边疆和国防边疆，所特有的国家属性会本能地激发边疆各族人民保家卫国的职责与热情，二者是"同休戚、共存亡"的关系。"边疆政教领袖，及边疆同胞，亦均能洞明国家至上，民族至上之大义，翕然风从，融洽无间，争献物资，供给人力，团结抗战，合力建国，此实为边政划时代之一大进步！"[①] 边地土司的职责是"谨守疆土，修职贡，供征调"，[②]《九土司呈中央文》宣称，腾龙边区土司始终忠于国家，"或执戈而卫国，固国家之疆圉；或集民而垦荒，辟蒿莱为沃壤"。[③] 如芒市土司代办方克胜强调自己"份属国民，世守边土"，"惟以激于爱国热忱，不敢缄默"，"稍谙边情，不甘缄默"。[④] 但当土司的领地特别是土司制度本身受到威胁时，土司们的政治取向与国家认同也会出现较大变化。他们骑墙观望，有的甚至委身侍敌。1944年5月远征军反攻滇西，腾龙边区各土司"以敌人败退，失却外力依靠"，"为独霸边陲，永久巩固其地位，特发动秘密请英扶植"。[⑤] 当年9月和1945年8月，腾龙边区土司相继召开"高理会议"和"小陇川会议"，企图借助英国的力量保留土司制度。[⑥]

第二，边疆作为国家的经济边疆、利益边疆，边疆开发的实质是边疆资源的争夺与控制，开发政策落实过程是充满矛盾的，如清初大规模实行

---

① 健飞：《推进边政与训练边政人员》，《边政公论》1942年第1卷第1期。
② 《明史》卷76《职官五》。
③ 《九土司呈中央文》署时间为1936年，江应樑先生将其收入氏著《滇西摆夷之现实生活》，德宏民族出版社，2003，第455~459页。
④ 方克胜：《建设腾龙边区各土司意见书》，林文勋主编《民国时期云南边疆开发方案汇编》，第543~544页。
⑤ 《卢汉关于滇西各土司情况给民政厅的训令（附调查材料、证明材料多件）》，德宏州志编委会办公室编《德宏史志资料》第5集，1985年12月，第101~102页。
⑥ 参见潘先林、白义俊《民国时期的土司政策——以云南为中心的讨论》，《中国边疆史地研究》2017年第3期。

"改土归流",是中央政府为实现国家收益最大化而对利益格局的重新调整与分配;至民国时期,在边疆土司制度的存废问题上,土司往往出自自身既得利益的考量而加以反对。他们强调边地的特殊情形,"以为腾龙边区各土司捍卫边疆,抚辑边民,在今日其任务亦显重大。亟望政府合法保障其地位,特别扶植此地方自治事业"。[①]"土司之生活习惯与人民密切相连,休戚与共,人民对土司亦有深刻永久之信仰。上亲下爱,出于自然。边区政治似以采用以夷制夷旧制度为宜。"[②] 这个过程始终贯穿着中央政府与地方民族上层势力的政治、经济博弈。

第三,边疆也是民族边疆、文化边疆。在中央与地方政府自上而下地开发边疆、建设边疆的同时,不同的主体对于边疆有不同的认识。越往高层,边疆的界限与特色越明朗,越往基层,边疆意识越淡泊、越模糊。边疆开发中的基层社会的诉求并不是边疆所特有的,而是呈现出所有基层社会的共性,在个体和基层眼中,所谓"边疆",并没有什么特殊。身在边疆社会中的群体思考问题时,首先并不认为自己处于边疆或边缘,也不会从边缘角度来思考,而更多的是从普通的、一般的角度来表达个人诉求。一项具体的边疆开发政策,会触及边疆社会的各方面、各阶层利益,这就需要我们在边疆研究中,反思中央政府、省政府宏观边疆政策制定的动机、合理性、实施的具体效应,亦要观察边疆社会中具体的个人与团体的出发点。真正理解边疆与边疆属性,更应该着眼于自下而上地从边疆基层社会与民众出发,认识边疆,建构边疆,这既有助于我们进一步厘清边疆社会发展与变迁的特点与规律,也能推动边疆史地的深化研究。

第四,边官、边吏主政一方,作为中央或地方派驻边疆的代表,不仅代表中央与地方政府掌土治民,其施政行为更是国家管理边疆的具体体现。中央政府的边疆方针,均依靠边官、边吏控制下的地方政府来付诸实施。此外,他们实施国家治策的全面与否、成效如何,将直接外化为边疆

---

① 方克胜:《建设腾龙边区各土司意见书》,林文勋主编《民国时期云南边疆开发方案汇编》,第 523 页。
② 线光天:《土司地区之症结试论》,原件藏保山市档案馆,德宏史志编委会办公室编《德宏史志资料》第 7 集,德宏民族出版社,1986,第 238 页。

治乱、经济兴衰、国家安全等表征。边官的腐败无能，"给边民信念上一个极恶劣的印象，他们把政治看成了黑云，把官吏看作了吸血虫，于是对国家也就无所信仰，对汉人也便普遍念着仇视心理，这样一来，最坏的一个结果是造成了边民的狭义的种族观念"。"政府纵有爱民之心，而边官所为，尽都是害民之事，边民对官吏既无好感，对政府自必无尊崇服从的信心，所以边地行政，到今天大有江河日下之势。"[1] 这对团结抗战的大局是极为不利的，即使到了和平年代，也是不利于国家统一与民族团结的。反之，要在边疆地区重新收拾民心，增强边民的向心力，"解铃还是系铃人，只要边官能一反过去作为，取得边民信仰，那政府治边的政策便可收到半数效果了"，只要边官本着"廉""信""实"的准则——清廉、取信于边民、为边民做实事，就一定可以得边民的衷心拥戴。[2]

第五，重视"民惟邦本，本固邦定"的人本主义边疆研究历史建构，我们能更深刻地理解历史上边疆发展与变迁的人类生态体系，它"是历史上此一人类生态体系内之核心与边缘间，以及许多个人与个人之间，紧密之政治、经济与历史记忆互动造成的结果"。[3] 在准确判断的基础上明晰边疆人民对于国家发展的意义，既是边疆研究必须面对的问题，也是对今天的边疆研究具有根本性影响的问题，为边疆研究注入活力和动力，有利于边疆研究的进一步发展。正如党的十九大报告提出的，我们"必须多谋民生之利、多解民生之忧，在发展中补齐民生短板、促进社会公平正义，在幼有所育、学有所教、劳有所得、病有所医、老有所养、住有所居、弱有所扶上不断取得新进展，深入开展脱贫攻坚，保证全体人民在共建共享发展中有更多获得感，不断促进人的全面发展、全体人民共同富裕"。[4]

(原载《中国边疆史地研究》2018年第3期)

---

[1] 江应樑：《请确定西南边疆政策》，《边政公论》1948年第7卷第1期。
[2] 参见江应樑《请确定西南边疆政策》，《边政公论》1948年第7卷第1期。
[3] 王明珂：《华夏边缘：历史记忆与族群认同》，浙江人民出版社，2013，第23页。
[4] 《党的十九大报告辅导读本》，第23页。

民国边疆研究的嬗变、学科构建与启示[*]

段金生

中国的边疆研究由来已久，但近代意义的研究却始于清末民初。至20世纪三四十年代，受时局及内在学理诸因素之影响，边疆研究广为国人关注，"边疆""边政"等词不时出现于各类期刊及报端，学科意义上的"边疆学""边政学"概念也先后被提出。边疆研究的嬗变及其学科构建呈现出复杂的发展历程，反映了近代中国社会政治形态与学术思想变化的内在密切关系，亦可为当代边疆学的建设提供启示。

一 民国时期边疆研究的嬗变

1924年，时人有论："中国之学术界，在最近二十年，实为大蜕变大革新之一时代。其蜕变革新也，实由种种重要关系所促成。纵的方面，则历史关系使然也；横的方面，则环境关系使然也。"[①]此论虽是对清末及北京政府时代学术思想演变线索之总结，其实也可用于描述整个清末民国时期学术思想变迁之大势。整个民国时期，边疆问题持续发酵，北京政府与南京国民政府时期的边疆形态及边疆研究前后相承，但不同阶段的嬗变特点鲜明，既表现出一些共同的趋向，亦有较多的发展差异。

首先，政府及社会各界对边疆问题严峻性、重要性的认识在不同阶段

---

[*] 本文在写作及修改过程中，承蒙云南民族大学人文学院蒋正虎博士、云南师范大学历史与行政学院张永帅副教授等惠赐意见，谨致谢忱。

[①] 甘蛰仙：《最近二十年来中国学术蠡测》，《东方杂志》1924年第21卷（纪念号）。

存在差异，边疆研究呈现由相对零散到较为广泛的发展特征。北京政府时期，政府及社会各界虽表现了对边疆问题严峻性、重要性的关注，但边疆研究相对零散；发展至南京国民政府成立前后，边疆问题因抗战爆发逐步演变为关系国家生死存亡之关键，举国瞩目于此，边疆研究亦不断发展并渐成高峰。

由于清末民初西藏、蒙古等边疆民族问题不断出现，且呈现出日益严重的景象，北京政府及社会舆论都对此表现了相当关注。就政府层面而言，南京临时政府及北京政府先后以"五族共和"和"中华民族"为口号，试图统合边疆民族而巩固疆域。中华民国成立伊始，即表现出摆脱"对于边疆意存漠视，以为有其地不足以王，得其民不足以霸"① 思维的景象，认识到边疆对于国家建设的重要意义。孙中山在《临时大总统就职宣言》中强调"民族之统一""领土之统一"；《中华民国临时约法》中规定22行省及西藏、内外蒙古、青海为中华民国领土；袁世凯也发布临时大总统令，表示对于边疆民族地区，中央政府将"统筹规画，以谋内政之统一，而冀民族之大同"。社会舆论方面，《东方杂志》《申报》等都广泛报道边疆民族问题，促进了社会各界对边疆民族问题认识的深入。不过，整体上在20世纪20年代中后期之前，虽然亦有重视边疆问题的呼声，但限于客观形势，政界及学术界对边疆问题关注有限。关于此点，一直关注边疆问题的戴季陶在1930年曾言："从事研究中国边地开发与内地开发者，实属甚鲜；退却一步言，真能指陈中国边疆之实况者亦不多见"，中国"缺乏研究边疆问题"。② 戴氏之语，正是20世纪30年代之前中国边疆研究零散状况的扼要表达。

南京国民政府成立后，国内、国际环境变化巨大，边疆问题在抗战时期演变为关系国家存亡的关键议题，各界广泛关注，研究群体逐步扩大，逐渐形成了从边缘到中心的发展趋向。这一时期，国人对边疆问题的关注大致呈现出三个发展阶段。其一，在20年代中后期以后，尤其是1929年

---

① 邓珠娜姆：《中国边疆之路》，出版社不详，出版时间判断大致在20世纪40年代，第5页。
② 华企云：《中国边疆》，"戴序"，南京新亚细亚学会，1932年，第2页。

"中俄问题（中东路事件——引者）以来，国内人士对于边疆渐起注意"。① 其二，在"九一八事变"之后达至极点，即"以'九一八事变'为契机，这几年中国全部边疆显然交了多事之秋"。② 其三，西南、西北地区成为抗日战争的大后方，政、学各界普遍认为边疆问题"就是中国存亡问题"，③ "边疆问题的重要和边疆建设要求的迫切，已为举国人士所公认"，④ 边疆研究亦日益发展，边疆研究的群体规模、研究机构及团队都不断扩大。

其次，在近代中国"政治社会"的形势下，⑤ 民国不同时期政府层面对边疆问题的应对及组织研究的力度差别明显。北京政府不论是对边疆问题的应对，还是边疆研究的组织实施方面，都呈现"力不从心"的景象；南京国民政府时期，政府层面对边疆研究较以往更为重视，并推动其实施。

北京政府时期，英、俄、日等列强对蒙古、西藏等地的窥伺加剧，边疆问题不断出现。然而，北京政府时期正处于"传统制度和价值解构、新制度和新价值建立时期"，而因经济、教育、政治等条件不足，许多新制度和新价值的建立徒具表象，没有实质和持续发展；⑥ 由于支撑条件的不完备，政治格局很快就陷入南北对峙的杌陧不安之中，北京政府对边疆问题总体上处于一种被动的应对状态，未提出一个宏观架构或设想以妥善处理边疆危机。⑦ 时人之论充分说明了这一景象："无如项城（指袁世凯）亟谋固位，惟思统一内部，无暇致力国防，怵于外力"，且"民元以来，恒以当国者之关系，而定中央与地方之关系，关系深则事业宏，关系浅则接济薄，一切国计防务，率皆论人不论事"，"自身又有力不从心之概"，对

---

① 华企云：《中国边疆》，"凡例"，第8页。
② 思慕：《中国边疆问题讲话》，生活书店，1937，第2页。
③ 边事研究会：《发刊词》，《边事研究》1934年创刊号。
④ 边政公论社：《发刊词》，《边政公论》1941年创刊号。
⑤ 张玉法：《中华民国史稿》（修订版），联经出版事业公司，2001，第18页。
⑥ 张玉法：《中华民国史稿》（修订版），第6页。
⑦ 参见段金生《民国时期北京政府对边疆民族地区的治理述论》，《社会建设》2017年第6期。

边疆问题的应对多有"放任"。① 当时最为全国所注意者，则是国内政治的统一及军事、外交问题，关于边疆研究，虽然有所注目，但深度与广度相对较为薄弱。诸多学人当时亦认为"救国必从政治，于是奔竞于庙堂之上，讨论国是"。在此形态下边疆问题研究自然易被忽视。②

南京国民政府成立后，中央政治权威的重构较之北京政府有了明显进步，尤其抗日战争爆发，西北、西南地区成为抗战大后方，政府对边疆研究日益重视。卫惠林就称，"中国边疆研究，最近已获政府机关的扶植，与一般社会之赞助"。③ 徐益棠亦言国民党"鉴于一般民众对于边疆建设期望之殷，不能不有所表示"，在"历届中全会议对于民族曾屡次表示密切之注意"。④ 政府对"边疆的建设与开发"、学者关于"边疆的调查与研究"，呈现出"一种从未有的良好现象"。⑤

最后，边疆研究的专业化、学科化发展水平不同。北京政府时期，专业研究群体及组织虽渐有一定的发展，但力量较为薄弱，边疆研究的专业化、学科化发展进程较为迟缓。南京国民政府时期，专业化研究队伍扩大，边疆研究的专业机构及学术组织增多，专业化、学科化趋向日益明显。

在近代学术体系发展过程中，专业化、学科化的发展无疑是其重要的内容。清末开始实施分科设学的新式学堂体制，开启了近代国人知识体系重构进程，边疆研究也处于这一进程之中。然而，虽然清末就开始了近代学科体制的转化，但毕竟物之初始，有一个逐步推进的发展过程。同时，民初虽然留学生群体规模扩大，国内高等教育也取得发展，但近代性质的人文社会科学的专业研究力量仍为薄弱；加以当时社会最迫切期望解决的是政治统一问题，对边疆民族问题虽表关注，然力度不彰。从学术内在理

---

① 启图：《廿年来康政得失概要》，《康导月刊》1938年创刊号。
② 徐益棠：《十年来中国边疆民族研究之回顾与前瞻》，《边政公论》1942年第1卷第5、6合期。
③ 卫惠林：《中国边疆研究的几个问题》，《边疆研究通讯》1942年第1卷第1期。
④ 徐益棠：《十年来中国边疆民族研究之回顾与前瞻》，《边政公论》1942年第1卷第5、6合期。
⑤ 言心哲：《边疆社会调查与边疆社会改造》，《边政公论》1942年第1卷第5、6合期。

路而论，清末虽启分科设学之始，使得近代西方学理在中国教育、研究机构发展加快，但在20世纪20年代中期之前，西方人文社会科学在中国的发展尚属起步阶段，边疆研究之专业化、学科化自然难以企及。而从社会、政治形态而言，在南北对峙的形势下，不仅无统一之中央政府统筹边疆问题及其研究，而且社会舆论关注的问题亦"每每注重于'土地'与'主权'"，而对"边地民众之如何认识，如何开化，如何组织与训练"等涉及边疆研究专业化、学科化的问题，都"不甚加以重视"。[①]因而，北京政府时期国内学术界对边疆问题进行近代学科视野下的综合研究相对有限，此既与当时中国近代专业化的学术研究尚属起步有关，亦与北京政府对边疆问题应对"力不从心"的政治现实存有内在的交互关系。

南京国民政府建立前后，国内及国际形势都逐步发生着根本变化，边疆问题及其研究在前一时期发展的基础上，表现出了一些新内容，其中最重要之特点就是边疆研究的专业机构及学术组织增多，研究队伍壮大，学科化、专业化趋向明显。这一时期，一般的学术或教育机构，"渐知边教之重要而力加推动"，少数高校设立了边政学系，这一时期的边疆研究学术团体及刊物亦大量出现。[②]虽然边疆研究机构在当时仅系部分大学设置的科系，但这是中国近代高等教育机构第一次专门以边疆研究为对象设置的科系，有利于培养熟悉边疆的专门人才，推动边疆研究向专业化、学科化发展。南京国民政府时期的边疆研究主要表现出四个突出特点。一是在1937年以前，关注边疆问题并展开研究的群体，主要是社会上有识之士及青年学生；1937年之后，主流学界的研究人员，以及民族学（人类学）、社会学、语言学等学科都积极参与了这一研究进程。[③]二是20世纪30年代和40年代边疆研究的内容深度有别。30年代

---

① 徐益棠：《十年来中国边疆民族研究之回顾与前瞻》，《边政公论》1942年第1卷第5、6合期。
② 徐益棠：《十年来中国边疆民族研究之回顾与前瞻》，《边政公论》1942年第1卷第5、6合期。
③ 参见蒋正虎《从边缘到中心：20世纪30—40年代中国的边疆研究》，《中国边疆史地研究》2016年第4期。

的中国边疆研究大部分成果仍处于不断深入的探索阶段，但发展至30年代末之后边疆研究的方法与理论逐步有了明显突破。① 三是20世纪三四十年代的边疆研究热潮中，社会各界对西北、西南区域的关注起伏明显。② 四是边疆研究与时势仍然密切相关，其兴起与当时社会政治形态发展演变关系密切。

二 "边疆学"与"边政学"：边疆研究学科构建的尝试

伴随边疆研究专业化的发展及边疆问题治丝益棼的客观现实，边疆研究的学科构建日渐受到广泛关注，"边疆学""边政学"这样以边疆为专门研究对象的学科或专业名词在20世纪30年代先后出现，并表现出不同的发展结果。

首先观察"边疆学"的提出及其发展历程。1933年，由中国殖边社创办的《殖边月刊》在第1卷第12期刊出了"边疆学图书一览"，罗列了相关研究边疆的书籍。有研究者认为《殖边月刊》是最早使用"边疆学"一词的刊物，并已经具有了学术性质。③ 而后，禹贡学会所作的《禹贡学会研究边疆计划书》，燕京大学边疆学会成立时的宣言《益世报·边疆周刊》都先后提出或发表过题为"边疆学"的研究内容。④ 1939年，杨成志主张在中山大学文学院设立边疆学系，还组织制定了《国立中山大学文学院边疆学系组织计划纲要》，⑤ 使"边疆学"呈现了更明确的专业或学科性质，客观上应是边疆研究学科化意识影响的结果。

当时，边疆研究专业化、学科化建设也得到了国民政府教育部的关注。1939年，第三次全国教育会议就决议要求"教育部得指定国立大学酌

---

① 参见段金生《20世纪三四十年代的中国边疆研究及其发展趋向》，《中国边疆史地研究》2012年第1期。
② 参见段金生《学术与时势：1930年代的中国西部边疆研究》，《社会科学战线》2017年第4期。
③ 参见娄贵品《近代中国"边疆学"概念的提出与传播的历史考察》，《学术探索》2012年第8期。
④ 参见娄贵品《近代中国"边疆学"概念的提出与传播的历史考察》，《学术探索》2012年第8期。
⑤ 杨成志：《西南边疆文化建设之三个建议》，《青年中国季刊》1939年创刊号。

量增设有关建设边疆之科系及边疆语文之选修科目"。① 杨成志建议在国立中山大学文学院下设边疆学系，就是响应国民政府教育部训令设立"边疆科系"之主张，然而其主张最终未能付诸实践。② 其内中缘由如何，或可从当时边疆研究的轨迹中略窥一二，边政学系的设立及边政学的提出亦在这一轨迹之中。

20世纪30年代中前期的边疆研究涉及边疆自然环境、政治、社会及军事诸多层面，但精深研究较少。时人就称虽然出现了众多关于边疆的丛书、刊物，但这些研究只能"承认他能唤起一般民众注意边疆，而不能把他作为研究边事的材料"。③ 这在一定程度上说明了当时边疆研究深度不足的问题，边疆研究专业化、学科化的构建自然薄弱。不过，在20世纪20年代中后期，西方人类学、民族学、社会学相关学科在国内得到不断发展，部分研究方法也运用于边疆研究，客观上推进了边疆研究的学科化发展，尤其在国民政府西迁后，边疆研究的专业化、学科化逐步有了改善。马长寿就总结称：抗战时期的社会学家、历史学家、语言学家等"各科人士皆谈边疆"。④ 抗战时期，边疆研究亦经历了复杂历程：1937年、1938年之交，"学术界颠沛流离，不遑宁处"；后方大致稳定后，"一部分学术界，得安心工作于边区，并获得相当珍贵之边疆民族材料"，其间中英庚款董事会还专门拨款协助学术界研究，人文社科方面得到协助的包括历史、教研、美术、语言、人类、民俗诸科。⑤

边政学系与"边政学"的发展轨迹与20世纪30年代的边疆研究发展趋势是一致的。边疆研究逐步兴起后，一些大学自主设立了边政学系。然而，此时虽有少数大学设立了边政学系，但"却无边政学的科目"。⑥ 其时

---

① 中国第二历史档案馆编《中华民国史档案资料汇编》第5辑第2编教育（二），江苏古籍出版社，1997，第124页。
② 参见娄贵品《近代中国"边疆学"概念的提出与传播的历史考察》，《学术探索》2012年第8期。
③ 陈祥麟：《研究边事的基本问题》，《边事研究》1934年创刊号。
④ 马长寿：《十年来边疆研究的回顾与展望》，《边疆通讯》1947年第4卷第4期。
⑤ 参见徐益棠《十年来中国边疆民族研究之回顾与前瞻》，《边政公论》1942年第1卷第5、6合期。
⑥ 吴文藻：《边政学发凡》，《边政公论》1942年第1卷第5、6合期。

社会各界虽然十分关注边疆研究,"边疆学""边政学"这样的学科概念或研究机构都被提出,但边疆研究的专业化、学科化路径尚处于初步阶段,并不成熟;而边政学系这一机构的设立,虽是社会各界对边疆研究关注并在高校实践的表现,然而并不是普遍现象。不过,"边政"这一词语却逐步在边疆研究中受到关注并得到运用。前述杨成志曾于1939年倡导设立边疆学系,但他在1941年却撰写了《边政研究导论:十个应先认识的基本名词与意义》一文,强调"边政设施"是由"边疆问题"而及"开化边民"的最终目标,认为"边政研究"范围广大,边疆问题、边疆民族、边疆文化等均包含其中。①《边政公论》则称:"边疆问题的重要和边疆建设要求的迫切,已为举国人士所公认",但"任何问题的解决,都应该以事实的研究为根据,而后才有正确的办法"。②吴文藻又言,"时人讨论边疆问题,应用名词甚为庞杂"。③这些论述表明,政府及社会各界都已经认识到边疆研究迫切需要专业化或学科化构建,1939年教育部要求指定国立大学设立边疆研究之科系,实是这一背景的产物。然在特殊时代场景下,"学术与政治,如鸟之双翼,车之双轮,二者不能联系与调整,其他尚复何望?"④边疆问题及其研究内容千头万绪,而在当时情景下,"一切的研究和学说,都应以切合时用为最终的目标",故"边疆问题的研究也必须根据着学理和事实,同时根据着国策,以求能与当前的边疆政治相配合"。⑤在这样的时代语境下,表现出含有边疆政治、边疆行政或边疆政策等多重意义的"边政"一词,⑥更突出了其与现实联系的密切性,成为社会各界使用较为广泛的话语。陶云逵就言:"边政的方面甚多,不胜罗举,但其共同的目的则为保卫边民加强团结,推进复兴大业。"⑦此语表现了边

---

① 杨成志:《边政研究导论:十个应先认识的基本名词与意义》,《广东政治》1941年第1卷第1期。
② 边政公论社:《发刊词》,《边政公论》1941年创刊号。
③ 吴文藻:《边政学发凡》,《边政公论》1942年第1卷第5、6合期。
④ 徐益棠:《十年来中国边疆民族研究之回顾与前瞻》,《边政公论》1942年第1卷第5、6合期。
⑤ 边政公论社:《发刊词》,《边政公论》1941年创刊号。
⑥ 吴文藻:《边政学发凡》,《边政公论》1942年第1卷第5、6合期。
⑦ 陶云逵:《论边政人员专门训练之必需》,《边政公论》1941年第1卷第3、4合期。

政一词具有的现实功能性质。抑或正因边政及边政学突出了时代命题，才使其能够为社会、政府各界广泛接受并使用，专门研究机构才得以设立。

三 几点启示

边疆研究自道光咸丰年间兴起，中间历经起伏，发展至民国时期，尤其在 20 世纪三四十年代，呈现出专业化、学科化的趋势，受到政、学各界广泛关注。其发展脉络之嬗变、学科构建之历程，皆可为后来者提供启示。就笔者所思，略陈几点。

第一，边疆研究及其学科构建，虽有学术发展主观的多维复杂因素参与其间，但细究其历程，其发展与时代或时势要求密切相关。民国时期对边疆研究之关注度一再提升，在一定层面可谓是时代命题的反映。今天边疆研究的不断发展，客观上也是新时代中国全面发展战略提出的时代要求。

民国边疆研究的发展历程，与时势发展及时代命题之关系密切。民国政局动荡，北京政府与南京国民政府的国家政权建设形态表现相异。从国家内部政治的视角观察，两个时期都存在着中央政治权威与地方势力博弈的复杂景象。然北京政府时期呈现的是直、皖、奉系轮流执政的中央与南方政府的对峙格局；而南京国民政府时期，国民政府中央与地方势力关系虽然复杂，亦存在多种政治、军事力量的竞争与博弈，但毕竟初步建立了党治政体模式。民国成立以来，传统政治模式解体，新的政治模式正在构建，在这一过程中列强对华之影响长期存在，但北京政府与南京国民政府面临的对外形势差异明显，其最大表现在于日本对华侵略的加剧。探究民国边疆研究发展形态，不能不充分解析其与国内外政局演变之复杂经纬。客观上，民国时期边疆问题逐渐受到学术界、政界、社会舆论的广泛关注，与国内外时局的发展演变是紧密相连的，而 20 世纪三四十年代边疆研究热潮的出现，是日本对华侵略的加剧催化的直接结果。

民国时期的国家形势、国际关系与今天迥异，但客观上今天中国边疆地区面临的问题，其根源仍与近代中国的变革密切相关。今天中国的国家建设进入了一个全方位的发展时期，边疆建设是国家全面发展战略的重要内容，边疆地区发展过程中存在的一些问题，影响着新时代国家全面发展的总体战略，这也是受到中国社会各界普遍关注的重要因素。最近10余年，中国社会对边疆研究的关注达到一个新的高度，构建新时代中国"边疆学"的呼声日涨，除学术研究日益精深化的内在缘故外，未尝不与当前的国际、国内环境有着密切关系。

第二，在内外时势与学术理路的综合作用之下，边疆研究的专业化、学科化是学术研究发展的自然趋势。民国时期"边疆学""边政学"这一边疆研究学科构建努力的尝试，既是当时边疆研究专业化、学科化建设的表现，也是其时国家建设的重要内容。

民国北京政府时期，边疆问题不可谓不严重，但边疆研究不昌，一方面固然是近代相关学术研究积累不够所致；但另一方面，亦未尝不是国家政局混乱，而导致服务于国家建设的边疆研究内生动力不足的缘故。1928年"东北易帜"之后，国民党"已扫除十余年来辗转割据之军阀"，而着重于解决民众"社会秩序之安定，土匪盗贼之削除，农工商业生产之发达，与衣食住行之四大需求"。[①] 由此，国民党逐渐将其关注重点集中到包括边疆建设在内的国家建设中来，尤其在抗日战争全面爆发后，西南、西北成为抗战大后方，边疆研究者大量进入国民政府的参政和咨询机构，期"以学术研究的立场"，把西南边疆的一切介绍于国人，期"于抗战建国政策的推行上有所贡献"。[②] 这一时期的边疆研究对边疆交通之开辟、边疆富源之开发、边疆教育之推进、边疆文化之阐扬等，均起到了举足轻重之作用，边疆研究本身亦借此而得以系统与学科化。当时学者们关于中国边疆研究方法与理论的诸多见解，将学术研究与国家兴亡密切联系，是中国传统经世致用情怀的表现，也是中华民族团结御侮、自强不息的重要内容，值得今天的中国边疆研究学科建设进行认真总结。总结民国边疆研究嬗变及学科构建历程与国家建设关系之得失，深化对其之理解与认识，提炼其学科化、专业化构建历程的有益因素，应是今天中国"边疆学"构建的重要基础。

第三，新时代中国"边疆学"学科构建的提出与兴起，客观上也是国

---

① 《中国国民党第三次全国代表大会宣言》，民智书局编译所：《中国国民党第三次全国代表大会宣言及决议案》，民智书局，1929，第7~8页。
② 西南边疆月刊社：《发刊辞》，《西南边疆》1938年创刊号。

家发展战略的需要；而国家面临形势与机遇、国际环境的深刻变化，对今天的边疆研究学科构建提出了更高要求。

民国时期边疆研究专业机构的设立及"边疆学""边政学"的提出，客观上是特殊政治形态下社会各界对边疆危局的认识与反映，折射了当时专业化、学科化构建面临的复杂格局：一是政府层面对边疆研究的积极推动，既是边疆研究日益发展的重要推动力量之一，但同时官方从研究宗旨、目的、内容，以及理论和方法等方面对边疆研究不可避免地加以约束，因而也是其时边疆研究专业化、学科化构建之脆弱的重要表现。民国尤其是南京国民政府统治时期，国民政府对边疆研究进行了积极推动，在国立高校设置边政系，组织或援助边疆研究学术团体，客观上促进了边疆研究的专业化、学科化发展。但由于南京国民政府这一党治政权面临着国内、国外多方力量的复杂博弈，并是在日本侵华加剧尤其是西迁后的特殊形势下实行的政策，这种推动具有很强的政治目的性。加上国民党政权统治的脆弱性，客观上在抗日战争结束后，边疆研究的关注度就逐渐消退，并且国民党政权对边疆研究学科构建的能力与愿望也逐渐减弱，使得前期的一些积累因政局之演变而日益沉寂。可谓其兴因时局、其衰亦因时局。二是南京国民政府时期"边疆学""边政学"学科概念的提出及其不同的社会接受度，充分说明了边疆研究专业化、学科化建设的复杂性。客观上，"边政学"突出边疆政治色彩并借鉴了人类学、政治学诸学科的研究方法，进行了初步的学科架构，较之"边疆学"包罗内容较广但时代色彩不够突显的面相而言，更与当时之社会现实契合，易为社会各界接受。

今天中国边疆研究的开展与中国"边疆学"的学科构建，也有很大的讨论空间，并需要紧扣时代命题。新时代中国国家综合实力全面提升，国家发展面临着前所未有的宏大机遇，边疆研究的专业化、学科化建设更具有了可能性，但客观上关于"中国边疆学"的学科构建仍存在着极大分歧。民国"边政学""边疆学"学科构建的经验及发展历程表明，学科的构建必须要有明确的专业或学科类别，有明确的研究对象，有成熟的研究范式或方法，否则极易产生诸多分歧，难以在实践中展开。当前，中国"边疆学"的学科构建呈现出纷繁复杂的景象，正是因为研究对象、研究视角、研究范式的多元化。诸多学科都以各自视角展开对边疆问题的研究，虽有助于学科交叉或跨学科的研究路径发展，但并不利于"边疆学"学科的独立性、发展的持续性，这是一个不争的事实。

考察民国边疆研究的发展历程，可以观察出边疆史地的研究是其时边疆研究的重要基础，这也是今天学术界的共识。但是，民国以来边疆研究方法、理论与学科构建的历程亦表明，传统的边疆史地研究并不足以完全呈现边疆研究的综合性。民国时期不论是"边疆学"还是"边政学"，其研究视野已完全突破了传统史地学的范畴，走向了社会科学意义上的学科构建。新时代中国"边疆学"的构建，要吸取民国边疆研究学科构建的有益成分，使之更符合当前中国全方位发展的时代命题。

边疆概念是多元的，但无论是地理边疆、文化边疆、民族边疆，抑或经济边疆、政治边疆等，其重心仍在于国家利益，这是边疆研究的重要目标，亦是边疆研究价值之所在。当今世界，一方面因经济贸易、文化交流，以及跨国公司的发展而日益成为一个整体，但另一方面，还远没有形成单一的利益共同体，以国家为单元的利益之争，仍然是主流。因而，边疆研究不但要注重国家间资源、交通等物质利益，更要注重地缘、文化、宗教和意识形态等方面的抽象利益，而以中华民族共同体的最终完善为根本目的。客观上，国家是政治的产物，国家利益也存在政治博弈，新时代的中国"边疆学"虽由传统的边疆史地研究发展而形成，但应更具综合性与全面性。在今天的时代场景下，边疆学更是现实关怀的需要，其基本路径应从政治学的视角进行重点考察，但不可否认的是，边疆史地研究仍是"边疆学"构建的基石。总之，要打破今天中国"边疆学"构建的分歧，明确其专业、学科类别是最要之事。以政治学的方法、理论展开边疆研究，而以边疆史地研究增加其深度，或是新时代"边疆学"构建的一个合理选择。[①]

（原载《中国边疆史地研究》2018年第3期）

---

① 关于新时代中国"边疆学"的构建，学术界多有讨论。客观上"边疆学"的研究对象是边疆，是应有之义，目前的分歧主要在于研究视角或研究方法与理论孰为主导的问题。本文在此只提出关于边疆学研究路径的粗浅思考，暂不讨论具体研究内容及其内涵外延等。

现代国家"边境"的界定[*]

徐黎丽　那仁满都呼

在边境安全的前提下促进边疆发展不仅是中国的愿望，也是"一带一路"沿线各国的期许，更是全球化背景下各国面临的重大现实问题。因此与国家的历史相始终的边境，作为国家之间交流与合作的通道和体现内政与外交的窗口，历来备受关注。从中国目前关于边境研究的成果来看，有关于边境称谓的研究，如边境地带、[①] 边境区、[②] 边境地区、[③] 边境省区[④]等说法；有涉及边境某些领域的研究，如边境区位价值、[⑤] 边境安全、[⑥] 边境贸易、[⑦]

---

[*] 基金项目：2017年度国家社会科学基金重大项目"中国边境口岸志资料收集与整理研究"（17ZDA157）、教育部人文社科研究基地重大项目"一带一路视角下的中国西北边疆治理方略研究"（16JJD850006）、兰州大学中央高校基本科研业务费专项资金重点项目"西北陆疆口岸跨国民族关系研究"（17LZUJBWZD026）。

[①] 参见甘淑、何大明、冯彦《云南沿边境地带耕地资源利用分析》，《云南地理环境研究》2007年第6期。

[②] 参见李铁立、姜怀宇《边境区位、边境区经济合作的理论与实践——以辽宁省—朝鲜边境地区经济合作为例》，《人文地理》2004年第6期；冯革群《欧洲边境区合作模式探析——以上莱茵边境区为例》，《世界地理研究》2001年第12期。

[③] 参见陈永涛《边境与旅游的关系及边境旅游概念分析》，《昆明冶金高等专科学校学报》2013年第4期。

[④] 参见杨洪、陈长春、袁开国《我国西部边境旅游开发研究》，《世界地理研究》2001年第3期。

[⑤] 参见李铁立、姜怀宇《边境区位及其再创造初探》，《世界地理研究》2003年第4期。

[⑥] 参见李灿松等《当前国外政治地理学边境安全研究进展》，《热带地理》2014年第4期。

[⑦] 参见杨小娟《我国边境贸易的影响因素和区域格局》，《改革》2013年第6期；王新哲、文岚、何彩园《广西边境地区经济开放开发与城镇化互动探析》，《广西民族大学学报》2015年第4期。

边境旅游、[1]边境城镇化[2]等方面。但这些与边疆、边界研究成果相比，不仅成果数量较少，且在界定上存在分歧。因此本文拟从国家中心与边疆、边疆、边境、边界概念的对比，和我国边境管理条例中有关边境规定入手，明确"边境"范围，界定"边境"，从而为处理边境具体事务和学术研究服务。不当之处，请学界同人指正。

一 国家"中心"与"边疆""边界"比较中的"边境"

要界定"边境"一词，首先要说明本文所指边境是人类建立的国家边境；其次是不得不从国家边疆与中心的关系中界定；最后是把边境放在边疆与边界的对比中界定。

万物均有自己的生存空间，这个空间的边缘部分，就是与其他类型的物种接壤的地方。人类作为地球物种之一，虽然因科技和文化的力量成为地球上生存空间最广的物种，但无论个体还是群体的人均有自己的边境。由于国家是人类在和平与战争中探索的最适合人类群体生存的管理形式，故而本文所谈的边境是国家边境。这个国家边境，不仅指某一个国家的边境，而且是指相互为邻的国家与国家之间的边境。究其本质来说，不是人与其他物种之间的边境，而是以国为界的人与人之间的边境。

论述国家之间的边境，就不得不从其对应面——国家中心谈起。国家有边境，就有中心。从人类生存发展的历史来看，人类经历过从中心走向边境的历史。比如我们从四大文明古国的历史记载中只能看到埃及的尼罗河下游、印度的西北区域、巴比伦的两河流域、中国的黄河中下游这些中心区域，却很难确定这些文明古国的边境在哪里。如起源于底格里斯河和幼发拉底河之间的巴比伦文明在苏美尔人时代的前九百年间"没有出现统一的政权，而是由众多独立的城邦点缀其间，其中最重要的有乌鲁克、乌

---

[1] 参见张广瑞《中国边境旅游发展的战略与政策选择》，《财贸经济》1997年第3期；纪光萌《边境旅游影响因素指标体系构建研究——以霍尔果斯为例》，《新疆财经大学学报》2015年第3期。

[2] 参见侯莹《滇越边境地区少数民族社会适应的城镇化路径探析》，《北方农业学报》2016年第3期。

尔和拉格什"。① 古代印度文明起源于印度河流域，不断向四周延伸，"西起南俾路支海滨的功特卡根——多尔，东至北方邦恒河——阎牟那河河间地上游的阿拉姆吉尔普尔，北自几乎紧靠喜马拉雅山下丘陵地带的鲁帕尔，南到纳尔马达河与塔普蒂河之间的一条河吉姆河口的薄伽特拉弗"。② 中国黄帝时期的统治范围则是"东至于海，登丸山，岱宗。西至于空桐，登鸡头。南至于江，登熊、湘"。③ 这些看似确切的疆域界线也只是标出一片大致的区域。本文认为原因有二：一是这些文明时刻处于变动之中；二是中心区域方便的生活条件使人们的主观意识中充满着对中心生活的向往和对边疆的忽视，即国家中心在是否开拓疆土方面具有决定性的影响。因为国家中心是国家政权所在地，国家政权建立的目的就是要保证包括边境民众在内的全国民众的生命、财产、权利不受侵犯。国家政权成为边境能够保持稳定与发展的决定性力量，因此界定边境也必须从国家中心的政权出发，即从国家疆土的开拓与维持出发界定边境。

　　界定国家边境，更离不开国家边疆、边界等不同边缘名称的比较视角。我们先从边界、边境与边疆的名称及其释义说起。在英文里，boundary 一词表明界限或某物的边缘，与其他事物、地区分隔开来；border，一词的含义是划分两国或地区的界线，如国界、边界、边疆、边界地区等，动词含义是与另一国家或地区接壤、毗邻；frontier，是划分两个国家等的界线或靠近界线的土地，如国界、边界、边境。④ 汉语中与边境有关的词汇有边界、边境、边疆。其中，边界指地区和地区之间的界线（多指国界，有时也指省界、县界）；边境指靠近边界的地方；边疆则指靠近国界的领土。⑤ 由于英语和汉语是世界上应用最广泛的语言，因此这两种语言对边疆、边

---

① 〔美〕菲利普·李·拉尔夫、罗伯特·E. 勒纳等著，赵丰等译《世界文明史》，商务印书馆，1998，第 43~44 页。
② 〔澳大利亚〕A. L. 巴沙姆主编，闵光沛等译《印度文化史》，商务印书馆，1997，第 12 页。
③ 《史记》卷1《五帝本纪》。
④ 参见〔英〕霍恩比著，石孝殊等译《牛津高阶英汉双解词典》（第 6 版），商务印书馆，2004。
⑤ 参见中国社会科学院语言研究所词典编辑室编《现代汉语词典》（第 5 版），商务印书馆，2005。

境和边界的解释也就具有代表性。再从边疆、边境和边界的实际界定的历史发展脉络来看,边疆与国家历史相始终,但它有一个从模糊到明确的发展过程。边界的出现就是证据。因为当适合人类生存的地球表面资源不足人类消费时(包括人类居住的疆土),人类才开始划定边界,用来保护供自我生存的资源。如拉采尔(Raatzel)在国家有机体理论中认为边界仅作为分隔主权国家或者不同群体之间的分界线,它可以是有形的,也可以是无形的,可以是自然的,也可以是人为的。[1] 但由于传统国家多以自然山川河流为边界,加上地球上还能承载更多的人类,于是国家之间尽管有冲突但因生产力发展水平有限而在大多数的时期内不得不和平相处。但20世纪前半期两次世界大战的爆发表明,人满为患的地球难以养育越来越多的人口,国家或国家同盟为争夺生存资源进行的战争使得国家边界、边境和边疆成为当代人类不得不面对的问题。于是"二战"结束后,一系列国家的诞生带来了划界、勘界和定界的需要,以国家边界为界的冷战的到来掀起了边界讨论。如雷姆格洛博(Leimgruber)认为,边界应该是人类的创造物或者社会建构物,人类对空间的感知和态度对边界具有重要作用;[2] 巴斯(Barth)倾向于认为边界是分隔不同人群和族群的分界线。[3] 苏联解体、冷战结束后,随着全球化经济、社会、文化的交流与合作,明确的边界线和国与国之间互通有无的需要之间的矛盾使得边界研究开始转向边境研究,于是就有了各种各样的边境界定。如"边境综合理解为不同社会空间的差异能够得以交流的场所"。[4] 边境是"生活在其中的人们的感受过程,研究重点应该是他们在不同空间中的实践构成和实践表征",[5] 即逐渐完成了由地理边界研究向边境内部人类生活研究的转变。对边境的认识则

---

[1] 参见李灿松等《当前国外政治地理学边境安全研究进展》,《热带地理》2014年第4期。

[2] 参见 Ackleson J., "Securing through technology? 'Smart Borders' after September 11th," *Knowledge, Technology & Policy*, 2003, 16 (1): 56-74。

[3] 参见 Barth F., *Ethnic Groups and Boundaries: the Social Organization of Cultural Difference*, London: George Allen and Unwin, 1969: 10 (Introduction)。

[4] Houtum H. Van, "The Geopolitics of Borders and Boundaries," *Geopolitics*, 2005, 10 (4): 672-679.

[5] Houtum H. Van, Kramsch O., Zierhofer W., *Bordering Space*, Aldershot: Ashgate, 2005: 15.

变得相对模糊，如"边境通常情况下指的是边界两边一定范围的缓冲区（buffer zone）"。① "二战"后的冷战时期太过线条化的国家边界并不符合在流动中生存的人类。边疆则是与人类国家历史相始终的概念。人类历史上曾经盛极一时的帝国都曾有过自己的边疆治理方式，例如波斯帝国的驿站制度，亚历山大帝国的城堡制度，② 中国周王朝的分封制③，等等。但随着人类布满亚、欧、非等大陆且不断以各种方式迁徙到新大陆最终使整个地球的陆地都充满人类时，近代国家的边疆就成为各自获取利益的界线，如海陆空疆组成的硬边疆。④ 即使如此，国家内部的资源无法满足人们要求，人们越过国界寻找资源时，或国家实力不足而无法阻挡大国、强国攫取其资源时，国家利益越出或内缩至硬边疆的软边疆⑤就产生了。为此产生的众多边疆理论足以说明这些。如欧亚心脏理论、⑥ 国家空间有机体理论、⑦ 殖民地理论、⑧ 欧洲一体化理论、⑨ 互相边疆理论、⑩ 反应冲击模式、⑪ 民族自决权理论、⑫ 移动边疆理论、⑬ 新边疆理论、⑭ 高边疆理论、⑮ 新帝国理论⑯等等。也就是说，不同国家之间的边疆，是疆土变化的结果，也是中心与边疆人类群体相互转变的结果。因此用边疆界定国家领土的边

---

① Konrad V., Heather N. Nicol, *Beyond Walls: Re-inventing the Canada-United States Borderlands*, Aldershot: Ashgate, 2008: 25.
② 参见杨巨平《亚历山大东征与丝绸之路开通》，《历史研究》2007年第4期。
③ 参见《史记》卷4《周本纪》。
④ 参见徐黎丽《中国边疆安全研究》（1），社会科学文献出版社，2015，第25页。
⑤ 参见徐黎丽《国家利益的波动与软边疆的界定》，《云南师范大学学报》2011年第5期。
⑥ 参见张世明《拉铁摩尔及其相互边疆理论》，《史林》2011年第6期。
⑦ 参见 Geoffrey Parker, *Western Geopolitical Thought in the Twentieth Century*, Sydney, 1985, pp. 11 – 12.
⑧ 参见 Geoffrey Parker, *Western Geopolitical Thought in the Twentieth Century*, Sydney, 1985, p. 33.
⑨ 参见董欣洁《冷战期间西方边疆理论的发展》，《中国边疆史地研究》2005年第2期。
⑩ 参见张世明《拉铁摩尔及其相互边疆理论》，《史林》2011年第6期。
⑪ 参见张世明《拉铁摩尔及其相互边疆理论》，《史林》2011年第6期。
⑫ 参见尚伟《列宁的"民族自决权"理论及其意义》，《马克思主义研究》2011年第12期。
⑬ 参见孙宏年《相对成熟的西方边疆理论简论》，《中国边疆史地研究》2005年第2期。
⑭ 参见董欣洁《冷战期间西方边疆理论的发展》，《中国边疆史地研究》2005年第2期。
⑮ 参见朱听昌、刘菁《争夺制天权——美国"高边疆"战略的发展历程及其影响》，《军事历史研究》2004年第3期。
⑯ 参见于沛《经济全球化和现代西方边疆理论》，《云南师范大学学报》2009年第5期。

缘部分，既能保障疆土边缘部分民众交流的需要，也能宣誓国家领土的主权，更能在外敌入侵时发挥缓冲作用。这就是用相对模糊的边疆来界定国家领土边缘部分的真实用意。

从以上分析来看，国家的边境，走过了从边疆—边界—边境的发展历程，它是国家中心与边疆相互关系中的边境，更是不同国家之间相互边疆和边界之间的边境。

二 中国陆地边境省区边境管理条例中的"边境"范围

根据《国际海洋法公约》的相关规定和修订，海疆与内水、领海、大陆架和专属经济区及公海等①区域相关，海疆的界定和分歧较大，冲突较多。相对于海疆来说，陆疆划分的历史悠久，边界线较为明确，因此本文从中国陆地边境省区的边境管理条例中有关规定入手，总结各边境省区边境管理条例中的"边境"的规定，从而为科学界定"边境"提供依据。

我国陆地边境地区涉及9个省、自治区，即辽宁、吉林、黑龙江、内蒙古、甘肃、新疆、西藏、云南和广西，面积590多万平方公里，占全国面积的62%；我国陆地边境地区与周边14个国家接壤，陆地边界长达2.2万多公里。这9个省区对边境的规定均体现在各自的边境管理条例中。下面依东北到西南的次序陈述。

1999年修订的《辽宁省边境沿海地区边防管理条例》第二条规定："本条例所称的边境地区，是指北起丹东浑江口、南至鸭绿江入海口沿国界线最宽处不超过二千米的地域及界河；沿海地区是指东起鸭绿江入海口、西至葫芦岛红石嘴的沿海岸线最宽处不超过二千米的陆地及国家领海海域。具体范围由省人民政府划定。"② 由于辽宁省是陆海均有的省份，因此其"边境地区"既包括陆地边境地区，也涵盖沿海地区，其范围则是沿国界线或海岸线最宽处不超过二千米。

1998年修订后施行的《吉林省边境管理条例》第四章"边境管理"

---

① 参见徐黎丽《中国边疆安全研究》（1），第23～29页。
② 《辽宁省边境沿海地区边防管理条例（修正）》，http://www.law - lib.com/lawhtm/1995/26282.htm，访问时间：2018年2月17日。

中，涉及三条与边境相关的规定。其中第十五条规定："省人民政府根据国家有关规定，可在边境地区划定边境管理区和边境禁区。在边境管理区和边境禁区内，根据国家和省的有关规定实行特殊的管理制度。"第十六条规定："在边境地区开办跨界旅游和设立边民互市贸易区，须按国家和省有关规定，经批准并与邻国达成协议后进行。"第十七条规定："进入我国边境地区从事旅游、边民互市贸易以及经过批准从事其他活动的毗邻国家人员，只准在批准的范围内活动，并严格遵守有关规定。"[①]即吉林省的边境管理条例规定，边境地区包括边境管理区和边境禁区，跨国旅游和边民互市贸易区属边境地区。

1994年修订的《黑龙江省边境管理条例》第二条规定："根据边境管理的需要，省人民政府在靠近国界我侧划定边境管理区、边境地带和边境禁区。边境管理区一般是指沿国界的县（市）或乡（镇）行政管辖区域。边境地带一般是指陆地紧靠国界线2公里以内、水域从国界线延伸至岸上起2公里以内的地域。边境禁区是指在边境地带内划定的特别控制区，实行特殊的管理制度。"第十三条则规定边境管理区内乡村的居民户口，按城镇居民户口管理办法管理。[②]即黑龙江省的边境地区包括边境管理区、边境地带和边境禁区，从范围上来说，它们之间的关系是边境管理区大于边境地带，边境地带大于边境禁区。

1998年通过的《内蒙古自治区边境管理条例》首先规定了边境管理区的范围。在制定条例的必要性中说明："我区是全国管辖国界线最长的省区之一，全长4221.1083公里，其中中俄段长1030公里，中蒙段长3191.1083公里。边境管理区面积为38万多平方公里，占全区总面积的32.6%。有边境盟市7个，边境旗（市）19个，边境苏木（乡、镇）87个、农牧林场25个，常住人口52万余人。"除此之外，在第十二条中规定："边境管理区以自治区人民政府公布的具体行政区域范围为准。"在第

[①]《吉林省边境管理条例（修正）》，http://www.gsfzb.gov.cn/FLFG/ShowArticle.asp?ArticleID=8340，访问时间：2018年2月17日。
[②]《黑龙江省人大常委会关于修改〈黑龙江省边境管理条例〉的决定》，http://law.lawtime.cn/d326173331267.html，访问时间：2018年2月17日。

十四条中规定:"在距国界线我侧 2 公里内放牧须有人跟群,严防牲畜越界。如果发生牲畜越界,不得越界追赶,应及时报告边防部队或者公安边防部门。"在第十七条中规定:"未经边境旗(市)人民政府批准,不得在距国界线我侧 5 公里内从事采矿、伐木、采石、挖沙、淘金等生产作业。经批准的应当通知边防部队和公安边防部门,并按照限定规模、范围和时间作业。"在第十八条中规定:"除执行边防公务之外,禁止在距国界线 2 公里的地带鸣枪、爆破。除政府组织的打狼除害活动之外,禁止在距国界线 10 公里的地带狩猎。除为保护国界线所建的建筑物之外,禁止在距国界线 50 米的地带耕地、挖渠、修筑新的建筑物。"在第二十八条中则规定:"在边境管理区内设立的国家口岸,划定口岸限定区域。口岸限定区域的范围,陆地为国界线我方一侧纵深 2 公里、公路(铁路)外缘两侧各 100 米的区域;水域为我方码头中心两侧各 100 米、界河航道中心线我方纵深 2 公里的区域。"① 从以上规定可以看出,内蒙古自治区对边境的称谓为"边境管理区",包括盟、旗、乡、村四级行政管理,在边境管理区的具体事务则因事务的不同活动范围有不同规定。

2016 年 7 月 29 日甘肃省第十二届人民代表大会常务委员会第二十五次会议通过的《甘肃省边境管理条例》第三条规定:"本条例所称边境管理,包括国界管理、口岸和边境通道管理、边境地区管理。国界管理是指国界线及其标志的管理;口岸和边境通道管理是指对出境入境的人员、物品及交通运输工具的管理;边境地区管理是指对省人民政府根据边境管理需要所划定的边境管理区、边境地带和边境禁区的管理。本省边境管理区是指肃北蒙古族自治县马鬃山镇行政区域内的长流水、音凹峡、红柳泉北相连之线以北地区;边境地带是指紧靠国界线两千米以内、但距国界线最近处不得少于二十米的区域;边境禁区是指在边境管理区内划定的特别控制区。"② 由此可见,甘肃省的称谓为边境地区,包括边境管理区、边境地

---

① 《内蒙古自治区边境管理条例》,https://baike.so.com/doc/24752505 - 25667282.html,访问时间:2018 年 2 月 17 日。
② 《甘肃省边境管理条例》,http://www.gansu.gov.cn/art/2016/8/31/art_35_284838.html,访问时间:2018 年 2 月 17 日。

带和边境禁区。

　　由新疆维吾尔自治区第十二届人民代表大会常务委员会第二十五次会议于 2016 年 12 月 1 日修订通过、自 2017 年 1 月 1 日起施行的《新疆维吾尔自治区边境管理条例》，第三条规定："本条例所称边境地区是指陆上与毗邻国家接壤的我区县（市）行政区域。边境管理区是指在边境地区划定一定范围并予以公布，实行特殊管理的区域。包括沿国（边）界的乡（镇）、农牧团场管辖区域及边境地带、口岸、边境通道、跨境经贸合作区、边境特别控制区、边民互市贸易区（点）、旅游景区（点）等区域。边境地带是指紧靠国（边）界线两千米以内的区域，但距国（边）界线最近处不得少于 20 米。"第三章边境地区管理第十七条规定："边境管理区由自治区人民政府根据边防管理的需要划定和调整，跨境经贸合作区根据我国与邻国签订的协定划定和调整。自治区人民政府在边境管理区、跨境经贸合作区设立相应标志。边境特别控制区由州市（地）人民政府（行政公署）根据边防管理、反恐维稳需要划定和调整，并向自治区人民政府备案。在特别控制期间未经公安边防部门同意，任何人不得进入边境特别控制区。"第五章附则第三十八条规定："本条例下列用语的含义：（1）跨境经贸合作区是指根据我国与邻国签订的协定设立的，位于双方边境接壤地区，实行封闭式管理的贸易、经济和投资合作中心。（2）边境特别控制区是指在边境管理区内划定一定范围，实行临时特殊管理的区域。（3）边民互市贸易区（点）是指在我国陆地国界 20 公里以内，经自治区人民政府批准，供我国边民和邻国边民进行不超过规定金额或者数量的商品交易活动的开发点或者指定集市。（4）边境通道是指根据我国和邻国签订的协定设立的，除出入境口岸外的出入国（边）境陆地通道。"① 即新疆的边境从范围上来说依大到小的次序有边境地区、边境管理区、边境地带、不同级别的边境区如边境特别控制区、边境互市贸易区（点）及边境通道等组成。

　　2000 年 3 月 30 日西藏自治区第七届人民代表大会常务委员会第十二

---

① 《新疆维吾尔自治区边境管理条例》，http://www.sohu.com/a/134798945-198614，访问时间：2018 年 2 月 17 日。

次会议通过，2016年9月28日西藏自治区第十届人民代表大会常务委员会第二十六次会议修订的《西藏自治区边境管理条例》第一章总则第三条规定：本条例所称边境管理包括国（边）界管理和边境地区管理。国（边）界管理是指国（边）界线及其标志的管理；边境地区管理是指边境管理区、边境地带和边境特定区域的管理。边境管理区一般是指沿国（边）界的县、乡（镇）行政区域；边境地带是指紧靠国（边）界线两千米以内的区域；边境特定区域是指口岸、边境通道、边境临时警戒区、边境互市贸易区（点）、边境旅游景区（点）等区域。第三章边境地区管理第十七条规定：边境管理区、边境地带和边境特定区域由自治区人民政府按照国家有关规定，根据边境管理需要划定和调整，并报国家有关部门备案。在边境管理区、边境地带和边境特定区域内，根据国家和自治区的有关规定实行特殊管理制度。边境临时警戒区由自治区人民政府根据边境管理需要，在边境管理区一定范围内划定。非经公安边防部门或者解放军边防部队批准，任何人不得进入。[①] 从条例规定中得知：西藏自治区的边境地区指边境管理区、边境地带和边境特定区域。

自2017年1月1日起施行的《云南省边境管理条例》第二章国界管理第七条规定：任何单位和个人都应当维护国界线的清晰稳定，保持界碑（桩）以及其他国界辅助标志物、方位物的完好，发现异常情况，应当及时报告外事部门或者相关部门，不得擅自处理。国界标志的恢复、修理或者重建，应当由外事部门按照我国与邻国签订的协议、协定和国家有关规定组织实施，公安边防部门应当提供协助。第三章出境入境管理第十二条规定：在口岸、边境通道设立的边境检查站，对出境入境人员及其行李物品、交通运输工具实施边防检查；对出境入境的交通运输工具进行监护；对口岸或者边境通道限定区域进行警戒；必要时，可以对出境入境的交通工具载运的货物进行检查。第十五条规定：边境人民政府口岸管理部门在口岸、边境通道所在地，可以划定一定范围的限定区域，用于维护正常的出境入境秩序，由公安边防部门实施管理。限定区域包括出境入境边防检

[①] 参见《西藏自治区边境管理条例》，https://baike.so.com/doc/3709549-3898197.html，访问时间：2018年2月17日。

查现场、候检区域以及需要限制非出境入境的人员或者交通运输工具通行、停留的其他区域。第十六条规定：边境地区居民持有效出境入境证件从规定的口岸和边境通道进入邻国的，应当在限定范围内停留并在规定期限内返回。毗邻国家边境地区居民入境后，应当在出境入境证件规定的区域和有效期限内停留。第七章附则第三十七条规定了本条例下列用语的含义：边境地区是指本省与毗邻国家接壤的县级行政区域。边境通道是指经省级人民政府批准开通的供边境地区居民出入国境探亲访友、求医治病、从事商品交易以及参加传统民族节日联谊等活动的道路和渡口。第三十八条规定：对历史形成的跨国界村寨的边民，当地县级人民政府可以根据实际情况依法制定特殊的管理措施。由此可见，云南省的边境管理条例主要针对出入境的民众，但在附则中却明确地指出："边境地区是指本省与毗邻国家接壤的县级行政区域。"①

自 2012 年 4 月 1 日起施行的《广西壮族自治区公安边防管理办法》第一章总则第四条规定：边境地区、沿海地区、口岸所在地市、县、乡（镇）人民政府应当将公安边防管理工作纳入实施兴边富民行动和社会管理综合治理范围，建立健全联防机制，保障边境地区、沿海地区、口岸的安全和社会稳定。边境地区、沿海地区、口岸所在地市县人民政府应当把边海防基础设施建设和边海防管理所需经费列入政府预算。第二章边境地区公安边防管理第九条规定：边境地区市县人民政府在边境管理区拟开设边境互市贸易区（点、市场）或者边境旅游景区（点）的，在申报前应当征求公安边防部门的意见；获批准开设的，应当及时通报公安边防部门。公安边防部门应当为边境互市贸易区（点、市场）和边境旅游景区（点）提供便民利民的管理和服务，对合法组织的边民劳务输入输出活动提供出境入境的便利。② 即边境地区就是市县人民政府管理范围。在这个范围内又有边境管理区，边境管理区则管理边境互市贸易点或边境旅游景区。

---

① 《云南省边境管理条例》，https://baike.baidu.com/item/云南省边境管理条例。
② 参见《广西壮族自治区公安边防管理办法》，https://baike.so.com/doc/3656664-3843420.html，访问时间：2018 年 2 月 17 日。

以上九个省份有关边境范围的规定中，除内蒙古的边境管理区的范围上升为盟、新疆有3个边境口岸分布在地级市但边境范围却指县级行政区域外，其余省份均有边境地区的称谓，范围均为与邻国接壤的县（旗）级行政区域。在边境地区，多数划分为边境管理区、边境地带和边境特殊区域三大块，尽管名称不一，都顾及边境涉及的面、带、点。即边境就是与相邻国家接壤的地级市、县（旗）行政管辖范围的边疆领土，它包括边境地市（盟）、县（旗）、边境管理区、边境地带、边境特殊控制区域等。各个省份均以具有法定效力的边境管理条例作为管理边境的准则。

三 国家边境的界定及范围

如果我们能够清楚地梳理国家边境的背景与环境，那么对边境本身的界定就不那么纠结和困难了。

首先，边境是边疆靠近国界的区域。无论在普通民众的理解中，还是在专家学者的阐述中，靠近边界的区域称为边境。如有网民认为："边界，多指国家与国家之间的界线，有时也指地区与地区（如省、市、县等）之间的界线。边境，指临近边界的区域范围。边疆，指靠近国界的领土。"[1] 有些网民对边疆、边境和边界的认识很有见地，如"边疆，两国间的政治分界线或一国之内定居区和无人定居区之间宽度不等的地带；边界，国际法规定：国家的边界是指划分一个国家领土和另一个国家的领土，或一个国家的领土和未被占领的土地、一个国家的领土和公海以及国家领空和外层空间的想象的界线，边界是有主权的国家行使其主权的界线；边境，在政治学和地理学上指邻近边界、国界的区域范围，一般来说有着特殊的重要性"。[2] 在专家学者看来，虽然视角、表述不同，如"边界是不同的社会

---

[1] 《边疆、边界、边境的区别》，https://zhidao.baidu.com/question/368276838189983804.html，访问时间：2018年2月17日。
[2] 《边疆，边界，边境，各是什么意思？》，https://zhidao.baidu.com/question/1433166772061297419.html?qbl=relate_question_1&word=%B1%DF%BE%B3%B7%B6%CE%A7，访问时间：2018年2月17日。

与政治实体接触和交流的场所"。[①] "边界包含有领土和空间的含义，是两个或多个毗邻国家之间在地表上所表现的或隐或现的界限，以限制各自统辖范围的扩张，从而也使得毗邻国家间的政权和法律受到保护与约束。"[②] 前者强调界线之间人的交流与合作，后者强调国家边界的主权含义，但国与国之间的界线则是其认识的根本。《国语·楚语上》载中国在春秋战国时期对边境的解释是："夫边境者，国之尾也。"当代中国地理学者则认为："边境是以地理位置为限，取其远离本国经济中心，靠近边界地区，受边界影响强烈的国与国之间接壤地带之意，是两个经济地域单元的分界地带，尤其是自然地理单元与行政地理单元的耦合地带。"[③] 政治学者则认为："在狭义上，边境地区是指国家为了维护国家边境的安全和秩序，在边界内侧一定纵深，以边境行政区划定的并实行一些特殊管理制度的陆地区域。"[④] 由此可见，边境是比边界范围大且用于国与国之间互通的区域。对于边疆的界定，则更加宽泛。如"古代人们从未把国土的边缘看作是边疆，对边疆的开发也主要表现为文化上的蔓延，边疆仅仅意味着是在中心文化之边的另一个'未化之地'，中央王朝对周边的态度和政策往往都是与这种'边疆'的概念相一致的，其'治边'的理念也无不围绕'化'与'未化'而展开，而不论是汉族或是少数民族入主中原"。[⑤] 由此可见，无论民众或专家，均在边界、边境和边疆的界定上达成了共识，这就是：边界小于边境，边境小于边疆。它们各自具有不同的功能。其中边界的功能在于宣誓国家主权。关于此，我们可以以中国界碑为例说明。中国界碑有六种，其中基本界碑有三。一是单立界碑。直接立在陆地边界线上，其碑号为自然数。二是双立界碑。竖立在界河两岸上，其碑号为自然数加"（1）"或"（2）"。三是三立界碑。竖立在界河与内河交叉处或者分流处

[①] 唐雪琼、杨茜好、钱俊希：《流动性视角下边界的空间实践及其意义——以云南省河口县中越边境地区X村为例》，《地理研究》2016年第8期。
[②] 李铁立：《边界效应与跨边界次区域经济合作研究》，中国金融出版社，2005，第12页。
[③] 方晓萍、黎鹏、丁四保：《边境区位价值的梯度结构与梯次开发》，《经济地理》2011年第9期。
[④] 覃进喜：《对边境地区社会治安防控的思考——以广西边境地区为例》，《广西警官高等专科学校学报》2013年第2期。
[⑤] 杜文忠：《边疆的概念与边疆的法律》，《中国边疆史地研究》2003年第4期。

的三处河岸上，其碑号为自然数加"（1）"或"（2）"或"（3）"。辅助界碑①也有三，分别是单立辅助界碑，如3/1，53/2，511/3；双立辅助界碑，如944/1（2）；三立辅助界碑，如124/1（1），124/1（2），124/1（3）。② 这些界碑就是国界的标志，用来宣誓国家主权。边境的功能在于国家之间的沟通，如边境口岸。我国陆地边境口岸共有99个，③ 它们最基本的功能就是与中国陆地相邻国家互通有无、交流合作；为了达到这一目的，边境口岸一般均有对应国口岸，坐落在国界向国内纵深的几公里到几十公里不等，便于货物和人员通行。边疆的功能在于民众创造的多元文化。比如中国陆地边境区域均是少数民族居住的区域，他们在适应不同生态环境过程中积累了丰富多彩的文化，并成为中国多元文化的组成部分，多元文化则是中国不同区域民众能够生活下去的精神支柱。因此边疆的功能是多元文化对国家的支撑。

其次，边境究竟是什么？本文通过以上多方面分析后认为：边境就是相邻国家接壤的有常住民众生活其中的某级行政区域或纵深区域。边境范围，在不同国家有不同规定，以各国规定的区域为准。即使在区域面积、交通条件或出入境人员方面均有不对称性，但因其目的是有序地管理国家边疆领土，同时加强与相邻国家的交流与合作，就只能在以尊重各国内政为前提的条件下设定边境区域，进行互通有无的合作与交流。有些学者将国与国之间接壤的区域称为边境区，如"边境区指至少由两个毗邻国家相邻地区所构成的区域"。④ 其目的是毗邻国家在接壤区域合作与交流。对于某一国家而言，"根据目前世界各国的实际情况，边境地区的划定一般有两种方法：一是依边界线内侧一定纵深的区域来划定；二是按边界线内侧的行政区域来划定"。⑤ 因此边境范围就是指边界线内侧一定纵深区域或某

---

① 辅助界碑是堪界实地作业中根据需要在基本界碑之间增加的界碑。辅助界碑碑号为前一个基本界碑碑号加上"/自然数"。
② 参见《中国界碑》，https://baike.baidu.com/item/中国界碑/1191442？fr＝aladdin，访问时间：2018年4月15日。
③ 本文作者根据陆地边境口岸文献资料和实地调查资料统计的数据。
④ 冯革：《欧洲边境区合作模式探析——以上莱茵边境区为例》，《世界地理研究》2001年第12期。
⑤ 苗伟明：《边境管理学》，中国方正出版社，2010，第43~45页。

一级行政区域。但仅有边境范围没有民众的边境就没有意义。因此边境必须既有地理范围，也有民众。这个民众，被称为边民。对于边民，各国界定也不同，有些国家指在边境区域内所有常住民众；有些国家边民范围小于边境区域，如中国广西壮族自治区的边民，是指居住在国界线向国内纵深3公里内的居民。① 即使如此，也不妨碍我们将其界定为在边境范围内生活的常住民众。这些民众，虽然职业不同、民族不同，但他们是国家法律保障的边境区域内的常住人口。因此所谓边境，首先是国家边境，其次是国家疆土边缘部分，再次是生活在其中的常住民众。即边境就是相邻国家接壤的有常住民众生活其中的某级行政区域或纵深区域。

最后，中国的边境界定。对于中国来说，"有2.28万千米的陆地边境线，边境上多民族杂居，社会经济发展差距大，因此我国目前边境地区的划定，多数按我国边界线内侧的行政区域来划定，也有一部分是依我国边界线内侧一定纵深的区域来划定"。② 本文根据绝大多数陆地边疆省份的边境规定认为，边境是地市、县（旗）行政管辖范围的边疆领土，人是边境中最能动的因素，因此边境就是地市（盟）、县（旗）行政管辖范围内的有常住民众的边疆领土。这与我国现实边境管理的情况相符，比如，在中国已经约定俗成地有"边境县""边疆省份"的称谓。这说明县或旗是边境的范围，省或自治区则是边疆的范围。虽然有些边境县对边民的规定小于边境县范围，这主要还是源于靠近边界的边境居民在边境安全中承担了更大的责任及一些边疆省份没有充足的财力支付边民补助。此外，虽然边境因跨国贸易而存在流动人口，但因大部分从事边贸的商人也符合中国常住人口的规定，因此中国的边境就是指边境地市（盟）、县（旗）行政管辖范围内的有常住民众的边疆领土。

（原载《中国边疆史地研究》2018年第3期）

---

① 本文作者于2017年7月10～14日在广西中越边境口岸峒中那丽村实地调查所得资料。
② 苗伟明：《边境管理学》，第43～45页。

中国边疆学构筑的新突破

——《当代中国边疆研究（1949—2014）》读后

李大龙　张振利

2016年6月，中国社会科学出版社出版了中国边疆研究所研究员马大正先生的新著《当代中国边疆研究（1949—2014）》。该书是"中国哲学社会科学发展报告"大系列丛书中"当代中国学术史"系列之一。这是继《二十世纪的中国边疆研究——一门发展中的边缘学科的演进历程》《中国边疆经略史》《中国边疆研究论稿》《马大正文集》《热点问题冷思考——中国边疆研究十讲》《中国边疆治理通论》等中国边疆研究论著之后马先生的又一力作。全书分绪论、综论、分论、展论四篇18章，共计67万余字，全面、系统梳理了中国边疆研究的发展进程。

该书以中国边疆为切入点，以千年积累、百年探索和三十年创新的中国边疆研究历程为线索，从时间与空间、历史与现实、宏观与微观、理论与实践、继承与创新等角度构建了点、线、面、体有机结合的中国边疆学体系，多角度、全方位、鸟瞰式立体呈现了中国边疆学的厚度、深度、广度及高度，对中国边疆学构筑具有突破性意义。

一　中国边疆学的厚度：千年积累和百年探索

长期以来，马先生一直致力于中国边疆学构筑，先后刊布一系列的论文和专著。《当代中国边疆研究（1949—2014）》是他奉献给学界的最新成果，以"统一多民族中国与中国边疆"及"中国边疆研究的千年积累和百年探索"为题科学地回答了中国边疆学的学术源点和逻辑起点,体现了中国边疆学的厚度。

该书将中国边疆学的研究对象"中国边疆"置于"统一多民族中国"的视域下,从如何继承与发扬极具中国特色的两大历史遗产——"统一多民族国家"和"多元一体中华民族"出发,勾勒中国疆域的阶段性发展及多元一体中华民族的演进历程,总结中国边疆地区的发展大势与历史特点,对"中国边疆"做出了明确界定:"如果从宏观角度观察中国边疆的发展大趋势,那么结论只能是在历史发展的长河中,随着统一多民族国家的发展、壮大,由局部的小统一,到全国的大一统,终使广大边疆地区日益成为统一多民族中国的有机组成部分。"(该书第42页,下同)"中国边疆"既是统一多民族中国的组成部分,又是多元一体中华民族生存空间的一部分,决定了中国边疆地区的历史特点是"悠久的历史、广阔的地域、多样的民族、复杂的问题"。(第42~45页)由于"边疆"是一个融政治、军事、经济、文化含义为一体的政治概念,决定了以"中国边疆"为研究对象的中国边疆学"既是一门探究中国疆域形成和发展规律、中国边疆治理理论和实践的综合性专门学科,又是一门考察中国边疆历史发展轨迹,探求当代中国边疆可持续发展与长治久安现实和未来极具中国特色的战略性专门学科"。(第597页)

马先生从文献资料,诸如纪传体、编年体、典志体史书及起居注、实录、地理书和方志的角度,梳理了中国边疆研究的丰厚历史遗产。"前人的千年积累,是我们研究中国边疆历史的最基础性资料。"(第52页)他又论述了19世纪中叶至19世纪末以西北边疆史地学的兴起及20世纪20年代至40年代以边政学的提出与展开为标志的第一、第二次中国边疆研究高潮的成就。马先生如此匠心独具的处理,是将1949年之前的中国边疆研究积累统一归入"历史遗产"的范畴,足见视野之宏大、眼光之独到以及学养之深厚。也唯其如此,方见中国边疆学植根于"千年积累,百年探索"的厚土之中。由此可见,绪论篇论述了中国边疆学兴起、发展、繁荣的学术源头,既是马先生的"开宗明义"篇,也是全书的总纲,值得认真思索体悟。

二　中国边疆学的深度：继承与实践基础上的三十年创新

以1949年新中国成立为标志，以马克思主义为指导思想的中国边疆研究进入新阶段。马先生以中国边疆研究第三次研究高潮为中心，从兴起前的准备、初兴两个层面梳理了方兴未艾的第三次研究高潮的演进轨迹。其中，初兴阶段又分为"中国边疆史地研究的繁荣""当代中国边疆调研的展开"两段。这与马先生一贯倡导"读万卷书、行万里路"的学术传统密不可分。"读万卷书、行万里路"也被马先生总结为中国边疆研究优良传统的两条主线之一。（第602页）中国边疆学不是枯坐书斋、闭门造车就能做出成绩的学问，必须将"读书"与"行路"结合起来，充分认识调研的重要性和必要性。只有通过调研，才能更好地把握历史研究与现状研究的关系。马先生说："随着历史发展，人们的认识也在发展，观念不断更新，研究边疆现状必须掌握古代、近代边疆的历史。只有这样才能认识边疆现状的新内容和新特点，现状的研究才更有针对性。随着边疆历史研究的深入，人们日益认识到研究边疆历史与了解边疆现状密不可分，只有了解现状，才能更好地发挥以史为鉴的史学功能。同时史学工作者也应直接从事现状调研，并进而开展相关的对策性研究。"（第124~125页）

此外，马先生简要评介了20世纪下半叶中国台湾地区学者的中国边政研究概况，涉及边政研究的持续与深化、资料整理、理论方法以及边政研究的嬗变。从学术上说，对台湾学者以边疆民族研究替代传统边政研究的主张和实践，马先生虽表示理解，但更多的是遗憾，特别是"对于台湾史界多年来将边疆（或边政研究）作为研究客体进行研究的传统来说，实是进入一个误区"。（第144页）同时，他也承认"边疆民族的历史与现状研究，仍是中国边疆研究的重要组成部分，也是一个大有可为的领域"，只是"期望台湾同行在进行边疆民族研究的同时，勿忘中国边疆研究的全局与整体"。（第145页）从思想上说，马先生的论断充分体现了一个具有深厚爱国情怀的知识分子的学术自觉和社会责任。他认为，两岸学者"尽管政治利益各不相同、意识形态上存在歧义，但在一个中国和国家主权的根本前提上有着太多的相似"。（第145页）正是在这一基础上，双方应该在资料共享、成果互补方面，展开广泛交流，谋求深层次合作。马先生以生动的学术实践，鲜活地诠释了中国边疆研究优良传统的两条主线之一——"国家兴亡、匹夫有责"的责任心和使命感。（第602页）

概括地说，中国边疆研究60余年演进历程中的30多年来的创新大致包括：1949年以来的中国边疆研究确立了马克思主义的指导思想，继承了"读万卷书、行万里路"的良好学风，满怀"国家兴亡、匹夫有责"的责任心和使命感，排除了非学术因素的干扰，划清了决策与研究的界限，理顺了历史研究和现状研究的关系，正在逐步满足社会发展、时代进步、民族复兴与中国崛起的需要。正如根有多深树就有多高一样，植根于30多年来中国边疆研究创新之中、置身于蓄势待发的第三次中国边疆研究高潮之下，中国边疆学在彰显学科深度的同时，也注定"是一门具有强大生命力的新兴交叉学科"。（第601页）绪论篇与综论篇完整展示了中国边疆研究的千年积累、百年探索及30年创新的演进历程与成果积累，这是中国边疆学构筑的准备。[①]

三　中国边疆学的广度：九个重点，七大专题

作为中国边疆学研究对象的"中国边疆"具有时间与空间、历史与现实、理论与实践紧密结合的特点。中国特色社会主义道路、理论、制度等的创新与建设文化自信的社会需要，以及中华民族伟大复兴的时代背景，都要求中国边疆学具有综合性、现实性和实践性。从哪些领域入手才能既全面整体、高度凝练又重点突出、特色鲜明地展现60余年来中国边疆研究的演进历程和学术积累？这是全书亟待回答的一个兼具理论与实践意义的科学命题。马先生从统一多民族中国的发展战略的高度、中国与世界两个宏大的视野，凭借数十年来从事边疆研究工作的组织与实践的亲身经历、学术涵养，给出了他的判断。在分论篇中，他以九章的篇幅从理论与实践两个层面总结了九个重点七大专题的研究成果，充分体现了中国边疆学的广度。

[①] 参见马大正《关于中国边疆学构筑的学术思考》，《中国边疆史地研究》2016年第2期。

在理论层面，马先生在"对中国边疆研究的理性思考"中，主要辨析了边疆与边政，论述了中国边疆研究的社会功能、内涵与方法。在实践层面，他将中国边疆研究归纳为疆域理论、边疆治理、边疆民族政策、近代边患与陆地界务、海疆史、中国边疆研究史六个专题。其中，从历史与现实的角度，将边疆治理分为"中国历朝各代边疆治理研究""当代中国边疆治理研究"两章。一方面，这样的结构设计在体现古今贯穿的同时，凸显"当代"，紧扣全书主题；另一方面，也体现了他对边疆治理在中国边疆学构筑中的地位和作用的重视。在他看来，中国边疆学构筑的切入口是对中国古今边疆治理经验与教训的总结。① 他又从"读万卷书"与"行万里路"两个角度，将中国边疆研究史研究分为"第一、第二次中国边疆研究高潮研究"与"新疆考察史资料整理和研究"两章，充分体现了读书与调研在中国边疆研究中的重要性。

马先生在分论中展示的九个重点七大专题看似举重若轻，却是别出心裁。因为九个重点七大专题都是紧紧围绕他对中国边疆学的学科定位展开。他指出，中国边疆学的研究必须以中国疆域形成与中国边疆治理为中心。"中国边疆学构筑的基础是中国疆域理论的探究"，"切入口是对中国古今边疆治理经验与教训的总结"。② 因此，他反复强调"中国边疆治理理论与实践研究是中国边疆学研究的重中之重"。（第 600~601 页）

在绪论、综论、分论三篇中，马先生高度概括而又条分缕析地梳理了当代中国边疆研究的产生背景、发展过程、丰富内涵、丰硕成果及巨大理论与现实意义，可谓一部线索清晰、主题鲜明、内容丰富的当代中国边疆研究史。更重要的是，当代中国边疆研究史是探索、实践、创新中的中国边疆学，既是中国边疆学理论产生和发展的源泉，也是中国边疆学的理论科学性、学术性在实践中不断获得检验的根基，更是中国边疆学的实践史、发展史。它深刻揭示了中国边疆的历史与现实的关系，是阐释中国边疆学理论的一把钥匙。正是在这样的基础上，马先生分析了中国边疆学的发展大势与学科构筑。

---

① 参见马大正《关于中国边疆学构筑的学术思考》，《中国边疆史地研究》2016 年第 2 期。
② 马大正：《关于中国边疆学构筑的学术思考》，《中国边疆史地研究》2016 年第 2 期。

四　中国边疆学的高度：发展大势与学科构筑

2016年5月17日，习近平总书记在哲学社会科学工作座谈会上发表重要讲话，指出要按照立足中国、借鉴国外、挖掘历史、把握当代、关怀人类、面向未来的思路，着力构建中国特色哲学社会科学，在指导思想、学科体系、学术体系、话语体系等方面充分体现中国特色、中国风格、中国气派。作为一门融合传统学科、前沿学科为一体的新兴学科、交叉学科，中国边疆学是社会科学的一个分支，全面、集中、充分地体现继承性、民族性、原创性、时代性、系统性、专业性，决定了中国边疆学的学科高度及未来发展走势。

在展论篇中，马先生论述了新世纪中国边疆研究发展大趋势，展现了其对中国边疆学构筑的探索。从边疆史地综合性多卷本论著的撰写与出版、中国边疆区域性综合研究项目的实施两个方面，他分析了最近十余年来的中国边疆研究发展大趋势，在此基础上，水到渠成地提出了构筑中国边疆学是中国边疆研究学科发展的必然趋势的命题。特别值得注意的是最后一章，马先生重点阐述了他本人为构筑中国边疆学从事的科研实践、多年来的学术思考要点，分析了当前推动中国边疆学构筑的要务与步骤，论述了中国边疆研究者和研究工作组织者的历史责任。他在学术思考要点中，精辟论证了中国边疆学的学科定位、特点、内涵与分类、基本功能、学科依托与学科交叉、研究方法，强调中国边疆治理理论与实践研究是中国边疆学研究的重中之重，断言中国边疆学是一门具有强大生命力的新兴交叉学科。应该说，马先生为之奔走多年、殚精竭虑的中国边疆学构筑已经基本完成。

马先生把中国边疆学的未来寄托在中国边疆研究者和研究工作组织者的身上，提出了殷切期望。对中国边疆研究者而言，既要面对现实，求真求善，正确认识研究客体与从属的关系，又要有中国视野与世界视野，努力形成自己的研究重点、研究特色。研究工作组织者的历史责任则包括：要理顺研究与决策的关系；要坚持"两个分开"，即学术与政治分开，历史与现实分开；要心怀学科发展的全局，及时制定有可操作性的举措，并能取得实实在在的社会效益（指学术著作出版和成果的决策参考率）。马先生在"社会效益"后专门加注说明，是颇费一番苦心的。因为他对中国台湾地区的边疆资料整理出版的商业化倾向忧心忡忡，"选择影印的版本良莠不齐，编辑出版基本上是工业化、商业化流程，无编辑加工可言"。（第139页）他不希望边疆研究重蹈覆辙，不希望一味追求的"社会效益"只是过度商业化的经济利益和哗众取宠式的社会轰动效应。此种"社会效益"虽能动一时之视听，但终经不起时间的洗礼与实践的检验，无可奈何地成为浮躁学风的一个注脚。

"要把建设具有特色（的）新型智库提上工作议事日程，要从推动科学决策、民主决策，推进国家治理体系和治理能力现代化、增强国家软实力的战略高度，推动中国边疆研究不断深化和拓展，把中国边疆研究机构办成具有中国特色的新型智库"。（第609页）这与习近平总书记在哲学社会科学工作座谈会上的讲话中强调的"要围绕我国和世界发展面临的重大问题，着力提出能够体现中国立场、中国智慧、中国价值的理念、主张、方案"[1]是契合的。马先生所倡导的中国边疆学就是围绕当代中国边疆可持续发展与长治久安、周边国际关系、地缘政治乃至世界发展与和平的重大问题，提出的"能够体现中国立场、中国智慧、中国价值的理念、主张、方案"。这既是中国边疆学的未来发展趋势，也是目前所能达到的学科高度。从另一个角度说，中国边疆学构筑的原动力——"鲜活现实生活的需要"，[2]以及中国边疆学的厚度、深度、广度，共同决定了它的高度。

五 《当代中国边疆研究（1949—2014）》的特点与微瑕

《当代中国边疆研究（1949—2014）》立意高远、视野宏大，从学术史的角度梳理了60余年来中国边疆研究的演进轨迹，总结中国边疆学学科的成就和价值，展望学科发展大势，充分体现了当代中国边疆研究的总体性、完整性以及中国边疆学构筑的重要性。通读全书，其特点主要有如下几方面。

---

[1] 习近平：《在哲学社会科学工作座谈会上的讲话》，新华网（http://news.xinhuanet.com/politics/2016-05/18c_1118891128-4.htm），访问时间：2017年1月20日。

[2] 马大正：《关于中国边疆学构筑的学术思考》，《中国边疆史地研究》2016年第2期。

（一）学术性与工具性兼具

该书既是一部当代中国边疆研究的学术史，也是指示门径、津逮后学的工具书。应该说，该书圆满实现了马先生的三个追求目标。"一是，尽可能多地提供中国边疆研究成果的信息；二是，尽可能描述中国边疆研究发展的演进历程和趋势；三是，试述构筑边疆学的学术思考和当代边疆研究者的历史责任"。（前言，第2页）此外，该书所具有的结构严谨、重点突出、资料翔实、立论可靠、博采众长、富于创见的优点自不必多言。

（二）学术典范与道德丰碑并举

该书不仅树中国边疆研究的学术典范，而且立马先生的学术道德丰碑。一方面，体现了马先生实事求是、不掠人之美的学术情操。如第十二章"中国海疆史研究"说明："本题写作以李国强《新中国海疆史研究60年》（刊《中国边疆史地研究》2009年第3期）和《海疆史研究综述》（刊厉声、李国强主编《中国边疆史地研究综述（1989—1998年）》，黑龙江教育出版社，2002）二文为基础增补撰写而成"。（第337页）再如第十五章"当代中国边疆治理研究"，也说明："本章一至六题由方铁执笔初稿，七题由陈跃执笔初稿，由我增补、修改而成文"。（第483页）类似的说明在第九章"民国时期的边疆治理研究"也有出现。甚至对写作中多有借鉴的综述文章都特别注明。（第192页）正因如此，也就不难理解他对同一作者的同书异名翻版而不作任何说明的做法表示不满了。（第244页注释④）另一方面，马先生持之以恒、永不停息的探索精神，以及强烈的爱国精神、高度的历史责任感也足以垂范后学、鞭策后进。若说该书出版前的中国边疆学构筑是"任重道远，呼之欲出"，那么此后则应是"呼之已出，任重道远"。但是，谦虚谨慎的马先生却说："构筑中国边疆学学术之路刚刚起步，我愿意走下去，直到走不动之时！"（后记，第612页）或许这也是第四篇以"展论"为名而不用"结论"的缘故之一吧。

（三）学问人生与学术普及的结合

在"新疆考察史资料整理和研究"中，马先生将考察新疆的群体分为两类：一类是文化考察，包括从事边疆研究、民族研究的历史学家、考古学家、民族学家、人类学家、社会学家、地理学家、记者、作家及其他文化人群体，另一类"可誉称为行者或漂泊者的仁人志士群体"。（第445页）在行者群体中，特别提到了"很奇特的一员"尚昌平，马先生认为她已经"完成了由行者到学人的华丽转身"（第448页），还不惜笔墨地引述了她的《行者无为》一文。（第454~458页）让我们从中看到马先生作为严谨学者的另一面——一个富有情意、心灵细腻、充满灵动性情、饱含对生活的热爱与对学术的执着追求的行者形象。中国学人自古追求"文以载道"，也深知"言之无文，行之不远"之理。马先生是新疆考察的组织者、参与者，既是一个学者，又是一名"行者"。在他心灵深处，能够强烈感受到行者通过散文发出的"心灵呼喊"所具有的震撼力。"这种震撼力给人以沉思，以回味！"（第451页）这既说明马先生已经融"学人"与"文人"，"学者"与"行者"于一身，也说明他是将学术与生活紧密结合的楷模，更是在展现中国边疆学构筑的开放性、包容性的同时，体现了他对边疆学科普及工作的重视。早在2004年12月，马先生在《自序：我的治学之路》中提出最想做的五件事，其中就有"尽力做一些边疆学科的普及工作，尤其是边疆考察的普及，尝试以随笔的形式将20余年来自己深入边疆的见闻写出来，让学术走向大众，让大众了解学术"。[①]

（四）学科构筑的奠基力作

在马先生看来，中国边疆研究学科发展经历了三步跨越，即从中国边疆史地研究到中国边疆研究，再到中国边疆学的构筑。（第592页）马先生从1987年调入中国社会科学院中国边疆史地研究中心（现更名为"中国边疆研究所"），直至2001年卸任，在长达15年时间里担任主要领导职务。应该说，他见证、亲历了中国边疆研究学科的三步跨越，既是研究者，也是推动者，更是组织者、领导者。近年来，学界对中国边疆学的学科构筑持续关注，已发表很多成果。较具代表性的是方铁《论中国边疆学学科建设的若干问题》与李国强《中国边疆学学科构筑的透视》。[②] 与这些

---

① 马大正：《自序：我的治学之路》，《马大正文集》，上海辞书出版社，2005，第5页。
② 参见方铁《论中国边疆学科建设的若干问题》，《中国边疆史地研究》2007年第2期；李国强《中国边疆学学科构筑的透视》，《云南师范大学学报》2008年第5期。

学者的真知灼见相比，马先生的特殊之处在于他对中国边疆学的学科定位，即《当代中国边疆研究（1949—2014）》的着眼点、出发点和落脚点。更为重要的是，他对中国边疆学的构筑不是"坐而论道"，而是"坐言起行"。他已经指明了当前推动中国边疆学构筑的要务和步骤。从这一角度讲，启动《中国边疆学通论》（暂名）的撰写是当务之急（第604页），《当代中国边疆研究（1949—2014）》只能算作奠基之作。

金无足赤，白璧微瑕。尽管无论是该书的体例、结构、所涵盖的范围，还是论述的总体性、完整性、科学性、系统性，都代表了目前国内中国边疆研究最新的学术水平，是中国边疆学学科初步形成的重要标志，但是，它也不可避免地有一些小的瑕疵，主要有两点。一是受到篇幅的限制，对有些问题的论述没能充分展开。正如马先生对第十四章的自评："仅以新疆考察史资料整理与研究为主题撰写，其实新中国成立60年来，西藏、海疆、云南、东北等边疆地区的考察同样也是成果丰硕，即使是新疆考察我也只是重点评议了罗布泊、楼兰的考察与探险"。（第611页）同样，第十五章对"当代中国反分裂研究，反'台独'、反'藏独'的研究未能涉及"。（第611页）二是部分学术信息有待进一步更新、完善。以第六章"边政研究的持续与嬗变"为例，虽然以副标题"20世纪下半叶台湾学者的中国边政研究"加以限定，但是与读者渴望获得更多台湾学者相关研究资讯的心理期许有一定距离。当然，这不是凭一己之力可以完成的，需要两岸学者增进交流合作，共同完成。

总之，《当代中国边疆研究（1949—2014）》既是全面系统阐述60多年来中国边疆研究的学术史专著，也是一部集创新性、科学性、权威性为一体的中国边疆学的经典之作。

作为"中国哲学社会科学学科发展报告"丛书之一，该书与考古学、哲学、美学、宗教学、民族学、法学、政治学等比肩同列，本身就有重大的象征意义，标志着中国边疆研究正式跻身学科之列的事实已经被学界认同，仅差"正名"。《当代中国边疆研究（1949—2014）》的出版是马先生学术生涯中的一件喜事，更是中国边疆学界的一件幸事。这或许只是他探索中国边疆学构筑的一个里程碑，而对中国边疆学界的初入门者来说，则是一座灯塔，指明了中国边疆学纵深拓展的方向和新的学术增长点。毫不夸张地说，马先生对中国边疆学的构筑有开山奠基之功，却无"成佛作祖"之意。他虽年近耄耋，仍在密切关注着中国边疆学的研究进展与未来走向。他已谱写了具有中国特色的中国边疆学的新篇章，一个生机蓬勃的中国边疆学学科正在向我们走来！

（原载《中国边疆史地研究》2017年第1期）

后　记

为了纪念中华人民共和国成立70周年，《中国边疆史地研究》编辑部推出了此文集。24篇论文全部选自《中国边疆史地研究》已刊论文，选择的标准有三：一是主题为"中国边疆"和"中国边疆学"，二是有一定的引用率和下载量，三是编者认为文章内容对中国边疆学学科建设有参考价值。

文稿的编辑尽量保持刊出时的原样，但对个别表述方式和明显的错误做了些订正，也对部分文章的部分内容予以删减，同时为了格式统一删节了内容提要、关键词和作者简介。感谢文稿作者多年来对《中国边疆史地研究》的大力支持和对中国边疆研究学科发展做出的贡献！

文集的编辑得到了中国边疆研究所所长邢广程研究员、党委书记刘晖春研究员及国家社会科学基金办公室相关领导的大力支持，主要工作则由主编李大龙编审和编辑部刘清涛副编审完成。我们是2001年之后开始参与编辑《中国边疆史地研究》的，这次摘编的2001年之前的论文则是前任主编邢玉林先生领导的编辑团队辛勤努力的结果，在此由衷表示感谢！

文集的出版得到了社会科学文献出版社期刊分社的大力支持，责任编辑刘同辉和裴玉为文集的出版付出了辛苦劳动，在此深表感谢！

编　者

李大龙　刘清涛

图书在版编目（CIP）数据

中国边疆与中国边疆学建构 / 李大龙主编 . -- 北京：社会科学文献出版社，2020.11
ISBN 978 - 7 - 5201 - 7544 - 9

Ⅰ.①中… Ⅱ.①李… Ⅲ.①疆界 - 中国 - 文集 Ⅳ.①K928.1 - 53

中国版本图书馆 CIP 数据核字（2020）第 209161 号

中国边疆与中国边疆学建构

主　　编 / 李大龙
副 主 编 / 刘清涛

出 版 人 / 王利民
责任编辑 / 刘同辉
出　　版 / 社会科学文献出版社（010）59366556
　　　　　　地址：北京市北三环中路甲29号院华龙大厦　邮编：100029
　　　　　　网址：www.ssap.com.cn
发　　行 / 市场营销中心（010）59367081　59367083
印　　装 / 三河市尚艺印装有限公司
规　　格 / 开 本：787mm×1092mm　1/16
　　　　　　印 张：16.5　字 数：255千字
版　　次 / 2020年11月第1版　2020年11月第1次印刷
书　　号 / ISBN 978 - 7 - 5201 - 7544 - 9
定　　价 / 98.00元

本书如有印装质量问题，请与读者服务中心（010 - 59367028）联系

版权所有 翻印必究